OEUVRES

DE

JOSEPH DE MAISTRE

PLAN

D'UN NOUVEL ÉQUILIBRE EN EUROPE

ESSAI

SUR LE PRINCIPE GÉNÉRATEUR DES CONSTITUTIONS
POLITIQUES
ET DES AUTRES INSTITUTIONS HUMAINES

TOURS

CATTIER, ÉDITEUR

M DCCC LXXVII

PLAN

D'UN NOUVEL ÉQUILIBRE EN EUROPE

3437.

TOURS, IMP. ROUILLÉ-LADEVÈZE.

PLAN

D'UN

NOUVEL ÉQUILIBRE EN EUROPE

(ANTIDOTE AU CONGRÈS DE RASTADT)

PAR LE COMTE JOSEPH DE MAISTRE

OUVRAGE ÉDITÉ A LONDRES EN 1798

Pour faire suite aux CONSIDÉRATIONS SUR LA FRANCE

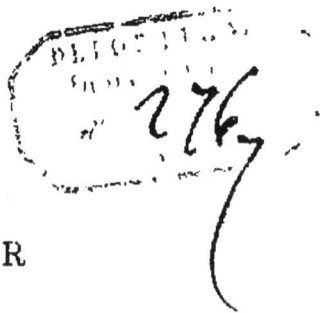

TOURS

CATTIER, LIBRAIRE-ÉDITEUR

M DCCC LXXVI

©

PRÉFACE

———

Le traité de Campo-Formio et le congrès de Rastadt ont donné lieu à cet ouvrage. Le premier est déjà annulé en ce qui concerne l'état de l'Italie, qu'on avoit prétendu fixer par ce traité. A cet égard, il n'a pas eu trois mois d'existence... Le congrès de Rastadt dure encore en se traînant sur les errements des conférences de Seltz et sur des notes toutes également prévues (1) pour quiconque a pris la peine d'étudier le génie des deux parties : les Français haussant toujours de prétentions et de ton, les Allemands s'humiliant à mesure.

(1) L'édition originale porte : *pourvues*, ce qui n'a pas de sens. M. de Chantelauze fait remarquer avec justesse que les fautes de l'édition originale prouvent suffisamment que le livre a été imprimé loin de celui qui l'a écrit, et qu'il n'a pu en corriger lui-même les épreuves. Le comte de Maistre était alors à Turin.

Les résultats inévitables et déjà éprouvés de ces deux négociations nous ont engagé à rechercher si le nouvel état de l'Europe ne présentoit pas la possibilité de quelque combinaison autre que toutes ces stipulations de désordre et d'opprobre; si, au lieu de traités d'un jour, d'un instant, il n'y avait pas moyen d'esquisser un plan dont la solidité des bases assurât la permanence, dont la force intrinsèque opposât une barrière puissante à la révolution.

Nous serions heureux si ce but étoit rempli par notre ouvrage.

Nous sommes loin de penser que le plan qu'il renferme soit le meilleur possible; nous avouerons même connoître deux combinaisons bien supérieures à celle que nous allons développer; mais on peut encore moins proposer aux Européens d'aujóurd'hui les meilleurs arrangements possibles, qu'on ne pouvoit donner aux Athéniens les meilleures lois. Il ne faut aux uns, comme il ne falloit aux autres, que ce qu'ils sont capables de supporter; et certes, il nous semble que c'est encore exiger beaucoup que de vouloir faire passer l'Eu-

INTRODUCTION

———

Cet ouvrage a été réimprimé en 1859 par
M. R. de Chantelauze, d'après l'édition originale de Londres (Paris, Douniol, et Lyon,
Josserand, 1859). L'éditeur a parfaitement
prouvé, dans l'introduction, que l'ouvrage est
de J. de Maistre et non, comme beaucoup
l'avaient supposé, de l'abbé de Pradt. Voici ses
preuves principales : d'abord le titre même
de l'ouvrage paru à Londres en 1798 : *Antidote
au Congrès de Rastadt, ou Plan d'un nouvel
équilibre politique en Europe, par l'auteur
des Considérations sur la France.*

Ensuite dans une seconde édition clan-
destine imprimée à Paris sous la rubrique
de Londres, 1798, le *Congrès* est réuni aux
Considérations de J. de Maistre, sans amener de sa part aucune protestation.

Barbier, *Dict. des Ouvrages anonymes*, dit que l'*Antidote* est de l'auteur des *Considérations*, ou plutôt de l'abbé de Pradt; mais cette notice, tout en constatant la tradition qui attribue le livre à J. de Maistre, n'est appuyée d'aucune preuve.

Michaud attribue le livre à l'abbé de Pradt (*Biographie des hommes vivants*), mais il est contredit par la *Biographie nouvelle des contemporains*, publiée par Arnault, ancien membre de l'Institut; A. Jay; Jouy, de l'Académie française; et Norvins, contemporain de J. de Maistre.

Le style, qui marquait les œuvres de J. de Maistre comme un timbre, différentes théories familières au grand écrivain, des opinions entièrement contraires à celles que professait l'abbé de Pradt, achèvent de fixer la paternité de cet ouvrage remarquable.

couvertes par le nouvel État de Piémont et par
la ligne de places qu'elle acquiert, que toutes ses
forces deviennent disponibles en Allemagne et contre
le Turc et la Russie. Cet arrangement termine
toutes ces importunes questions sur l'état des
Belges et sur la dette de ce pays, qu'il devient
facile de faire entrer dans les cessions et renon-
ciations qui doivent accompagner ce changement
de domination.

Là finissent aussi toutes ces honteuses questions
si longuement débattues à Rastadt, et l'Empire
germanique échappe encore une fois à la faux qui
le menace.

Quant aux autres parties intéressées, il est impossible qu'il y ait un seul plaignant; car tout
le monde reste ou rentre à sa place.

C'est à dessein que nous avons fait de cet ouvrage un devis complet de toutes les parties du
plan. Il falloit répondre à cette foule d'hommes
inconsidérés ou craintifs que toute idée neuve ou
étendue frappe d'abord de stupeur, et qui commencent par objecter à tout : *Cela est impossible* ..

Il falloit leur montrer à la fois l'objet et les

moyens, et les analyser de manière à les rendre palpables. La mauvaise foi peut seule désormais rejeter la démonstration que nous offrons. Nous n'avons pas été, il faut l'avouer, tout à fait insensible au désir de répondre au reproche adressé tant de fois à ceux qui, écrivant sur les affaires publiques, et qui, ne rencontrant partout que des malheurs, laissent facilement échapper les sentiments dus à une pareille série de désastres; reproche fondé sur ce que, retranchés dans la censure, ils n'en sortent jamais pour rien proposer. On pourroit sortir à peu de frais de cet embarras, et se borner à répondre qu'il suffit de faire tout le contraire de ce qu'on a fait jusqu'ici pour obtenir un résultat tout différent et pour s'éloigner du précipice autant qu'on s'en est approché. Mais comme la simplicité de cette réponse, en éteignant, il est vrai, une objection, ne met rien à la place et ne crée pas une idée; comme c'est d'idée que l'on manque, nous avons voulu suppléer à ce déficit, et présenter au moins un canevas aux hommes qui gouvernent partout...

Nous avons à répondre d'avance à ceux qui

rope de l'état d'engourdissement où elle est, de l'asservissement qu'elle montre aux volontés de la France, de la faire passer, dis-je, à l'activité, au courage, au soin de ses intérèts propres, tels que l'exige le plan pour l'exécution duquel nous osons les premiers sonner le réveil à son oreille.

Nous observerons : 1° que le premier caractère de notre ouvrage, celui auquel nous attachons le plus de prix, est d'offrir enfin un plan de politique honnête; oui, un plan honnête... On a trop abusé du nom de la politique; on l'a trop déshonoré par l'emploi qu'on en a fait, surtout dans ces derniers temps, où il est devenu le manteau de tous les crimes et de tous les brigandages. Nous avons voulu la ramener à sa pureté naturelle, montrer la politique en accord avec la religion ainsi qu'avec la morale. Le plan que nous proposons est tout dirigé vers ce but; il sera la preuve que le plan de politique le plus vaste peut s'effectuer sans porter aucune atteinte à ces bases de l'ordre social, et qu'enfin, en politique comme en géométrie, la ligne droite est toujours la plus courte...

2º Que ce plan est également favorable aux deux grandes puissances dont l'union en fait la base et feroit le salut du monde, si elle étoit également sincère et éclairée.

La Prusse y trouve réunis ses intérêts d'État et de famille.

Comme État, elle acquiert un nouvel allié puissant, un allié nécessaire, dans le nouvel État de Hollande. Elle voit s'éloigner d'elle la puissance française que le congrès de Rastadt lui donne pour voisine. Cet éloignement affranchit la Basse-Allemagne, que les cessions de Rastadt laissent à jamais ouverte aux Français. Sûrement Frédéric n'eût jamais consenti à un pareil assujettissement.

Comme famille, la Prusse ne peut voir qu'avec transport l'élévation de la maison d'Orange, avec laquelle elle est unie par tant de liens que les deux maisons semblent n'en faire qu'une seule.

L'Autriche trouve dans ce même plan le complément de son nouveau système d'agrandissement en Italie et d'éloignement de la France, avec laquelle il ne lui resteroit plus aucun point de contact. Ses possessions d'Italie sont tellement

contesteront la base principale de notre plan; qui est la guerre. Sûrement ils ont quelque droit de s'étonner de l'assurance avec laquelle nous parlons de guerre au milieu de la conjuration qui existe pour la paix d'un bout de l'Allemagne à l'autre. On la veut, cette paix, à quelque prix que ce soit! Honneur présent, sûreté future, déchirement d'une partie de ses membres, dissolution de sa constitution, tout cela, nous le savons, ne paroît pas à l'Allemagne valoir un coup de fusil ou une minute de son sommeil. Nous connoissons depuis long-temps l'intensité de cette léthargie dont le siège est dans les cabinets principaux de cette contrée, léthargie qui, au reste, finira au jour ou à l'heure où ils le voudront bien; mais nous savons aussi que cette mesure d'évaluation n'est pas plus applicable à l'Allemagne qu'aux autres États de l'Europe, que la décision de leur sort est hors de leurs mains, et qu'elle réside tout entière à Paris; de manière que si Paris a besoin de la guerre, toutes les bassesses passées, présentes et à venir de l'Allemagne seront en pure perte, elle en aura la honte de plus et pas la guerre de moins. Il y a plus, c'est précisément parce que l'Allemagne veut la paix et qu'elle s'en montre affamée, qu'elle aura la guerre. Sa foiblesse et ses frayeurs appellent l'ennemi dans son sein et servent de régulateur à l'insolence et aux prétentions du Directoire. Si, au lieu du vil langage qu'il tient depuis huit mois, le congrès de Rastadt eût parlé avec énergie et fermeté; s'il eût montré des dispositions viriles à chaque nouvel écart de la députation française, peut-être auroit-il forcé d'entrer en compte avec lui, et eût-il obtenu quelque influence sur la décision de la guerre ou de la paix, comme les Américains viennent d'y amener la fierté du Directoire, et recueillent ainsi les fruits de la seule négociation décente qui ait eu lieu depuis la guerre. Mais, après tout ce qui s'est passé à Rastadt, croire que les convenances et les décisions de cette assemblée soient encore de quelque considération; croire, d'un autre côté, qu'une grande république militaire puisse vouloir la paix, qu'elle renonce volontairement et subitement au ressort principal de sa puissance, qui est la guerre, qu'elle abjure cet attribut essentiel et distinctif de sa nature; croire qu'un État qui s'organise tout par la force, qui y sacrifie toutes les parties du corps social, toutes les branches nourricières de l'État, retombe tout à coup dans la paix; croire à de pareilles contradictions, c'est forcer le cercle des probabilités humaines et croire aux impossibles moraux. Passe encore pour les impossibles politiques ou militaires, ceux-là sont relatifs et en quelque sorte de convention; mais les autres sont fondés sur la nature et immuables comme elle.

L'Allemagne, quoi qu'elle fasse, aura donc la guerre, et cette guerre est tellement inévitable que, si le congrès acceptoit d'emblée les dernières propositions de la France, celle-ci en présenteroit sur le champ de (1) nouvelles, qu'elle tient en réserve et qu'elle feroit succéder jusqu'au point où il n'y auroit plus à choisir entre un refus absolu et (2) une ruine totale. On en aura la preuve dans la nouvelle scène qui se prépare. Sûrement l'Allemagne voudra encore user de condescendance envers la France dans ses nouvelles

(1) L'édition originale porte : *des* nouvelles.
(2) Édition originale : *ou.*

exigences; elle cherchera à les adoucir ou du moins à les scinder. Le but de cet attermoiement correspond d'ailleurs à l'intention de quelques puissances, qui est d'éloigner de l'Allemagne le foyer de la guerre et de la concentrer en Italie, entre la France et l'Autriche. C'est une conjuration du Nord contre le Midi. Eh bien! l'on verra la France rejeter ce plan avec dédain, continuer de tenir l'Allemagne enchaînée au sort des combats, et cela par la seule raison qu'elle y trouve une proie toujours facile, tandis que l'Italie n'offre plus rien qui puisse tenter l'avarice du Directoire.

La médiation que la cour de Berlin prépare pour de nouveaux territoires d'empire, qu'elle voudroit couvrir de l'ombre tutélaire de sa neutralité, n'aura pas plus de succès. Les Français la rejetteront, comme resserrant le cercle de leurs excursions, qu'ils cherchent toujours à étendre. Cet essai mesquin de la Prusse n'est bon qu'à lui montrer que, lorsqu'il s'agit de ses convenances, le Directoire ne tient aucun compte de celles d'autrui.

La Prusse auroit déjà reconquis la Hollande et
les Pays-Bas avec l'argent que sa ligne de démarcation lui coûte depuis quatre ans. Il est plus
aisé d'aimer l'argent que de savoir l'employer à
propos.

Peut-être croira-t-on découvrir quelque contradiction entre les deux tableaux que nous pré-
sentons alternativement de la force et de la foiblesse de la révolution. Après l'avoir peinte
comme un colosse dans la première partie, on la
montre dans la seconde comme très-facile à
détruire; contradiction au moins apparente et que
nous allons chercher à résoudre.

Les extrêmes se touchent dans cette révolution
encore plus que dans tout. Montée au faîte du
pouvoir dès le 14 juillet 1789, s'est-il écoulé une
seule année dans laquelle on ne puisse assigner
une ou deux époques auxquelles elle a dû périr?
Le ciel en a disposé autrement. Il en est de
même de sa force actuelle. La révolution a une
grande force d'institution et d'immenses matériaux de pouvoir, cela est incontestable; mais ces
moyens sont balancés par des vices internes au

2

moins aussi grands. Une organisation régulière
n'a pas encore donné à ces matériaux la force
qui résulte de la bonne disposition des parties.
Un désordre affreux, des dilapidations sans exemple
énervent leurs forces et affoiblissent leurs ressorts.
Certainement il résulteroit une grande force de
la réunion de six nouvelles républiques agissant
de front, sur des principes et des intérêts communs. C'est ce qui arrivera si on leur donne le
temps de s'organiser complétement. Mais dans
l'état actuel, sortant d'une création nouvelle, elles
en ont encore toute la foiblesse, et le seul sentiment énergique qui leur est échappé a été
pour exhaler toute leur haine contre leur créateur. Ces nouvelles républiques n'ont encore ni
armées, ni finances, ni organisation régulière.
Les passions que tous les grands mouvements
politiques allument toujours, fermentent dans tous
les cœurs. Il y a donc dans leur sein un contrepoids à la force matérielle qu'elles présentent
au dehors, et par conséquent les moyens réels de
la révolution sont au-dessous de leurs apparences
extérieures.

Il en est de même de l'assujettissement dans
lequel nous peignons les Français par rapport à
leur gouvernement. Il est extrême sans doute,
mais il est tout factice ; et, loin de donner lieu
de désespérer du peuple français, il doit, au
contraire, inspirer de grandes espérances à qui
connoît l'impétuosité du caractère national, et à
qui veut calculer avec quelle force il se relève-
roit de l'abaissement dans lequel on le tient.
Cette explosion ne sera pas spontanée, il faut s'y
attendre ; mais qu'on soulève au moins le poids
qui écrase le ressort de la nation, que ce gouvernement terrible - soit au moins dépouillé d'une
partie de cet éclat extérieur, de ce prestige d'in-
vincibilité qui fait retomber sur les sujets le
poids d'humiliation des étrangers ; qu'on montre
à son tour ce gouvernement dans l'humiliation
de la défaite, dans l'embarras de la pénurie,
dans la turpitude de sa nudité, et alors on con-
noîtra ce que peut et ce que veut le peuple français. Malheureusement c'est une épreuve à laquelle
il n'a pas encore été mis, et tant qu'on battra en
retraite devant chaque fantaisie du Directoire,

tant que le congrès et les cabinets se borneront à
l'humble rôle de cours d'enregistrement, on n'aura
aucun droit d'attendre de la part des Français,
abandonnés à eux-mêmes, un terme à un asservissement dont ils reçoivent le modèle de si haut.
Au reste, cet assujettissement tant reproché aux
Français ne va pas plus loin de leur part que
de celle des autres nations : toutes sont tombées
au même esclavage, et, dans cette lutte ignoble
de servitude, les Français ont au moins l'avantage
de ne porter que leur propre joug...

Quelques conjectures contenues dans cet ouvrage
ont déjà été réalisées dans l'intervalle qui s'est
écoulé de sa composition à l'impression. L'aile
du temps actuel est plus rapide que la plume de
l'écrivain, et les événements d'aujourd'hui de-
vancent jusqu'à l'imagination.

La prise de Malte, la possession de l'Égypte,
l'envahissement de tout le Piémont et du royaume
de Naples, donnent la juste mesure des conquêtes
des Français; ils reçoivent de la lâcheté et de
la perfidie les clefs des plus fortes citadelles, et
des barrières réputées impénétrables s'abaissent

devant des conventions dictées par les plus
infâmes motifs. Ainsi l'Europe, plus effrayée
qu'indignée, vient de voir tomber sans combat,
par le seul effet de combinaisons perfidement our-
dies, des boulevards devant lesquels les deux
plus puissants princes de l'Europe, Soliman et
Louis XIV, perdirent chacun la fleur de leurs
armées.

La prise de possession de la citadelle de Turin a
confiné le roi dans sa capitale, comme Louis XVI
le fut aux Tuileries; comme lui, il ne régnoit
plus que sous le bon plaisir de ses geôliers;
comme lui, il n'étoit plus qu'un instrument contre
l'Autriche, en cas de guerre, et contre ses propres
sujets, en cas d'un soulèvement inévitable contre
les Français, lors de la reprise des hostilités.

Cette occupation, jointe à celle de la citadelle
d'Alexandrie, envahie aussi sous les prétextes
les plus odieux, et à tous les événements arrivés
depuis, change complétement le système de guerre
des Autrichiens en Italie, assure aux Français
des avantages incalculables en leur donnant une
double ligne de places des Alpes au Tarano, et

force l'Autriche d'augmenter son armée de quarante mille hommes.

Ce nouvel outrage fait à la royauté dans la
personne du roi de Sardaigne achève de démontrer notre plan. La foiblesse de ce prince est la
cause des humiliations auxquelles il est condamné.
Il ne seroit sujet à rien de pareil s'il avoit la
consistance que nous lui assignons. Les grandes
puissances sont, à raison de leurs forces, à peu
près exemptes de ces avanies. Le Directoire est
forcé à son tour de dévorer les outrages qu'il
reçoit aussi quelquefois, comme on a vu dans
l'affaire de Bernadotte et dans celle des envoyés
américains. Ses ambassadeurs, qui règnent avec
tant de fracas dans les petites cours du Midi,
sont tout comme les autres auprès des plus
grands souverains. Les derniers excès commis
contre le roi de Sardaigne doivent enfin faire
prendre un parti et choisir entre n'avoir pas de
rois et en avoir de véritables. Il vaut mieux mille
fois s'en passer que de voir, dans leurs personnes,
couvrir la royauté d'insultes restées toujours sans
vengeance.

L'occupation de la citadelle de Turin est une partie du plan du révolutionnement de l'Italie et de l'Europe. On s'assure du Midi pour passer ensuite avec sécurité à l'attaque du Nord, dont les armées plus nombreuses et les gouvernements plus robustes font craindre plus de résistance.

Malte a été enlevée moins à l'ordre qui y régnoit qu'à l'Europe entière, dont le commerce dans la Méditerranée reste par là à la discrétion de la France. Cette île coupe en deux cette mer, et enlève à l'Europe commerçante la partie la plus riche du commerce de ces contrées, qui est celui du Levant. L'occupation de ce point change toutes les relations commerciales des autres nations avec les Échelles du Levant.

Malte est encore plus dominateur du commerce du Levant que le cap de Bonne-Espérance ne l'est de celui de l'Inde, car il y a à la pointe d'Afrique une latitude de mer qui n'existe pas entre Malte, la Sicile et les côtes de Barbarie...

L'étourderie avec laquelle les affaires générales de l'Europe sont menées est telle, que les deux points principaux, qui ne devoient jamais être

entre les mains des Français et des Anglais,
sont précisément occupés par eux.

La raison dit que des points d'utilité ou de
danger communs, déjà très-forts par eux-mêmes,
ne doivent jamais être possédés par des puissances trop fortes; mais que l'intérêt commun
exige que la force des localités soit compensée
par la foiblesse des possesseurs, qui, par cette
raison, ne peuvent jamais devenir exclusifs. Eh
bien! une suite inouïe de fautes et l'absence de
tout esprit public en Europe ont livré les deux
possessions qui maîtrisent le commerce général
aux deux nations les plus puissantes et les plus
capables de frapper et d'interdire le commerce
universel. Cette prise de Malte fournit matière à
mille réflexions qui ne peuvent trouver place ici,
mais dont les plus importantes, celles des causes
qui ont préparé ce grand événement, n'ont encore
été effleurées dans aucune des mille observations
qu'elle a fait naître. .

Il en est de même de l'expédition de Buonaparte. Tandis que l'Europe s'amuse à calculer les
chances de cette entreprise, elle ne s'aperçoit

pas que c'est autant contre elle que contre l'Angleterre que cette expédition est dirigée; que l'expulsion des Anglais de l'Inde, de quelque main qu'elle parte, n'est que le signal de l'expulsion des Européens de cette contrée; qu'ils y seront réduits dans peu à un état pareil à celui qu'on leur accorde à la Chine et au Japon, et qu'en perdant la propriété territoriale de l'Inde, ils ne pourront plus fournir à ce commerce que par l'extraction du numéraire, qui achèvera de les ruiner. C'est pour les Indes qu'ils exploiteront le Mexique et le Pérou. L'expédition de Buonaparte est donc une véritable conjuration contre l'Europe entière.

Si quelque esprit chagrin, si même quelqu'un des directeurs de cette lugubre tragédie, fatigués de l'importunité de nos conseils, nous demandoient le titre de notre mission, nous leur répondrions avec assurance que la manie de conseiller et d'écrire doit être strictement réprimée dans les temps ordinaires; que, simples spectateurs d'une scène qui ne nous atteint pas, nous n'avons alors aucun droit de nous immiscer dans sa conduite, et qu'enfin

on peut bien se livrer au gouvernement lorsqu'il ne
s'agit que d'une légère augmentation des charges
publiques; mais ici il s'agit de tout autre chose.
Ce n'est ni d'un impôt de plus ni d'une place dans
l'armée dont il est question, mais c'est de la religion, des lois, de la société, de la patrie, de la
vie de chaque individu. Lorsque, atteint dans tant
de points, après avoir attendu et observé en silence
l'effet des combinaisons politiques, on trouve sans
cesse les cabinets bronchant dans la carrière et
vous conduisant vers le précipice avec un aveuglement opiniâtre, on a sans doute bien payé sa dette
à leur égard, et l'on a bien acquis le droit de les
remettre dans la route qu'ils méconnoissent. Il
seroit trop tard d'attendre le naufrage, et, sur
un vaisseau entr'ouvert, de laisser le gouvernail
à ces pilotes malhabiles. Tout Européen a acquis
le droit de recommander aux ministres de tout
pays ses dieux, sa patrie et ses foyers; ce sont eux
qui leur ont fait perdre tous ces biens.

PLAN

D'UN NOUVEL ÉQUILIBRE EN EUROPE

(ANTIDOTE[1] AU CONGRÈS DE RASTADT)

CHAPITRE PREMIER

CARACTÈRES PARTICULIERS DE LA RÉVOLUTION. UNIVERSALITÉ, MOBILITÉ, INCOMPATIBILITÉ ET RAPIDITÉ DE LA RÉVOLUTION.

Quelle est l'origine des troubles qui agitent tant d'États? Quelle est la cause et des guerres qui viennent de finir, et des guerres qui durent encore, et des guerres qui menacent tantôt d'un côté, tantôt d'un autre? Qui a aboli dans une partie de l'Europe la

---

(1) M. de Chantelauze fait observer, avec raison, que ce n'est pas la seule fois que le comte de Maistre s'est servi du mot *Antidote* au figuré. Dans son livre *De l'Église gallicane* (liv. II, chap. VII, p. 185) se trouve cette phrase : « ... Ce même sermon sur *l'Unité*, que mille écrivains nous présentent comme l'expression même et la consécration des quatre articles, tandis qu'il en est *l'antidote*.

religion qui y dominoit? Qui a renversé ces anciens
gouvernements et fondé ces nouveaux? Qui a expulsé
de leur empire tous ces princes dont le sang y régnoit
depuis si longtemps? Qui a envoyé en exil, qui y entraîne (1) encore cette foule de propriétaires qui errent
de contrées en contrées? Quel est l'agent universel des
agitations partout où elles se montrent? Au nom de
qui se font-elles? A quel but sont-elles uniformément
rapportées?

N'est-ce pas à cette révolution qui, commencée en
France en 1789, tend graduellement à envahir l'univers, et
à changer sa face, comme le renouvellement des saisons,
en partant tour à tour du nord au midi, s'étend peu à peu
sur le reste du monde, et y fait régner alternativement
l'hiver et le printemps, les frimas et la verdure?

Comme aucun des bouleversements actuels n'existoit
avant cette époque, comme on ne connoît aucune autre
cause, aucun autre mobile de tout ce qui se passe,
il est juste d'en laisser tout l'honneur à la révolution,
honneur qu'elle est d'ailleurs bien loin de refuser, et
qu'elle a, au contraire, revendiqué mille fois.

Avant cette époque, l'Europe et par elle le monde
étoit heureux en masse. L'homme, comme individu

(1) Édition primitive : *enchaîne.*

et comme gouvernement, y développoit depuis quelque temps, avec un grand succès, un de ses plus nobles attributs, la perfectibilité. Elle s'exerçoit sur tout ce qui fait la force des empires, l'agrément de la société, et l'agrandissement de l'esprit. Si l'accroissement de la population et de la richesse, si la multiplication et le choix des jouissances de la vie, sont des signes certains de prospérité, on ne peut se refuser à reconnoître que l'Europe étoit dans un état de prospérité toujours croissante. Pour s'en convaincre, il n'y a qu'à consulter les tables de population en tout pays, qu'à considérer l'accroissement et l'embellissement des villes; créations nouvelles, presque partout, qui contrastoient si fortement avec les anciennes. Les signes métalliques de toutes richesses circuloient avec une abondance et une activité inconnues jusqu'alors; le commerce s'enrichissoit de productions nouvelles et de moyens de transport qui lioient ensemble toutes les parties des États au-dedans et au-dehors. L'homme étoit généralement mieux logé, mieux nourri, mieux vêtu. Si quelquesunes des anciennes apparences (1) de la grandeur avoient disparu, la commodité dédommageoit de la

(1) Édition originale : *apparlenances.*

perte de la magnificence, et l'homme s'approprioit davantage des jouissances plus rapprochées de lui et plus faites à sa mesure.

Les gouvernements avoient déposé l'antique âpreté des formes et la rudesse du joug; elles tomboient partout, en cédant aux mœurs encore plus qu'aux lois. En général, on ne sentoit le gouvernement que par l'impôt et par la sûreté; l'une étoit le prix de l'autre. Encore presque partout celui-ci étoit-il peu de chose. Les gouvernements, inaccessibles aux grands mouvements de l'ambition, étoient plus économistes que machiavélistes; et lorsque les brigands qui les ont ébranlés ou détruits ont osé leur adresser cette odieuse imputation, ils savoient bien qu'ils péchoient par le défaut contraire, et qu'au lieu de despotisme, il y avoit anarchie en Europe.

La fréquentation mutuelle entre les différents peuples, devenue plus commune et plus facile, avoit rapproché les mœurs et les cœurs, étendu la communication de la parole et des idées, et fondu pour ainsi dire, tous les habitants de l'Europe dans une seule communauté, au milieu de laquelle il leur étoit impossible de se trouver absolument étrangers; trop de points de contact existoient entre eux.

Tel étoit en somme l'état de l'Europe avant la révolution. Donc, pour apprécier sa nature et ses effets
probables, il suffit de mesurer la distance de l'état
d'alors à celui d'aujourd'hui. La géométrie n'admet
pas de démonstration plus rigoureuse.

Cette révolution est devenue l'affaire de tout le
monde, l'affaire universelle, ou pour mieux dire, de
Pétersbourg à Lisbonne, de Constantinople à Londres,
d'Europe en Amérique, il n'y a plus qu'une affaire
prédominante à toutes les autres, celles de la révolution. Il n'y a pas de neutralité possible avec elle,
pas plus qu'avec la peste et les incendies. Elle embrasse les individus et les empires. Parmi ceux-ci,
combien pour lesquels la révolution ne fut à son
aurore qu'un objet de spéculation ou de risée et
pour lesquels elle est devenue, ici un instrument
de ruine, là, et ce sont les heureux, un sujet de
terreur, partout un motif d'inquiétude! Voyez l'Angleterre savourant d'abord la vengeance de la guerre
d'Amérique, couvant ensuite d'un œil de convoitise
la ruine du commerce de la France, l'invasion de
ses colonies, et regardez-la aujourd'hui acculée à la
défense de son île. Demandez-lui si la ruine du commerce français lui rend les quatre milliards que lui a

déjà coûtés la guerre, si les troubles de la France
ont appaisé ceux de l'Irlande. L'Amérique, le Danemark, la Suède, la Turquie, l'Italie, ont aussi caressé
ou méprisé l'enfance du monstre. Dans sa croissance
rapide, il a déjà dévoré ceux de ces États qu'il a pu
atteindre; il ne cesse de molester ceux que leur éloignement met hors de sa portée. En un mot, à un état de
calme et d'ordre général, à des établissements fondés
sur une religion à peu près commune, sur un corps
de droit public universel, a succédé un état de trouble
et de confusion générale, un état d'hostilités perma-
nentes, d'athéisme permanent, de subversion dans la
morale civile et politique qui étoit en possession de
régir le monde, morale remplacée par je ne sais quels
principes bizarres, dictés par l'ignorance et par l'intérêt personnel, qui, à la différence des autres codes
de droit public, communs par leur nature à tous les
peuples, ne s'appliquent jamais qu'à une des parties,
celle qui les a faits... Il faut le dire, par le fait de
la révolution, l'Europe est constituée en état de démolition dans toutes ses parties : religion, mœurs,
langage, démarcation des empires, formes des gouvernements, classement des hommes entre eux, base
des propriétés tout est effacé, tout est refondu. La

révolution brise d'abord les empires, elle en jette ensuite les morceaux dans ses creusets. Déjà six nouvelles républiques en sont sorties, et la vieille Europe
paroît destinée à subir le rajeunissement de Médée (1)...

Telle a été, telle est, telle sera toujours la révolution. C'est un corps de destruction complétement
organisé pour cette fin, parfaitement homogène, adhé-
rent dans toutes ses parties, qui dans sa course, doit
tout · écraser ou être écrasé lui-même; il n'y a pas
de milieu. La révolution est appelée à tout détruire
ou à être détruite. Elle ne s'en défend pas et déchire
à plaisir le voile sur l'avenir comme sur le passé.
Elle a résisté aux changements des chefs, aux chocs
des factions, aux vicissitudes des gouvernements successifs, aux attaques des ennemis armés, aux em-
bûches des ennemis cachés. En quelques mains
qu'ait été déposé son redoutable pouvoir, elle n'en a
pas ralenti sa course d'un seul pas; quiconque en a
saisi les rênes les a tenues d'une main également
ferme. Elle semble avoir déposé son double esprit
sur chacun de ceux qui l'ont dirigée. Étrange spec-

(1) « La révolution est universelle : la France s'empare de l'Europe,
et l'Europe s'empare du monde. »

(*Mémoires* de J. de Maistre, p. 312.)

tacle, inconnu depuis la création du monde, et qui
ne peut être surpassé que par celui qu'offrent ses
adversaires, ceux auxquels elle fait jurer haine depuis
Amsterdam jusqu'à Rome, auxquels elle adresse en
vers et en prose, dans toutes les langues vivantes
et mortes, ses proclamations menaçantes, et leur
annonce leur sort futur. Car, il faut l'avouer à la
louange ou à la honte de cette révolution, elle a mis
dans l'énonciation de ses projets une impudence de
franchise qui n'a pas admis une minute de déguise-
ment. Si elle a tout fait, elle a aussi tout dit; elle
a tout proclamé à l'avance. Étoit-ce pour dérouter des
ennemis habituellement empêtrés dans les replis d'une
dissimulation routinière? Étoit-ce insulte à leur foiblesse ou conscience de ses propres forces? On
l'ignore; mais on a entendu la révolution proclamer,
par l'organe de tous ses écrivains, par celui plus
éclatant encore de toutes ses actions, qu'elle étoit
destinée à changer la face du monde.

Les mêmes dispositions sont également parties des
deux bouts de la chaîne révolutionnaire. Buonaparte
l'a dit comme l'abbé Fauchet, et La Fayette comme
Anacharsis Clootz. En 1797, Buonaparte articule
devant le Directoire que l'ère des gouvernements

représentatifs date du traité de Campo-Formio, et qu'a-
près quelques efforts encore le monde sera libre.
En 1790, l'abbé Fauchet appeloit tous les peuples à
se former en convention nationale dont Paris seroit
le siége, et tandis que La Fayette proclamoit la
sainteté de l'insurrection et d'autres maximes anar-
chiques, Anacharsis débitoit à la barre de l'assemblée
qu'il n'y avoit plus de gouvernement que celui des
droits de l'homme et de la souveraineté du peuple.
Le même système perce, comme on voit, à travers les
extravagances des uns et les annonces plus enveloppées
des autres ; mais la différence de la marche n'exclut
pas la similitude du résultat ; elle la confirme au contraire
par la coïncidence forcée sur le même point.

Il ne sert donc à rien de se déguiser ou de vouloir déguiser aux autres la nature toute particulière de cette révolution. Elle est, comme l'a dit Burke, une secte armée, procédant systématiquement à l'accomplissement de ses vues
par l'établissement d'une nouvelle doctrine religieuse,
politique et sociale, par tous les moyens réunis de
la tyrannie et des gouvernements réguliers, par tous
les arts des peuples policés et par la férocité des
sauvages (1) ; assemblage ineffable de contradictions,

(1) « Si l'on confisque, si l'on exécute à mort d'un côté, il est cer-

qui rapproche la civilisation de la barbarie, l'héroïsme
du courage, de la bassesse, de la peur, les plus vives
lumières de la plus épaisse ignorance, et qui, réunissant ainsi les incompatibles, sait les faire concourir
au même but.

Si l'on pouvoit mêler quelques images moins sombres
à ce lugubre tableau, ne seroit-on pas tenté de rire
de la perpétuité du contresens qui fait confondre cette
révolution avec les autres, de la gravité avec laquelle
on s'obstine à la traiter comme les affaires autour
desquelles tournoit l'ancienne politique? N'est-il pas
plaisant de voir les gouvernements s'évertuer à donner
un démenti à la révolution sur sa propre nature, et
lui soutenir, en dépit des faits, malgré ses avertissements
réitérés, qu'elle n'est pas ce qu'elle dit être, et affirmer
ainsi qu'ils la connoissent mieux qu'elle ne se connoît
elle-même? Car c'est là le sens véritable de toute
leur conduite. Cependant les conseils d'un ennemi
sont quelquefois bons à suivre, et la révolution en
donne un excellent toutes les fois qu'elle avertit de
sa véritable origine et de sa future destinée.

tam qu'on en fera autant de l'autre, et, de rigueur en rigueur, on
viendra enfin à faire *une guerre de sauvages.* »

(*Adresse à la Convention nationale*, 1ᵉʳ février 1793.
Lettres et Opuscules de J. de Maistre, t. II, p. 25.)

Par quelle fatalité se fait-il que cette vérité, devenue également triviale dès le commencement de la révolution pour tous ses amis et pour quelques-uns de ses ennemis, se soit arrêtée à eux, et que, s'élevant de là dans les régions supérieures, elle ne soit pas parvenue aux hommes destinés à gouverner les autres, ou aux puissances principales faites pour déterminer les plus foibles? On compteroit jusqu'à trois ministres principaux qui ont entendu d'emblée la révolution. Par une singularité remarquable, ils appartenoient tous les trois au midi de l'Europe, et par un malheur insigne, ils ne présidoient qu'à des États du second ordre.

Tous les malheurs de la révolution, tous les embarras des gouvernements datent de cette fatale méprise. Le principe une fois manqué, il n'y a eu qu'erreur dans les conséquences; c'étoit forcé. Partout on a fait fausse route, et plus on la continue, plus on s'éloigne du but. Aussi voyez quel profit les gouvernements retirent de leurs tentatives, de leurs efforts, soit pour, soit contre la révolution : rien n'y fait ; il semble qu'on travaille à asseoir une pyramide sur sa pointe.

Parmi les révolutions qui remplissent l'histoire, les plus remarquables par leur étendue et par leur durée

sont celles où l'esprit de secte s'est mêlé à celui de
politique, et les objets intellectuels aux objets maté-
riels. Les révolutions causées par des querelles de pure
ambition, soit au dedans soit au dehors des États,
sont presque toujours restées locales ou passagères.
Les voisins ont pu vouloir en profiter sans s'exposer
beaucoup ; la politique étoit leur excuse, et, dans ce
cas, peut-être étoit-elle valable. Mais il en est tout
autrement des révolutions qui touchent à la fois au
pouvoir et à la morale, soit religieuse, soit civile.
D'abord, le foyer des dissensions est double en nombre ;
ensuite, il est illimité dans son étendue : des objets de
cette nature s'étendent à tous les hommes, à tous les
pays ; ils trouvent partout des passions à remuer et
peuvent n'avoir de limites que celles du monde.

Si, dans quelques pays, le prince et les sujets ne
s'accordent pas entre eux, si l'ambition arme les membres
d'une même famille, ou les grands contre le prince, le
reste du monde demeure à peu près étranger à la
querelle, nécessairement circonscrite dans un territoire borné. Mais si ces mouvements sont excités par
l'introduction d'une doctrine nouvelle et de principes
généraux applicables, par leur nature, à tous les pays
et à tous les hommes, alors la question change entière-

ment de face, et l'intérêt est le même pour tous; car tous sont atteints ou susceptibles de l'être... Les Armagnacs et les Bourguignons déchirent la France; Charles VII met fin à ses divisions, et l'Europe n'en est pas troublée. Alors même, le grand schisme d'Occident la partageoit depuis soixante ans entre Avignon et Rome. La Rose rouge et la Rose blanche saccagent l'Angleterre pendant cinquante ans; le reste de l'Europe ne s'en aperçoit pas. Henri VIII, Luther et Calvin la divisent et l'ensanglantent pour des siècles. Si Mahomet n'eût voulu qu'un empire, peut-être fût-il resté conducteur de chameaux; au moins son empire auroit déjà péri dans les révolutions si communes aux pays sur lesquels il auroit régné. Mais il est révolutionnaire en religion, en législation, en morale; les esprits s'enflamment, les dogmes s'étendent avec l'empire; le roi disparoît, mais le prophète législateur règne encore sur la plus grande partie du monde. Les révolutions combinées d'opinion et de politique sont donc d'une tout autre conséquence que les révolutions de simple politique. Or, quelle révolution réunit jamais dans un degré plus éminent que la révolution française les attributs et les dangers de ces doubles révolutions? Religion, morale, gouvernement, elle atteint tout, elle

renouvelle tout (1)... Nous l'avons déjà dit, et nous
n'y revenons que pour ne pas omettre que ces renou-
vellements même, tous coordonnés vers un même but,
ne sont le plus souvent que provisoires, et attendent,
comme les matériaux d'un édifice, leur place définitive. Ainsi il est aisé de juger qu'entre toutes ces
républiques qui se groupent autour de la France, elle
seule, à peu près, atteint sa consistance définitive. Le
reste n'est que provisoire ; ce sont des pierres d'attente
qui entreront, il est vrai, dans la construction totale
de l'édifice, mais à des places différentes de celles
qu'elles occupent maintenant. Par exemple, les républiques cisalpine, romaine et ligurienne ne subsisteront
pas dans leur état actuel de républiques séparées. Cet
isolement n'est qu'un passage. Il falloit les arracher à
l'ancien édifice politique de l'Europe, les organiser
provisoirement contre elle, et puis les ramener, suivant les circonstances, au but indéfectible de la révolution. De leur réunion s'élèvera peut-être avant peu
la république italienne, annoncée déjà par les révolu-

(1) « Nul doute, à ce qui me semble, que nous n'assistions à une
des grandes époques du monde, et que tous les hommes sages ne
doivent tenir leurs yeux ouverts, car nous ne sommes pas au bout. »
(*Mémoires et Correspondance* de J. de Maistre, p. 377.)

tionnaires cisalpins, et adoptée en esprit par la révolution, en vertu de deux de ses grands principes,
l'unité des nations et les limites naturelles des empires.
On passera ensuite plus loin : la république espagnole
ou ibérienne, la république germanique, la sarmate,
l'anglaise, la hongroise, sont assurément déjà décré-
tées à Paris *in petto*, et l'on n'y attend que le moment
opportun pour les proclamer. Les petits remuements
qui auront lieu jusque-là ne sont que des essais, des
ébauches qu'on ramènera à l'ordonnance primitive et
régulière d'une organisation universelle de républiques.
Que la descente en Irlande réussisse, l'indépendance
et le républicanisme y abordent avec l'armée de la
révolution française, ou plutôt ils la précéderont; car
il est indubitable que la reconnaissance de la république irlandaise précédera l'envoi des Solons qui vont
l'y établir à coup de sabre. La raison de tout ceci est
simple : la révolution ne regarde comme légitime que
le gouvernement représentatif; tout le reste est usurpation, erreur, violation de tous les droits; tout le
reste est marqué d'une tache de péché originel que le
seul baptême de la révolution peut effacer. Il n'y a
donc de sa part que reconnaissance provisoire à l'égard
des autres gouvernements. Le but invariable étant de

tout républicaniser, on commence par le faire sur tout
ce qui tombe sous la main; arrivent ensuite des circonstances nouvelles, des hommes nouveaux qui
donnent un nouveau tour aux arrangements déjà pris
et qui les ramènent à leur destination primitive. Ainsi
ont existé les républiques lombarde, cisrhénane et
lémanique; ainsi existeront, jusqu'à la formation
complète du grand tout républicain, les différentes
parties qui doivent le former. Le plan total existe,
n'en doutons pas; les matériaux s'y adaptent successivement, et la révolution les y classe, comme Paris
classe dans son muséum les monuments dont il dépouille les vaincus. C'est à cette épouvantable incertitude que sont réduits les peuples et les rois. Sur
tout leur avenir ils n'ont pas d'autre donnée que celle
d'une destruction jurée, inévitable; mais le mode
même de leur future existence est couvert de plus de
voiles qu'ils n'en peuvent percer. Comment s'y recon-
noîtroient-ils, comment adopteroient-ils quelques mesures avec maturité, tandis que la révolution ne donne
à rien le temps de mûrir, tandis que ce Prothée, mul-
tipliant ses métamorphoses, les tient toujours hors de
mesure avec les nouvelles circonstances qu'il crée sans
cesse?

Second caractère particulier de la révolution : La mobilité est un de ses attributs principaux. Variable dans tout le reste, c'est dans son principe qu'elle est immuable et fixe ; là seulement elle peut être saisie avec sécurité. Burke l'a dit avec raison, cette méprise a tout gâté, au point qu'on n'a pas seulement commis des fautes contre la révolution, mais que tout ce qu'on a fait contre elle n'a été qu'erreurs et fautes. Comment ne l'auroit-il pas dit en voyant les gouvernements placés entre deux compétiteurs, la monarchie et la république, se déterminer pour la dernière et repousser l'autre comme un ennemi public ? Les gouvernements se sont en effet trouvés dans cette alternative.

La monarchie leur tendoit les bras et leur demandoit de la rétablir pour les affermir à son tour ; la république, au contraire, ne demandoit à se faire reconnoître que pour parvenir à les renverser. L'une donnoit une religion protectrice, une existence assurée, la paix au-dedans et au-dehors : l'autre n'offroit que ruine, incertitude pour l'avenir... Et l'on a pu balancer, et l'on balance encore entre deux rivaux de condition si différente ; ou plutôt on ne balance plus, et le choix est fixé sur celui qui ne devoit

avoir qu'à se montrer pour être à jamais proscrit.
Si c'est une épreuve, elle coûte trop cher pour la
prolonger ; si l'on a attendu des modifications du
temps et des autres influences qui agissent à la
longue sur les institutions et sur les hommes, c'est
une erreur démentie par trop de faits. Les corrections ne s'appliquent qu'aux accessoires des choses,
jamais à leur essence; tant qu'on laisse agir celle-ci,
elle agit suivant ses principes essentiels et ses qualités radicales. Elles peuvent être arrêtées, détournées
ou affoiblies à un certain point et pour un certain
temps; mais dès que la contrainte cesse, la nature
reprend ses droits, et ses actes sont toujours coordonnés à son principe: *Naturam expellas furca...*

La révolution est la démonstration de cette vérité, et
celle-ci prouve à son tour qu'il y a dans son essence un
principe d'incompatibilité avec tout ce qui n'est pas elle,
avec tout ce qui a existé avant elle, avec tout ce qui existe
autour d'elle. « Il vous conviendra d'examiner si la république française peut coexister avec l'Angleterre, » a
dit Monge au Directoire. Voilà qui est parler consé-
quemment et clair, et qui n'est pas dit pour la seule
Angleterre. Voilà ce que l'Europe auroit dû se dire
depuis longtemps. Voilà la question devant laquelle

tomboient toutes celles de jalousie, de rivalité, de
haine, en un mot, toutes ces misérables querelles
que six années de malheur commun, quoi qu'on en
dise, ont à peine épuisées. Combien de difficultés
étoient aplanies par la simple rectification de la
question ainsi posée! Elle ne présentoit plus que
deux points, la nature de la révolution et ses dangers, c'est-à-dire le principe et la conséquence...
Cette simplification, utile en toute affaire, l'est bien
davantage dans celles où beaucoup d'intérêts aboutis-
sent et où beaucoup d'hommes sont appelés; quand
ceux-ci sont déjà si embarrassants, n'est-il pas trop
heureux de pouvoir alléger les choses, et de retrou-
ver sur la légèreté des unes la diminution du fardeau des autres?

Oui, depuis longtemps, dès le commencement des
troubles, l'Europe devoit se demander si la révolution française étoit compatible avec elle, et, prévenant l'insolence de la question que celle-ci a osé lui
adresser, régler toutes ses mesures sur ce principe.
L'incompatibilité de la révolution avec tout autre établissement préexistant étoit la seule question digne
du tribunal de l'Europe; elle étoit décidée depuis longtemps à celui de la raison.

Quand la révolution s'est permis d'envahir la paisible Helvétie, cette Suisse pacifique, monument unique de bonheur créé par le gouvernement patriarcal, de quel prétexte a-t-elle coloré cette agression, qui est sûrement un des attentats les plus graves de tous ceux qui composent cette longue série de crimes que l'on appelle la révolution française? n'est-ce pas au nom de leur incompatibilité? Le fort a dit au foible que son antique existence ne pouvoit cadrer avec la nouvelle création; la grande nation a dit à de petites peuplades que sa sûreté était compromise par le simple contact de formes un peu différentes dans leurs gouvernements respectifs. L'extermination a suivi un retard d'obéissance. La Suisse est aujourd'hui livrée au pillage, déchirée par les Français, saturée d'outrages par le Directoire, pour la faire entrer, de gré ou de force, dans les moules de la révolution. Tel sera le sort commun.

Le Pape n'a été détruit qu'à titre d'incompatibilité; sa chute étoit prévue et annoncée depuis longtemps, et il y avoit aussi trop de simplicité à croire qu'une révolution d'athéisme toléreroit à sa porte, sous les attributs de la souveraineté, le chef de la religion qu'elle poursuit partout... Si telle est la révolution française en elle-même, pouvoit-elle être servie autrement que par des agents de même nature, et l'incompatibilité des hommes ne devoit-elle pas correspondre à celle des choses? Voyez aussi par qui elle est successivement menée et poussée. Tout homme qui l'aborde a-t-il quelque chose de commun avec le reste de l'humanité? ne commence-t-il pas par se dépouiller de son ancien être? n'est-il pas en lui-même un abrégé de la révolution? Ces hommes, déjà si dangereux sous ces rapports, réunissent encore toutes les qualités malfaisantes du cœur et de l'esprit. De celui-ci ils en ont, et beaucoup ; et l'état continuel d'agitation et d'éréthisme (1) où ils vivent les force à le développer à chaque instant... Il tend sans cesse vers deux objets, le pouvoir à acquérir ou à conserver et la secte à propager. Le cœur de ces hommes, fermé aux affections ordinaires, ne s'ouvre qu'à celles de la révolution : c'est la seule fibre qui y soit restée sensible. A force de la porter dans leur cœur, ils en ont chassé tout le reste. En un mot, les yeux de ces gens-là suivent d'autres règles d'optique ; leur esprit conçoit et pro-

---

(1) Ce mot, qui peint avec tant d'énergie l'état d'irritation fébrile de certains révolutionnaires, est employé ailleurs dans le même sens par J. de Maistre. « Ce degré d'éréthisme, dit-il dans les *Considérations sur la France,* fatigue bientôt la nature humaine. »

duit, leur cœur bat différemment de celui des autres hommes. Si quelques-uns tombent ou s'égarent dans cette dure carrière, ils sont remplacés à l'instant par de nouveaux candidats dont la succession rapide fait régner sur cette révolution le feu d'une éternelle jeunesse. Burke a très-bien remarqué que cette rotation accélérée dans les titulaires d'emplois de tout genre deviendroit dans peu une cause très-active de troubles au-dedans ou de tempêtes au-dehors. Que faire en effet de ces milliers d'hommes qui, en regardant derrière eux, peuvent presque tous dire : *Olim truncus eram*, passés maintenant au partage ou au faîte du pouvoir : législateurs, ambassadeurs généraux, ministres, directeurs, disposant sous mille formes de la force et de la fortune publique, de la puissance de l'empire et de l'état des citoyens, s'identifiant avec la grandeur de leur gouvernement, incapables de rétrograder vers l'obscurité de leur origine, et de Cincinnatus n'ambitionnant tous que la dictature? que faire, dis-je, de tant de vanités et de cupidités? Le monde suffit à peine à l'ambition de quelques citoyons romains ; il fallut renverser des empires pour distraire ces citoyens trop grands pour leur patrie, et porter ailleurs l'emploi de leurs dangereux talents. La France menacc des mêmes éruptions, et non pas au bout de quelques siècles, comme à Rome, mais à la fin de huit années de révolution, qui nous montrent déjà une plénitude d'ambitions malfaisantes auxquelles il faut chercher un débouché. Quels sont, en effet, ces conducteurs de révolution, tantôt sous une dénomination, tantôt sous une autre, hier membres de comité, aujourd'hui directeurs, demain ordonnateurs aux armées, et toujours en mouvement? Quels sont ces infatigables fabricateurs de lois qui revêtent autant de toges qu'ils savent donner d'interprétations à leurs versatiles décrets : députés constituants, législatifs, conventionnels?... Quels sont ces ambassadeurs qui courent d'un bout du monde à l'autre, fatiguant les cours de leurs prétentions, les bravant par leur insolence et les violant par leurs entreprises? Ne sont-ce pas des hommes sortis de la révolution, éclos à sa chaleur, se mouvant en tout sens dans son orbite, et portant partout le feu dont ils s'y sont imprégnés? Aussi voyez comme la révolution gagne et s'étend, comme les projets succèdent aux projets, les conquêtes aux conquêtes. A la Hollande envahie il faut joindre l'Italie subjuguée, à celle-ci la Suisse; après arrive le tour de l'Angleterre; tout à l'heure c'est l'Égypte

4

ou quelque plage lointaine qui appelle l'ambition de quelques spéculateurs de renommée ou d'argent. Bientôt le monde sera trop étroit pour l'hydre de tant d'émulations et de projets ; dans ce moment même le remplacement de quelques législateurs fait mille fois plus de mouvement en France que n'en a fait dans le Nord celui de trois de ses principaux souverains, et les bancs de ces obscurs sénateurs se vident ou se remplissent à plus grand bruit que les plus grands trônes.

On a remarqué que l'époque augustale a compris un espace de cent soixante ans pour soixante-dix empereurs, c'est-à-dire un peu plus de deux ans pour chacun, tandis que la France n'a compté que soixante-six rois pendant mille quatre cents ans, c'est-à-dire un peu plus de vingt-un ans pour chacun (1). Les huit années de la révolution ont donné à la France plus

(1) M. de Chantelauze fait remarquer que dans le livre *Du Pape*, J. de Maistre consacre un chapitre entier à examiner quelle est, en moyenne, la durée de la vie des princes, et il conclut que *les règnes européens excèdent même depuis longtemps, le terme de vingt ans, et s'élèvent, dans plusieurs États catholiques, jusqu'à vingt-cinq ans.* (*Du Pape*, t. II, ch. v : *Vie commune des princes, etc.*) Et il ajoute :

« Nous nous bornerons à indiquer ce singulier rapprochement au lecteur qui douterait que l'*Antidote* soit de J. de Maistre. »

de chefs que la troisième race n'a donné de rois pendant soixante-dix ans. Le trouble d'une part, le calme de l'autre, expliquent cette immense différence... L'accélération du mouvement s'étend à tout dans la révolution. La scène change aussi vite que les acteurs. On a dit, au sujet du partage projeté de l'Allemagne, que ce siècle seroit bien nommé le siècle des partages; il le seroit encore mieux le siècle des révolutions. Car il a vu tout se renouveler et changer; il a vu naître la Russie, la Prusse et l'Amérique; il a vu disparoître la Pologne, abîmer la France, subvertir la Hollande, la Suisse, l'Italie et les Pays-Bas. Et ce ne sont là que les traits principaux, car les changements moins importants sont innombrables et se perdent dans cet océan d'innovations. Que l'on compare le temps qu'ont pris l'élévation de ces premiers États et la chute des derniers avec celui que prenoient les anciennes révolutions, soit en bien, soit en mal; et pour cela, sans s'enfoncer dans l'histoire ancienne, qu'on compare seulement le temps des guerres civiles en France, ou celui qu'il a fallu pour en expulser les Anglais, avec les huit années qui ont suffi à la bouleverser et à la républicaniser; la Hollande combattant pendant soixante ans pour son indépendance, et soumise en six semaines

aux jacobins ; la Suisse sous les armes contre les
Autrichiens pendant cinquante ans, et sous le joug des
Français au bout de trois jours et demi, car la guerre
véritable n'a duré que du 2 au 5 mars de cette année ;
l'Italie ravagée, disséquée en grands et en petits
carrés, ce qui étoit république devenant monarchie, ce
qui étoit monarchie devenant république, dans l'espace
de deux ans, et ce même pays remplissant autrefois
le monde de désordres et de sang pour de misérables
Guelfes et Gibelins ; pour les Sforces à Milan, pour
les Médicis à Florence, pour les Doria à Gênes ; Venise
combattant elle seule la ligne de Cambrai, voyant
depuis trois cents ans les flots de la puissance otto-
mane se briser sur ses bords, et ne tenant pas contre
une simple sommation des Français ; le nord de l'Europe ensanglanté pendant cent ans pour l'union de
Colmar, se précipitant ensuite pendant trente ans sur
l'Allemagne pour former l'équilibre de la paix de
Westphalie ; toute l'Europe armée pendant quarante ans
contre Louis XIV pour arracher de ses mains les
Pays-Bas et la Hollande, et ne trouvant, dans les temps
actuels, d'autres armes pour combattre cet agrandissement *liberticide* que l'insignifiance de quelques notes
de milord Malmesbury. Certes, cet épouvantable con-

traste glace d'effroi l'imagination la plus aguerrie
contre la peur, et laisse à peine la faculté d'entrevoir où s'arrêtera ce torrent d'innovations... Et ce qu'il
y a de plus effrayant, c'est que ces révolutions,
marchant avec une rapidité inconcevable, menacent
d'engloutir le monde en moins de temps que ne
s'opéroient jadis les plus minces changements. Depuis
Salomon, qui a dit que rien n'est stable sous le
soleil, jusqu'au dernier des écrivains, tous ont remarqué dans les hommes et dans les choses une
tendance invincible vers le changement, une pente
naturelle vers une continuité de révolutions qui ont
changé la face des empires et transformé leur fortune, comme les vicissitudes de la vie changent et
transforment celle des individus. Mais, semblables à
ceux qu'opère la nature, ces changements étoient passagers et graduels; ils n'enveloppoient pas le monde
entier; ils étoient le produit combiné de la succession des temps et d'une série d'actions d'attaque et
de résistance. En déplaçant la puissance, ils effleu-
roient à peine les mœurs et les lois. Le plus rapide
de tous les conquérants, Alexandre, court en vainqueur
d'un bout de l'Asie à l'autre; son joug passager y
courbe un instant toutes les têtes, mais il ne s'y im-

prime pas; les débris de son empire suffisent à la
formation de plusieurs royaumes : ce sont des États
nouveaux au milieu de mœurs et de lois anciennes.
Rome soumet à peu près tout le monde connu ou qui
méritoit de l'être; les peuples reçoivent sa domination,
mais ils gardent leurs usages et leurs temples. Les
Tartares envahissent la Chine, mais sans aucun dérangement dans les lois; et voilà qu'au bout de quelque
temps les conquérants finissent par être conquis par
elles. Dans tous ces cas la souveraineté changeoit,
mais les dieux, les mœurs et les lois restoient.

Quelle immense différence de ces commotions passagères et locales au bouleversement systématique qui
embrasse le monde dans toutes ses parties ! Là, c'étoit
une inondation partielle, un débordement de quelques
instants; ici, c'est le naufrage complet de toutes les
institutions anciennes englouties par l'ouverture des
cataractes révolutionnaires, et, comme au temps du
premier déluge, les hommes rient et boivent à la face
d'une pareille catastrophe.

Qu'on nous pardonne de nous appesantir sur cette
effrayante vérité; mais comment se détacher de considérations qui embrassent tout ce qui touche à l'existence
des sociétés, tout ce qui en fait la sûreté, le lien et le

charme, tout ce qui donne quelque valeur à l'existence
et quelque prix à la vie? comment se soustraire à la
plus vive affliction en voyant que si les plus légers
changements dans les États occupoient jadis la vie
entière des hommes, les veilles des écrivains, l'attention de plusieurs générations, aujourd'hui les bouleversements les plus étendus, ceux qui ont à la fois la forme
et l'effet des ouragans, obtiennent à peine quelques
signes de douleur ou quelques moments d'attention?
Jadis les révolutions formoient les épisodes de l'histoire,
aujourd'hui elles sont l'histoire elle-même; et, comme si
la répétition des mêmes scènes avoit la force du destin
ou le pouvoir de blaser les âmes, on ne regarde plus
chaque révolution particulière que comme une partie
intégrante de la révolution totale, à la représentation
de laquelle, spectateurs oisifs, on assiste sans autre
intérêt que celui d'applaudir ou de siffler les acteurs.

Il faut observer que la marche de la révolution doit
être accélérée à l'avenir par deux circonstances qui
sont toutes à son avantage. La première est le changement arrivé dans plusieurs États qui combattoient
contre elle, et qui combattent aujourd'hui pour elle.
La révolution étant devenue conquérante, les anciens
points de résistance sont devenus des points d'appui

et des leviers. L'attaque et la défense doivent se ressentir de cette interversion de rôles. Les États non révolutionnés doivent être attaqués plus aisément par leurs ennemis fortifiés de leurs anciens adversaires.

La seconde, c'est que la répétition des scènes révolutionnaires et l'habitude des moyens analogues ont ôté aux unes leur horreur, aux autres leurs difficultés. D'un autre côté, les scènes les plus atroces excitent moins d'intérêt que n'en excitoient jadis les plus minces événements ; de l'autre, les moyens révolutionnaires étant devenus vulgaires, leur emploi ayant toujours été heureux et leur succès certain, on s'est familiarisé avec l'idée comme avec les instruments de révolution, on les a classés méthodiquement, et rien n'est plus commun que d'entendre demander quel est l'empire à l'ordre du jour dans la ligue de la révolution.

CHAPITRE II

ETAT ACTUEL DE L'EUROPE, COMPARAISON DE SES FORCES
AVEC CELLES DE LA RÉVOLUTION.

—

Par suite des progrès naturels ou factices de la
révolution, par ceux qu'elle se doit à elle-même
ou aux circonstances qui l'ont favorisée, l'Europe
se trouve partagée en deux parties, en deux zones sous
lesquelles il n'y a plus rien de commun : l'une révolutionnaire, l'autre non encore révolutionnée. La
ligne de démarcation s'étend de l'extrémité de la
Hollande à celle de l'Italie, d'Amsterdam à Rome ;
elle enferme cette vaste contrée qui fut la Hollande
la France, la Suisse et l'Italie ; elle laisse derrière
elle l'Espagne et le Portugal séparés du reste du
monde, se débattant tant bien que mal contre les
atteintes de la révolution. Ce sont deux puissances
à l'agonie dont la révolution tend à se faire la lé-
gataire universelle.

Les deux grandes divisions de l'Europe sont l'une
sur l'offensive, l'autre sur la défensive, en tout
temps et en tous lieux. Quand les armes sont posées,
les manœuvres clandestines recommencent; on n'abandonne la tranchée que pour la mine; en traitant
de la paix, on fait encore la guerre; chaque mot,
chaque ligne, des négociations est un acte inju-
rieux ou hostile; toujours une des portes du temple
de Janus reste ouverte.

On peut apprécier la durée et l'issue probable de
cette lutte par la comparaison des forces respectives.

La révolution étend ses domaines sur les contrées
de l'Europe les plus couvertes de population et les
plus favorisées des regards du soleil, sur le sol le
plus varié et le plus fertile, sur les hommes dont
l'imagination et le génie ont le plus de mobilité et
d'ardeur, dont le langage, les modes et toutes les productions sont recherchées, adoptées, enfin règnent partout. Les frontières de ce redoutable empire sont réputées impénétrables, également propres à la défense
et à l'attaque. L'esprit de secte dont il est pénétré
double ses facultés; l'affranchissement de tout principe religieux et de toute moralité lui rend tous les
moyens égaux; les factieux, les mécontents de tous

les pays sont ses oreilles et ses yeux ; enfin toutes
les parties qui concourent à sa formation sont serrées
entre elles par les liens les plus forts.

La partie non révolutionnée a sans doute encore de
grandes forces, mais l'esprit vital, qui pourroit les
faire valoir, n'existe pas chez elle.

Qu'on considère en effet la disposition de ses forces,
l'unité possible de ses intérêts, la diversité de ses
conseils, la consistance réelle de ses anciennes habitudes, les moyens relatifs d'influence qu'elle peut exercer sur son adversaire; qu'on compare cette position
respective, et l'on pourra juger jusqu'où s'étend la
supériorité de la révolution. Sa rivale ne peut plus
même s'appuyer sur des institutions vermoulues ou
criblées d'outrages. Quoi ! depuis le nord de la Hollande jusqu'aux confins de l'Italie, la religion aura été
détruite ou bafouée, les trônes auront été renversés;
en vertu de l'égalité, on rit de l'homme qui ose
encore parler de noblesse et de titres honorifiques;
tout l'échafaudage des anciens établissements y jonche
la terre, et cet objet de comparaison, toujours sub-
sistant, n'atténueroit pas nécessairement la force des
institutions correspondantes dans l'autre partie de l'Europe? Certes, il faudroit connoître bien peu le cœur

humain pour oser ainsi le démentir et compter comme
appuis des supports qui ont besoin d'être soutenus
eux-mêmes.

> A plaider contre le printemps,
> L'hiver doit perdre avec dépens (1).

Mais le côté le plus foible de la partie non révolutionnée de l'Europe, c'est sa désunion et l'égoïsme,
qui, rendant chacun étranger aux malheurs de ses voisins, le renferme tout entier en lui-même et lui fait
chercher sa sûreté dans son isolement. A cet égard,
la révolution a été pour l'Europe encore plus que pour
la France la révolution de la discorde; il n'y a jamais
eu moyen d'en réunir, d'en tenir ensemble les parties.
L'Europe n'a montré partout qu'une force centrifuge,
et la république française a dissous ce qu'on appeloit
la république européenne.

Entre mille exemples on peut en citer trois principaux qui sont encore sous nos yeux; celui de la
Suisse, de l'Angleterre et du Pape, tous également
délaissés par les autres puissances.

Jamais cette indifférence fatale, ce froid de la

(1) *Les Ombres*, épître de Gressel.

mort ne s'est montré d'une manière plus alarmante
aux yeux de l'observateur que dans l'avant-dernière
scène, celle qui a vu tomber le trône des Papes. Il
existoit depuis des siècles sous la sauvegarde de la
chrétienté tout entière ; sa foiblesse faisoit sa force
en l'associant à celle de chacun en particulier. Cet
hommage de convention étoit le résultat de deux sentiments, la reconnoissance et la nécessité : reconnoissance pour les bienfaits que la religion a versés
sur le monde chrétien ; nécessité de la maintenir pour
le bonheur des peuples, et par conséquent de l'honorer pour la maintenir. Eh bien ! ce trône de bien-
faisance, environné de tant d'hommages, vient de
tomber sous les coups de la plus noire perfidie. Un
exécrable *guet-apens*, la violation du droit le plus
sacré, devient l'odieux prétexte d'une invasion pré-
parée de longue main. La force attaque la foiblesse
suppliante, la férocité se précipite sur la douceur
timide et désarmée. Rome reçoit dans son sein le
ravisseur de l'Italie ; le plus vénérable des pontifes,
le plus humain des souverains est arraché à ses autels
et à ses peuples ; victime des injures qu'il a reçues,
et que d'infâmes calomniateurs osent encore lui im-
puter, il va cacher sa tête auguste dans l'obscurité

d'un cloître ou dans les rochers d'une île, dernier et précaire asile qui ne le sépare que d'un pas des éternels ennemis du culte dont il est le chef. Eh bien ! cette épouvantable catastrophe n'a pas arraché une larme, que dis-je ? pas même un cri à qui que ce soit, moins encore à ceux que la répétition toujours imminente de pareilles scènes menace à chaque instant d'un pareil sort. Les chrétiens ont vu l'expulsion du Pape comme celle du grand Lama ; les princes ont regardé le détrônement de leur confrère en souveraineté comme celui du prêtre Jean.'

Cependant cet événement, inaperçu par la politique et par l'insensibilité, doit avoir les plus graves conséquences ; car si la puissance temporelle des Papes importoit peu à l'équilibre de l'Europe, s'ils ne pesoient pas un grain dans cette balance, il n'en étoit pas de même de la puissance spirituelle ; et la perte de la première entraîne nécessairement, quoi qu'on en dise, celle de la seconde. Il ne manque plus au malheur du monde que d'ajouter les discordes religieuses à celles qui l'agitent déjà, et c'est pourtant le résultat inévitable du dernier événement de Rome.

1° La Suisse servoit de barrière à l'Allemagne et à l'Italie. Son salut intéressoit donc ces deux contrées

sous des rapports essentiels. A-t-on fait un pas, une
démarche? a-t-on écrit une seule note pour l'arracher
des serres de la révolution française? Elle a ajouté la
Suisse à ses domaines, sans éprouver plus de contradiction que si elle n'eût fait que travailler sur un de
ses cent départements. Il y alloit cependant du salut
de l'Allemagne et de l'Italie, et la moindre conséquence qu'on puisse prévoir de cette révolution, pour
l'Allemagne, est une différence de cent mille hommes
de plus ou du moins contre elle.

L'Angleterre donneroit, en tombant, l'empire de la
mer à la révolution. Celle-ci a déjà celui de la terre.
Qui pourroit alors lui résister? Les colonies anglaises
étant mises par elle sur le même pied que les colonies
françaises et hollandaises, les quatre parties du monde
sont envahies sans ressource. Eh bien! les dangers réels
de ce résultat, qui ne peut être balancé par aucune
autre considération, ne parlent aux yeux et au cœur de
personne; et le reste de l'Europe assiste aux préparatifs d'une descente qui renferme sa destinée propre,
comme à un spectacle de pure curiosité. Il faudroit
aller au secours de l'Angleterre, même malgré elle;
il faudroit faire violence à sa fierté. Est-il même bien
sûr que l'on fasse des vœux pour elle?...

L'état politique de l'Europe reposoit sur trois grandes bases :

1° Le traité d'Oliva de 1660, pour le Nord ; 2° celui de Westphalie, pour l'Allemagne ; 3° celui d'Utrecht, pour le Midi.

Rien de tout cela n'existe plus. Les traités de Bâle, de Campo-Formio, et le congrès de Rastadt, ont sanctionné le désordre général, introduit depuis le premier partage de la Pologne, et confirmé par la guerre d'Amérique. Les anciens traités créoient, établissoient quelque chose ; les modernes ne font que détruire, Le traité de Bâle a scindé l'Empire et rompu toutes les digues de la révolution. Les événements l'ont à peu près annulé. Le traité de Campo-Formio, déjà violé en plusieurs points par les Français, est devenu inapplicable aux nouvelles circonstances, créées par les révolutions de la Suisse et de Rome, ou bien il a amené ces révolutions, s'il ne leur est pas totalement étranger.

Le congrès de Rastadt va sanctionner le déchirement de l'Empire et l'accroissement de la France, à un degré qui ne laisse plus aucun espoir de liberté à l'Europe. Il est juste de compter au nombre des avantages de la révolution sur sa rivale : 1° l'infériorité

relative de leurs agents réciproques ; 2° les principes
d'union qui existent entre toutes les branches de la révolution ; 3° les principes de conservation qu'elle s'est
ménagés.

Il est vrai, et c'est une observation confirmée par
trop de faits, que la révolution a partagé l'espèce
humaine en deux classes : d'un côté, la foiblesse et
la vertu ; de l'autre, l'énergie et le crime. D'une part,
tout également légal, mais foible ; de l'autre, tout
également coupable, mais énergique et plein. Ici,
l'incertitude, l'erreur à côté de toutes les qualités
sociales ; là, la perspicacité et la vigueur d'esprit à
côté de l'absence de toute moralité. Et, comme si ce
n'étoit pas assez de cette épouvantable suprématie du
crime, ce n'est pas à lui seul qu'elle s'est attachée,
elle s'est encore étendue aux individus ; de manière
que rien n'a été plus commun dans la révolution que
de voir des hommes disgraciés par la nature, connus
partout pour leur médiocrité (1), une fois qu'ils ont
été engagés dans cette nouvelle carrière, y puiser un

(1) « Je contemple beaucoup ici l'ambassade française, qui n'a
rien de merveilleux. *Le spectacle qui m'a continuellement frappé
depuis le commencement de la révolution, c'est la médiocrité des
personnes par qui de si grandes choses s'exécutent. Dès que ces*

esprit nouveau, s'y créer des qualités qu'on étoit loin de leur soupçonner, primer ceux dont ils avoient l'habitude de recevoir le ton; en un mot, se retremper en entier dans la révolution, et finir, soit par agrandissement personnel, soit par leur liaison avec le piédestal de la révolution, par figurer assez passablement sur son théâtre, et y acquérir une attitude imposante ainsi qu'un ton assez haut pour pouvoir dire : *Et nous aussi, nous faisons peur!*

Il faut le dire, le parti de l'opposition a toujours été également foible, le parti de la révolution toujours également fort; de manière que l'on a vu, au grand scandale de la raison et de la révérende sociale, s'évanouir toutes les anciennes réputations, à la guerre comme dans le cabinet, à la tribune comme dans les affaires. Les hommes les plus consommés ont été constamment hors de mesure avec leur nouvelle besogne, avec des adversaires obscurs et des noms sans gloire. Ceux-ci, au contraire, ont été constamment à la hauteur des circonstances; eux seuls

fameux personnages sont isolés, je vous assure que personne n'est humilié. »

(*Mémoires et Correspandance* de J. de Maistre, publiés par M. Albert Blanc, p. 300.)

ont eu des plans et de la suite, de l'audace et de l'habileté dans leur exécution ; en un mot, eux seuls ont montré les talents des hommes d'État et des guerriers.

Expliquera qui pourra cette interversion des rôles, cette transposition des attributs des hautes classes aux inférieures, et de celles-ci aux supérieures. Il n'en est pas moins vrai qu'elle existe, et que le génie de l'Europe a reculé devant celui de la révolution. Son étoile l'emporte visiblement sur des astres pâlissants et à leur déclin...

2° Il existe des principes d'union très-intimes entre tous les membres de la révolution ; car il y a alliance de droit et de fait entre tous les nouveaux gouvernements républicains. Les principes de ces gouvernements étant parfaitement uniformes, les moyens qui ont donné le pouvoir aux gouvernants étant semblables, les dangers de les perdre étant égaux, il s'établit entre tous une corrélation d'intérêts qui fait de tous ces États un gouvernement de complices ; et l'on sait quelle force de complicité prête à une association. La France étant entrée la première dans les voies de la révolution, en connaissant mieux les sentiers, douée d'une grande prépondérance de forces, exerce sur

toutes les branches de la fédération révolutionnaire
une suprématie de direction et d'autorité. Celles-ci
prennent en tout les ordres d'une métropole dont elles
s'avouent les colonies. Entre elles tout traité est offensif et défensif, et pour toutes les guerres. Tous les
mouvements sont combinés sur le même plan ; ils ne
doivent ni précéder ni retarder la marche commune :
il faut que tout marche de front...

Le général Joubert fait un 18 fructidor à la Haye
pour aiguillonner la lenteur hollandaise. Le général
Berthier en fait un autre à Milan pour brider la fougue
des Cisalpins. La Suisse reçoit l'ordre de n'admettre
dans son directoire aucun citoyen des cantons qui ont
combattu contre la France. La nouvelle Rome, formée
sur les institutions françaises, recevra sûrement des
admonitions et des corrections pareilles. En un mot,
Paris envoie aujourd'hui des constitutions et des met-
teurs en œuvre de révolutions, comme il expédioit jadis
des modes et la poupée.

Qu'a l'Europe à opposer à cette chaîne ininterrompue
de directoires, de corps législatifs en alliance permanente, fraternisant à Paris sur le même autel de la
liberté, et s'appuyant sur des bases communes d'intérêts et d'institutions civiles et religieuses ? Certes, c'est

là une formidable coalition, et telle, qu'il fallait les
flancs de la révolution pour la concevoir et pour l'enfanter...

3° La révolution s'est créé des principes de conser-
vations qui manquent à tous les autres gouvernements.-

Elle a établi que toutes ses propriétés sont impéris-
sables et inaliénables. Ennemie des rois, elle a adopté
pour ses possessions les maximes qu'ils avoient établies pour leurs domaines. Mais elle leur a donné
une latitude, et laissé une ambiguïté tout à fait convenable à ses intérêts. En vertu de cette doctrine com-
mode, tout territoire réuni à ces gouvernements nouveaux ne peut plus en être séparé. Le corps entier
doit périr plutôt que de souffrir le moindre retranche-
ment. Ainsi, il y aura la république française, une et
indivisible ; la république batave, une et indivisible ;
les républiques helvétique, cisalpine, romaine et ligurienne, unes et indivisibles, devant passer à travers
les siècles dans cet état d'adhérence parfaite de toutes
leurs parties, aussi imperméables que des blocs de
marbre ou d'airain. A cette première qualité la même
loi ayant prudemment joint la faculté d'acquérir, il se
trouve que toutes ces unités et indivisibilités peuvent

toujours gagner sans jamais rien perdre, toujours
croître sans pouvoir décroître, jusqu'à ce qu'enfin toutes
ces républiques venant à se rencontrer, ou s'arrêtent
toutes à la fois, ou se brisent par le choc de leurs
principes d'existence. Qu'on examine quelle force relative se donnent des États qui se constituent eux-mêmes
sur de pareils principes! Avec eux, le sens naturel
des transactions entre les gouvernements est interverti,
les accommodements sont impraticables. Se bat-on?
c'est à mort ou pour rien; traite-t-on? d'une part, on
peut tout céder; de l'autre, on ne peut rien céder.
Quel labyrinthe, grands dieux! et quel dédale d'erreurs et de souffrances ne préparent-ils pas à ceux qui
poussent la tolérance jusqu'à laisser introduire dans la
société de pareils principes de désorganisation !...
Alexandre partagea son empire entre ses capitaines;
quelques conquérants ont distribué le territoire des
vaincus aux compagnons de leurs victoires. La révolution française a conçu un projet tout autrement vaste;
dès longtemps tous ces remuements ordinaires sont
dépassés.

Après avoir transvasé pendant six ans toutes les propriétés meubles et immeubles de la France, après en
avoir agioté le sol même, la révolution tend à partager

le monde entier entre de nouveaux propriétaires souverains, et sur un plan tout de sa création (1). Le
voici :

En 1792, la France révèle à l'Europe le don que la
nature lui a fait des limites des Alpes, des Pyrénées,
de l'Océan et du Rhin.

La révolution, alors à son aurore, parut tombée en
délire par le seul fait de cette annonce, qui excita généralement plus de mépris que d'effroi, plus de risées
que de réflexions. On méconnoissoit alors toute l'intensité de cette révolution comme mille autres de ses
attributs qu'il a bien fallu reconnoître depuis. Des
revers passagers firent oublier totalement cette prétention; mais la révolution, elle, ne l'oublioit pas;
et lorsqu'à force de succès, elle crut n'avoir plus à
compter qu'avec son épée, elle fit revivre ses droits
comme le prix de ses sueurs et de son sang. On sait
sur quel ton elle insista à Rastadt sur la barrière du
Rhin.

(1) « S'il y a quelque chose de malheureusement évident, c'est
l'immense base de la révolution actuelle, qui n'a d'autres bornes que
le monde. »
Saint-Pétersbourg, 10 juin 1810.
(*Mémoires et Correspondance* de J. de Maistre, publiés
par M. Albert Blanc, p. 360.)

Mais c'étoit peu de travailler ainsi pour elle-même.
Il falloit, pour compléter le plan, assigner aux autres
leurs 'possessions. Suivez-en le développement... La
Hollande cède une portion de son territoire; elle
reçoit à son tour la promesse d'un dédommagement à
la paix générale, promesse qui l'attache à la France
par le lien toujours si fort de l'espérance.

La révolution est entamée à Bâle par l'espoir de la
réunion du Friktal, cédé par l'Autriche. Toutes les
anciennes divisions de la Suisse sont effacées et remplacées par celles que trace Paris. Le roi de Sardaigne est alléché par l'amorce de quelques cessions
en Italie. Il faut arracher à l'empereur le Milanais pour
lui *donner* Venise. A Rastadt, la France n'annonce-t-elle
pas qu'elle se charge d'assigner dans le sein de l'Empire un dédommagement aux princes dépouillés? Qui
sait par quelle perspective de cessions et de partages
on a détaché la Prusse, la Hesse et tant d'autres puissances qui sont encore à attendre l'effet de ces conventions, dont elles ignoroient complétement le double but?
Le premier but était de faire de l'Europe une espèce
de domaine national, qu'on partageoit entre de nouveaux souverains, comme on avoit partagé le sol de
la France entre de nouveaux propriétaires; le second

étoit de détruire les nouveaux souverains par l'effet même de ces dotations, et c'est là précisément que la révolution les attend.

Après les avoir détachés de leurs sujets, elle détache leurs sujets d'eux. Les délaissés et les nouveaux réunis n'étant d'ordinaire pas plus contents les uns que les autres, on profite de leur chagrin à tous pour leur insinuer que ces changements sont contraires à leurs droits, attentatoires à leur dignité d'hommes ; qu'on les trafique comme du bétail, et que le seul moyen de se venger de l'ancien souverain et de se soustraire au nouveau est de se jeter dans les bras de la révolution, où ils trouveront un refuge assuré contre la violation de leurs droits et contre l'instabilité de leur sort. N'est-ce pas ce qu'on vient de voir éclater en Brisgaw? Et les agitations de la Souabe ont-elles d'autre objet et d'autre signification? Tous ces pactes momentanés ne sont proposés par la révolution que pour se donner le temps d'arranger·ses affaires, pour lier instantanément les puissances à son existence; ensuite, pour les embarrasser de la garde de sujets mécontents et suspects, et finir par leur arracher à la fois les anciens et les nouveaux. Ce *crescendo* de perfidie est exactement gradué sur l'échelle de la révolution.

CHAPITRE III

DE L'ÉQUILIBRE POLITIQUE EN EUROPE (1).

L'équilibre politique de l'Europe a fait depuis un siècle et demi l'objet de la sollicitude et des spéculations des hommes d'État et des publicistes. Ce système entrevu par Henri IV, créé par le cardinal de Richelieu, confirmé par le traité de Westphalie, reçut son plus grand développement du roi Guillaume dans ses longues guerres contre Louis XIV. Il n'a cessé depuis ce temps de recevoir un culte d'habitude et de routine, jusqu'à ce que la révolution, venant à l'envelopper dans la ruine commune, ait démontré la fragilité de cet équilibre si vanté.

(1) L'abbé de Pradt reproduit textuellement une notable partie de ce chapitre dans son ouvrage intitulé : *Du Congrès de Vienne*, chap. vi, avec cette simple note : « Dans ce chapitre, tout ce qui est marqué par des guillemets est extrait de l'*Antidote au Congrès de Rastadt*. »

(Note de M. de Chantelauze.)

Il y a deux espèces d'équilibre politique : l'un naturel et indépendant, l'autre dépendant et factice.

Le premier provient de l'égalité proportionnelle des États, qui, jouissant des facultés à peu près pareilles en territoire, en population, en richesse, en position géographique, peuvent s'opposer des moyens à peu près égaux d'attaque et de défense ; telles sont l'Angleterre et la France, entre lesquelles le commerce, la marine et la position insulaire compensent l'inégalité de population, de territoire et d'armée. Il résulte une force correspondante de moyens qui n'ont rien de semblable. Ainsi, les flottes anglaises contre-balancent les armées françaises ; elles reprennent par mer les conquêtes que la France fait par terre ; le commerce donne à l'Angleterre la richesse qui paie les armées étrangères contre la France. Dans tous les cas, il y a équilibre, et peut-être plus qu'il en exista jamais entre tous les empires connus. Rome et Carthage furent aussi rivales, mais pas plus égales. La Prusse et l'Autriche, l'Autriche et la Russie, celle-ci et la Turquie ont par différents accidents, malgré des inégalités très-apparentes, une parité véritable de forces ; celle-ci est le gage de leur indépendance, qu'elles ont en elles-mêmes les moyens de conserver et de défendre.

La seconde espèce d'équilibre résulte de la jalousie naturelle des grands États entre eux, de la protection qu'ils accordent aux petits, enfin de l'attention de tous à empêcher les empiétements trop avantageux pour une puissance au détriment des autres.

Dans la première espèce d'équilibre, on se protége soi-même; dans la seconde, on est protégé.

Ces deux équilibres existoient à la fois en Europe; et, chose remarquable, leurs concours la laissoit encore sans un bon, sans un véritable équilibre politique. En voici la preuve.

La France, par sa population, par l'industrie et par le caractère hasardeux de ses habitants, par sa position au centre de l'Europe, dominant sur deux mers, ceinte d'une triple frontière qui l'isoloit presque autant que pourroit faire l'Océan, la France, avec tous ses avantages, dominoit réellement tous ses voisins du continent, et justifioit le mot du célèbre marquis d'Orméa: « Que parlez-vous d'équilibre d'Europe? disoit ce sage ministre de Victor-Amédée; il est tout entier dans le cabinet de Versailles: qu'il sache seulement ce qu'il fait. » Ce mot dit tout, et les conquêtes de Louis XIV et les déplorables triomphes de la république ne prouvent que trop la prépondérance naturelle

de cette nation quand on sait en tirer parti. Voilà
la seconde fois depuis cent ans qu'elle met l'Europe
à deux doigts de sa perte.

L'Espagne est une espèce de colonie française ainsi
qu'un comptoir pour les autres nations; mais elle n'a
aucune pesanteur spécifique dans la balance de l'Europe. Isolément, elle ne peut rien contre personne;
aussi impuissante par terre contre la France que foible
sur mer contre l'Angleterre, placée aux extrémités de
l'Europe, elle n'existe pour elle, comme puissance,
que de nom, et pour les autres, que comme une mine
en état d'exploitation.

Le Portugal est encore moins sensible dans la balance
des pouvoirs européens. C'est au Brésil qu'il faut l'aller
chercher. Le corps de l'État est là, et la tête seulement en Europe. Ses différentes parties sont trop
éloignées pour avoir une vie véritable et une action
propre. Ce pays n'est qu'une colonie de commerce pour
l'Angleterre, comme l'Espagne l'est pour la France.

L'Italie n'étoit, avant la révolution, qu'une galerie de
tableaux, un muséum que tout le monde alloit visiter;
mais elle n'avoit aucune influence dans les affaires
politiques. C'étoit toujours cette Italie dont l'auteur des
Lettres persanes dit « que, partagée en une infinité

d'États, ses princes sont, à proprement parler, les martyrs de la souveraineté. Nos glorieux sultans ont quelquefois plus de femmes que certains d'entre eux n'ont de sujets. Leurs divisions habituelles tiennent leurs États ouverts comme des caravanserails aux premiers qui veulent y loger. Ce qui les réduit à s'attacher aux grands princes, auxquels ils font part de leurs frayeurs encore plus que de leur amitié. » Il n'y avoit rien de changé à ce tableau quand les Français, qui le savoient bien, ont envahi ce beau pays. Il n'y en a pas pour lequel on se soit battu aussi longtemps et aussi inutilement. Car toutes ces querelles n'avoient encore donné que le plus misérable résultat, par une distribution de pouvoirs dans laquelle il étoit impossible de reconnoître aucun plan ni rien qui annonçât la moindre vue d'ordre ou d'arrangement.

Ainsi, des Allemands, régnoient à Milan et ne pouvoient arriver chez eux qu'à travers le territoire de Venise. Cette propriété n'étoit défendue par rien du côté le plus exposé, qui est celui de la France ; car Mantoue, placée à l'extrême frontière de ce pays, ne défend pas le Milanais. C'est bien la clef de l'Italie du côté de l'Allemagne, mais c'en est la porte du côté de la France. Le roi de Sardaigne, placé entre l'Autriche et la France, ne pouvoit équilibrer ni l'une ni l'autre ; chacune en détail pouvoit le dévorer. Dans leurs débats, c'étoit à lui à fournir le champ de bataille. Placé au pied des monts, il ne pouvoit lui seul fermer le passage à la France, et, dans le fait, *le geôlier des Alpes* étoit trop foible pour en garder les clefs (1). Du côté du Milanais, contre les Allemands sa position étoit encore plus mauvaise, car il n'avoit pas les avantages que lui donnoient les Alpes du côté de la France. L'Italie n'étoit donc défendue ni contre la France, ni contre l'Allemagne. Cet état passif étoit aggravé par les dissensions de ces petits princes, tous préoccupés les uns contre les autres, et toujours mal confinés. Ainsi, le roi de Sardaigne craignoit et rongeoit le duc de Milan ; à son tour, il effrayoit Gênes.

---

(1) « L'empereur d'Autriche répugne infiniment au rétablissement de Sa Majesté en Piémont, pays qu'il convoite ardemment. Qui sait le parti que nous pourrions tirer de ce désir ? C'est une illusion parfaite de s'imaginer que nos maîtres aient jamais été les *gardiens des Alpes*. Il y a longtemps que Machiavel a dit la vérité sur ce point : *Toutes les fois*, dit-il, *que nous voudrons garder les Alpes, vous apprendrez, par derrière, dans vos stations, que les Français ont passé.* Disons donc et répétons mille fois DANS NOS NOTES, que le roi étoit le *gardien des Alpes* ; mais si nous voulons raisonner politiquement, n'en croyons pas le mot. »

(Mémoire de J. de Maistre sur la situation de l'Europe en 1807, publié par M. Albert Blanc.)

Des possessions entremêlées d'antiques prétentions entretenoient des discordes éternelles entre Naples et Rome. Sûrement aucune apparence de force et d'influence au-dehors ne pouvoit résulter d'un chaos de souverainetés si mal ordonnées entre elles.

Le midi de l'Europe étoit donc tout à fait étranger à la formation de l'équilibre. On ne commençoit à en apercevoir des traces qu'en arrivant en Allemagne et en s'élevant vers le Nord. Là du moins, il y a une espèce de plan et un correctif général pour les défectuosités innombrables qui existoient au sein de ses États. Le traité de Westphalie avoit réglé l'état politique de l'Allemagne et faisoit un corps de droit public. Un grand nombre de puissances avoient concouru à le former, à le soutenir, et, dans ces derniers temps, d'autres s'y étoient rattachées; mais la multitude des changements amenés par la succession des temps avoit altéré la substance de ce traité au point de le rendre insuffisant et inapplicable aux circonstances. Les cessions faites à Louis XIV en avoient attaqué l'intégrité. Quelques-unes des puissances qui avoient le plus contribué à sa formation, telle que la Suède, avoient perdu leur influence, et ne tenoient plus à l'Empire que par des liens imperceptibles. De nouvelles puissances, telles

6

que la Prusse, s'étoient élevées au sein même de
l'Empire. La Russie s'en approchoit chaque jour ; l'Autriche, au contraire, s'en détachoit et sembloit en vouloir porter les titres encore plus que le fardeau. L'opposition constante de la Prusse avec l'Autriche avoit
partagé l'Allemagne en deux partis. Tout s'étoit rangé
sous ses deux bannières, au point qu'il n'y a rien de
plus rare en Allemagne qu'un Allemand. Il n'y a que
des Autrichiens et des Prussiens. Mais leur opposition
paralysoit l'Empire encore plus qu'il ne le conservoit.
Entre deux forces égales il y a repos ; il en faut une
troisième pour les mettre en mouvement. L'Empire avoit
donc un équilibre de nom et de représentation plus
que de fait, et, loin de servir à l'équilibre général, il
demandoit, au contraire, qu'on travaillât sans cesse à
maintenir le sien. Voyez aussi ce qui est arrivé quand
la révolution l'a attaqué sérieusement.

L'Autriche possédoit une immense étendue de terrain
qui faisoit à quelques égards sa foiblesse autant que
sa force ; car elle a des voisins partout et des frontières presque nulle part. Dans ses possessions loin-
taines des Pays-Bas, elle succède aux embarras encore
plus qu'à la puissance de l'Espagne. Celle-ci y envoyoit
par mer les armées que l'Autriche ne peut faire arri-

ver qu'à travers l'Allemagne. Ces espèces de colonies continentales ne conviennent qu'aux puissances maritimes, qui peuvent y aborder en tout temps et à peu de frais. Les Pays-Bas mettoient l'Autriche dans la dépendance de la France ; le Milanais lui donnoit une partie de l'Italie pour ennemie. Les Turcs étoient, à la vérité, très-patients à son égard, mais toujours inquiétants en cas de guerre avec la France ou avec la Prusse. La Russie, en s'accomodant successivement de tout ce qui étoit à sa convenance, s'approchoit tous les jours de l'Autriche et devenoit un voisin très-alarmant. L'Autriche voyoit dans la Prusse un éternel ennemi ; une suite d'animosités avoit établi entre ces puissances l'antipathie que la nature a mise entre certaines espèces d'animaux. A tous ces embarras l'Autriche joignoit encore ceux de l'Empire, corps immobile pour l'action, quoique toujours en agitation. Dans cette position, l'Autriche avoit trop d'affaires pour servir efficacement au maintien de l'équilibre ; ses forces étoient trop divisées et, en pesant sur trop de points, elles ne pesoient assez sur aucun.

La Pologne n'a pas existé une minute, depuis cent ans, au profit de l'Europe. Si le partage de ce pays fut le scandale de la morale, son gouvernement étoit aussi celui de la raison, et sa destruction ne peut que tourner à l'avantage des Polonais et de l'Europe, en condamnant les premiers au repos, en dispensant la seconde de les y ramener sans cesse.

La Prusse, qui prend une si grande part aux affaires actuelles de l'Europe, existoit à peine il y a cent ans : c'est une création nouvelle. Elle a passé ce siècle à s'agrandir. Depuis dix ans elle tend à sa dernière période d'accroissement (1), et, si elle travaille depuis quelque temps à l'équilibre de l'Europe, elle ne fait que lui rendre en tranquillité ce qu'elle lui a coûté en troubles pendant un demi-siècle.

La Russie est dans le même cas. Née pour l'Europe avec le siècle, elle n'a pas cessé de la troubler. Au lieu d'assurer l'équilibre, elle n'a fait que le déranger. Combien de fois a-t-il fallu l'y rappeler par des dispositions menaçantes ! Cette puissance, arrivée en peu d'années au terme possible de son agrandissement en Europe, n'a plus qu'à jouir du repos et à le faire goûter aux autres ; elle peut y employer ses immenses forces avec d'autant plus de succès qu'elle peut toujours aller faire du mal aux autres, et qu'on ne peut guère aller le lui rendre chez elle.

(1) La Prusse, alors, n'avoit même pas le duché du Bas-Rhin.

La Suède et le Danemark soutiennent la balance du commerce plus que celle de la politique. Ces États sont trop loin, trop détachés du continent, trop maltraités de la nature. Quand la Suède tenoit un grand territoire en Allemagne et en Russie, elle influoit sur le Midi, à peu près comme la Prusse le fait aujourd'hui. Celle-ci et la Russie n'existoient pas encore; la Pologne étoit un chaos de barbarie; mais depuis que la Suède a perdu presque toutes ses possessions continentales, à la suite du règne de Charles XII, ses rois, rélégués au bout du monde, sont plus observateurs qu'acteurs sur la scène de l'Europe. Si l'union de Calmar (1) avoit pu être maintenue, la force qui résultoit de l'union des trois couronnes eût donné au Nord une tout autre influence.

Depuis la guerre de la succession d'Espagne, la Hollande avoit perdu toute influence sur les affaires de l'Europe; elle y faisoit nombre plutôt que poids. Nous en donnerons les raisons plus bas.

Quand à l'Angleterre, c'est une question de savoir

(1) La Sémiramis du Nord, Marguerite de Waldemar, devenue reine de Danemark par la mort de son père et reine de Norwége par celle de son fils Olaüs, détrôna Albert, roi de Suède, et ayant convoqué à Calmar les États généraux de ces trois royaumes en 1393, reunit sur sa tête cette triple couronne.

si elle maintenoit plus qu'elle ne dérangeoit l'équilibre général. Elle dominoit sur mer ; elle régnoit sur
le commerce et sur la richesse comparative des autres
nations. Celles-ci étoient quelquefois forcées de s'unir
contre elle. Invulnérable dans son île, présente partout par ses mille vaisseaux, elle se jouoit des orages
qu'elle élevoit sur le continent ; ils faisoient sa sûreté,
et si elle songeoit à les apaiser, c'étoit lorsqu'ils alloient trop loin ou qu'ils menaçoient de ruine quelqu'une des parties dont la conservation lui importoit.
C'est ainsi qu'en 1790 l'Angleterre, jouant en cela le
rôle de la France, arracha la Turquie des serres de
la Russie.

Mais avec tous ses avantages l'Angleterre devenoit
étrangère à l'équilibre toutes les fois que la querelle
étoit entre des puissances purement continentales ou
qui abandonnoient leurs colonies. Par exemple, comment l'Angleterre sépareroit-elle la Prusse et l'Autriche, la Bavière et l'Autriche, celle-ci de la Sardaigne
ou de la Turquie? comment même atteindroit-elle
la France, lorsque celle-ci se refusera au soin de ses
colonies, comme, dans la guerre présente, aux profits
du commerce, et portera toutes ses forces sur le continent ?

Dans ces cas extrêmes, l'Angleterre est évidemment hors de mesure... Il y a paru récemment : ses vaisseaux couvroient bien les mers, mais non pas Vienne, quand les Français y marchèrent l'année dernière ; et avec toutes ses flottes elle n'a pu garder ni la Corse, ni un port en Italie.

C'est ce qui rendoit si illusoire la triple alliance entre la Russie, l'Autriche et l'Angleterre. Elles ne pouvoient pas s'aider directement.

La communauté d'intérêts et des rapports apparents ne suffisent pas pour une bonne alliance, il faut des similitudes de moyens ; il n'est solide union sans cette base.

De ce tableau de l'Europe il résulte évidemment qu'il n'y avoit pas d'équilibre régulier sur des bases calculées et fixes.

Le traité de Westphalie étoit le seul monument en ce genre, encore n'est-il applicable qu'à une portion bornée de l'Europe. Il a bien fait naître l'idée d'un équilibre général, de la nécessité de contenir les grandes puissances les unes par les autres et de garantir les petites par une honorable clientèle ; mais ce qu'il y a eu d'observé dans ce plan étoit plus d'habitude et de routine que de calcul. A la vérité, quelques puissances balançoient assez bien, mais elles ne formoient pas un tout combiné et adapté à un système général.

Les secousses que l'Europe avoit éprouvées depuis la paix de Westphalie n'avoient jamais été assez fortes ou assez générales pour faire désirer d'aller plus loin. On manqua le moment favorable au commencement de la guerre de la succession (1), succession assez ample pour former dès lors un équilibre semblable à celui que nous proposerons. On a préféré de vivre sur d'anciens errements correspondants aux circonstances et aux besoins du temps. Il falloit le débordement de la révolution pour faire sentir la fragilité de ce système et le besoin d'attacher la destinée des peuples à de plus fortes ancres.

La révolution a surpris l'Europe dans la position la plus critique, amenée par une infinité de causes toutes propres à faire ressortir la foiblesse de son système... C'étoient le ressentiment de l'Angleterre contre la France pour la guerre d'Amérique, la guerre de la Russie contre la Porte, les querelles de l'Autriche avec les Pays-Bas, le mécontentement de la Hollande contre Joseph II pour la guerre de l'Escaut, l'imprudence de

(1) Cette idée a été reprise et développée par l'abbé de **Pradt**. (*Du Congrès de Vienne*, chap. VII.)

celui-ci dans son agression contre les Turcs, la convoitise des trois puissances contre la Pologne que l'on poussoit graduellement vers le tombeau, les frayeurs que l'Autriche faisoit à l'Italie.

Quelques puissances se trouvoient alors en état de croissance et à la hausse, telles que la Russie et la Prusse, et cet état éloigne de tout intérêt général; d'autres, au contraire, tendoient à la décadence et étoient à la baisse... Certes, jamais les liens de l'association européenne n'avoient été plus relâchés ou coupés en plus d'endroits; la révolution a achevé de les briser. Examinons si le congrès de Rastadt travaille à les renouer bien solidement.

CHAPITRE IV

.

ÉTAT DE L'ÉQUILIBRE DE L'EUROPE, D'APRÈS LE CONGRÈS
DE RASTADT.

—

Le congrès de Rastadt a deux objets : l'un extérieur,
qui concerne les cessions exigées par la France; l'autre
intérieur, relatif au maintien de la constitution germanique.

Le premier, d'un intérêt général, doit influer sur
l'équilibre de l'Europe. Le second, d'un intérêt borné à
l'Empire, n'intéresse que ses membres. C'est une
affaire de famille qui doit se régler dans son sein et
qui n'en sort pas.

Le premier rapport doit seul nous occuper; le second
nous est absolument étranger.

La France demande impérieusement à l'Allemagne de
sanctionner les limites qu'elle s'est fixées elle-même à
la rive gauche du Rhin. L'Allemagne paroît portée à
agréer à cette demande. Elle se borne à de mince

réserves, et ne conteste en rien les conquêtes anté-
rieures de la France, conquêtes qui rendent cette dernière indispensable et qui rendroient nuisibles à l'Allemagne même les objets en litige.

Ainsi, dans tous les congrès, on n'a pas parlé une
seule fois de l'immense accroissement de la France :
1° par ses conquêtes; 2° par les cessions qu'elle exige
encore. La rupture de l'équilibre est tout à fait mise en
oubli; on ne lui conteste que des objets d'une valeur
précaire, inutiles pour la balance générale, dangereux
à l'avenir pour l'Empire lui-même.

Les Français demandent cette nouvelle cession comme
un corollaire de leurs conquêtes, comme le terme des
querelles entre les deux États. C'est au nom des dangers qu'ils ont fait naître eux-mêmes qu'ils l'exigent.
Mettons une grande barrière entre nous, disent-ils, dès
lors nous vivrons en paix. Ainsi les premiers hommes
se partageoient la terre pour que les querelles de leurs
bergers ne troublassent pas leur douce fraternité.

Quel est le sens véritable de cette demande de la
part de la France? quelle en sera la suite? Les
voici : .

Le projet de porter les limites de la France au Rhin
n'est pas nouveau, il a existé sous différentes formes.

On sait combien de ressorts le cardinal Mazarin fit jouer au traité de Westphalie pour s'assurer de la plus grande partie des Pays-Bas. Louis XIV reprit ce projet en grand et en poursuivit l'exécution pendant la plus grande partie de son règne. Guillaume et les autres princes de son temps étoient trop éclairés pour ne pas s'y opposer de toutes leurs forces; aussi le firent-ils avec une persévérance que rien ne put détourner du but. Le succès couronna, comme il fait toujours, cette union du courage et de lumières. Dans ces derniers temps, on accusoit la France de convoiter le pays entre le Rhin et la Moselle, jusqu'à la pointe de Coblentz; il peut être que le cabinet de Versailles ait voulu ajouter cette faute à tant d'autres.

La controverse de l'avantage de ces agrandissements pour la France ne fait pas partie de notre sujet, quoique nous soyons bien convaincus, au risque d'être rangés dans la faction des anciennes limites, qu'aucun agrandissement ne lui convient, et que son ancienne frontière est encore la meilleure pour elle comme pour ses voisins.

Ce que nous avons à examiner, c'est la convenance de cet agrandissement relativement à l'Europe, sous le double rapport de la politique et de la révolution.

La France étoit, depuis l'acquisition de la Lorraine,
la puissance continentale la plus forte par sa population, par ses frontières naturelles et artificielles, et
surtout par la liaison et l'adhérence de toutes ses parties. Cette vérité est triviale à force d'être connue...
Aucun corps politique en Europe n'étoit aussi complétement organisé pour l'attaque et pour la défense;
toutes ses forces étoient disposées sur une chaîne de
forteresses toujours également prêtes à fondre sur
l'ennemi ou à le repousser... A ces forces déjà existantes et mille fois éprouvées, la France veut encore
joindre celles qui résulteront de la possession militaire
et commerciale du Rhin, de la Moselle et de la Meuse.
Si l'Allemagne pouvoit attaquer la frontière de la
France par la Sarre et par la Moselle, l'occupation de
Mayence et de tout le cours du Rhin lui en interdit
dorénavant toute approche. Quand les Français auront
disposé des citadelles sur la rive gauche, comme ils
ont fait en Alsace, qui pourra désormais la franchir?
Cette première ligne, soutenue par celle de la France
ne devient-elle pas impénétrable sur tous les points?
Car il ne faut pas la considérer sous le seul rapport de
son agrandissement en Allemagne, il faut encore la
voir s'agrandissant du côté de l'Italie par l'occupation

du comté de Nice, de la Savoie, de Genève et du pays de Porentruy, conquêtes qui, bouchant tous les joints par lesquels on pouvoit arriver à elle, lui donnent tous les moyens d'attaquer sans en laisser un seul pour l'attaquer à son tour.

A ce plan de défense matérielle, si bien combiné, si bien lié dans toutes ses parties, joignez l'accroissement de population, de matières premières pour le commerce, de richesses territoriales et imposables, et toute l'immense dépouille que la révolution se crée partout par l'invasion des propriétés. Un tel ensemble de moyens, disposés avec cette précision, ne forme-t-il pas une masse de forces faite pour écraser tous les autres États, incompatible avec toute l'idée d'équilibre et même de liberté? Qu'est la Russie avec ses trente-deux millions d'hommes errants sur la septième partie du globe, enchaînée presque l'année sous un ciel de glace, confinée aux extrémités du monde, sans numéraire et avec un commerce grossier, en comparaison de la France couverte d'une égale population, resserrée dans un espace infiniment moindre, défendue par une frontière d'airain, et touchant à la fois à toutes les parties de l'Europe?

A ces propriétés personnelles à la France, qu'on

joigne encore l'accession des républiques dont elle s'est entourée et dont elle dispose, et l'on verra que la France n'est plus un membre de l'Europe, mais son vrai souverain, auquel le reste n'auroit plus qu'à obéir en s'épargnant les frais d'une résistance désormais inutile.

Si les anciens éléments de la puissance de la France étoient tellement disproportionnés avec ceux du reste de l'Europe, dans les temps ordinaires, combien cette inégalité n'est-elle pas augmentée par la révolution qui les tient dans une fermentation continuelle, propre à doubler leur force naturelle! La France, bornée à son seul territoire, a tenu sur pied une armée de sept cent mille hommes; elle a culbuté et conquis une partie de l'Europe avec son ancienne population, car elle seule a fait jusqu'ici tous les frais de la conquête et de la guerre. Elle conquerra donc le monde avec l'addition d'une nouvelle population, avec l'avantage d'une meilleure disposition de frontières, qui fait une grande économie dans les frais de garde, et qui diminue beaucoup le nombre de ses ennemis; car les nouveaux sujets étoient les anciens ennemis. Ainsi Rome conquit pied à pied l'univers avec les peuples qu'elle subjuguoit...

Reconnoître une pareille puissance, un pareil colosse, sanctionner son affermissement, est-ce faire
autre chose que sanctionner sa propre ruine et l'impossibilité de s'y soustraire ? Voilà cependant ce qu'on
fait à Rastadt... Que signifient toutes les questions
qu'on y traite ? N'y en a-t-il pas une bien antérieure à
celles-là, celle de l'agrandissement de la France, ou
plutôt le silence que l'on s'obstine à garder sur celle-
ci ne la recommande-t-il pas à l'avance sur toutes
les autres ? Dans le fait, qu'a-t-on à dire à ceux qu'on
laisse maîtres des Pays-Bas, de la Hollande, de l'entre-
Meuse et du Rhin? La véritable question est donc totalement écartée. Au lieu de contester à la France une
aliquote de son agrandissement, il faut le lui disputer
en totalité ; l'un n'est pas plus cher que l'autre et
donne un résultat bien différent. Toutes les difficultés
que l'on éprouve dans le congrès naissent de cette
méprise, et c'est toujours la même qui règne d'un bout
de la révolution à l'autre, d'en négliger les principes
pour ne s'attacher qu'aux accessoires, aux branches.
La perpétuité de ce contre-sens, malgré les suites qu'il
a déjà eues, confond la raison.

Cette erreur fondamentale en a produit une autre.

Les Français tiennent à la possession pleine et en-

tière de la rive gauche ; les Allemands n'en revendiquent qu'une petite portion. Les Français allèguent que ces limites ne sont pas assez naturelles, que les leurs le sont davantage, et que la démarcation tracée par l'Empire tient à des intérêts particuliers. En tout cela les Français ont raison.

Toute cette contestation est un contre-sens de plus, fruit nécessaire du premier. En effet, qu'auroient à répondre les Allemands si les Français leur disoient, que disputer la rive gauche aux maîtres de Landeau, de Mayence, de Luxembourg, de Juliers, de Venloo, du Brabant et de la Hollande, est une véritable folie ; que ce ruban de terre est à peine bon pour établir un bureau de douanes ; que la sûreté de l'Allemagne exige une vaste séparation entre elle et ce qu'il lui plaît d'appeler la peste française ; que s'y refuser est éterniser à plaisir des querelles déjà trop longues, et qu'enfin, lorsque l'heure des sacrifices est arrivée, il faut savoir les faire dans toute l'étendue des circonstances et même de la fatalité ?

Nous sommes loin, assurément, de penser à faire un thème pour les ministres français ; ils n'en ont pas besoin, le ton tranchant de leurs notes l'indique assez, et même qu'ils entendent la question beaucoup mieux que leurs adversaires. Ceux-ci se sont privés du droit de répondre comme il faut à la dernière question en négligeant la première. Elles ne doivent jamais être séparées.

Le congrès de Rastadt est donc tombé dans une erreur capitale, subversive en totalité de l'équilibre de l'Europe, et en cela entièrement opposée à l'esprit du traité de Westphalie, qui se rapportoit beaucoup à cet équilibre. Nous en avons dit la raison.

En descendant de ces généralités à ce qui concerne l'Allemagne comme puissance particulière, on trouve que le congrès de Rastadt est encore tombé dans une autre erreur. Il ne conteste en rien la validité de la limite du Rhin, ni quant à sa force, ni quant à son étendue. Or, il est évident :

Que cette barrière n'en est pas une contre la France, depuis Huningue jusqu'à Mayence. Ce fleuve n'y a pas encore atteint le volume propre à former une barrière proprement dite. Combien de fois n'a-t-elle pas été franchie dans ces derniers temps ! Qui a-t-elle arrêté ? Les places d'Alsace ne l'annulent-elles pas ? L'Allemagne n'ayant point de place sur ses bords, la barrière, si elle existe, n'est-elle pas bien plus contre l'Empire que pour lui ?

En supposant même que la France ne retienne pas de têtes de [ponts sur la rive droite, la barrière du Rhin n'en est pas moins une chimère, car elle est toute franchie du côté de la Hollande. Les trois provinces hollandaises s'étendant beaucoup hors de ce fleuve, il est tourné de ce côté-là. En adhérant à la cession de la gauche du Rhin comme limite naturelle, le congrès devoit au moins demander, en vertu de ce même système et des autres principes avancés par les Français que la séparation des deux empires s'effectuât dans toute son étendue, et que l'Yssel et le Zuyderzée concourussent aussi à former cette grande limite...

Les Français auroient été fort embarrassés d'échapper à l'application de leurs propres principes, qu'ils doivent admettre ou rejeter en totalité dans les deux cas.

D'ailleurs, le congrès a-t-il bien fait attention à la nouvelle position de l'Allemagne par la cession de la rive gauche, et à la manière dont elle englobe l'Empire dans les domaines de la révolution? La Suisse étant révolutionnée, elle l'atteint sur son flanc gauche; La France règne sur toute l'étendue de son front; la Hollande, aussi révolutionnée, tourne son flanc droit.

Voilà pour l'attaque... Quant à la défense, ces trois pays présentent, du côté de l'Allemagne, l'aspect de deux bastions liés par une longue courtine. Comment l'Allemagne résistera-t-elle à une pareille combinaison de moyens de défense et d'attaque, si, à la faute déjà si grande de l'abandon de la Suisse, on joint encore celle d'abandonner tous les pays qui servent de postes avancés et comme d'avant-mur à l'Allemagne? Il est à observer que l'abandon de la rive gauche met à découvert toute la Basse-Allemagne et le nord de l'Europe. Ils perdent la barrière de la Hollande, des Pays-Bas et des pays outre Rhin, que le traité de Westphalie leur avoit assurée et que les traités subséquents leur avoient confirmée. Cette perte rend le congrès de Rastadt plus nuisible à la Basse-Allemagne qu'à la Haute, dont une partie étoit déjà contiguë à la France.

CHAPITRE V

PLAN D'UN NOUVEL ÉQUILIBRE EN EUROPE.

—

D'après les principes établis ci-dessus, il faut, pour constituer un meilleur système en Europe, que les puissances principales aient des forces à peu près égales, une position correspondante, et 'que toutes concourent en quelque point à la formation de l'équilibre. Nous avons vu que cet équilibre existoit dans le Nord, que le Midi seul en étoit dépourvu, principalement par l'immense disproportion de la France avec tous ses voisins ; c'est donc cette puissance qu'il s'agit de borner, tant du côté de la Hollande, de la Basse-Allemagne, que celui de l'Italie. Si l'on parvient à appuyer contre la France deux puissances qui sans lui être égales chacune en particulier, aient cependant de grandes forces et une position facile à défendre, deux puissances qui, placées aux extrémités

de la France, aient un intérêt égal à la contre-balan-
cer, à s'entr'aider mutuellement, dès lors on aura
donné à la France un véritable contre-poids, et à
l'Europe une sauvegarde que l'une et l'autre n'ont
jamais eue.

Pour y parvenir, il ne s'agit ni de démembrer la
France, ni de dépouiller aucun État actuellement exis-
tant. Loin de nous ces odieuses idées ; elles ont causé
tous les maux que nous déplorons et que nous vou-
drions prévenir pour toujours. Notre moyen est plus
simple et plus honnête : en politique comme en géométrie, la ligne droite est toujours la plus courte (1).

Cet arrangement est tellement à la portée de tout
le monde qu'on ne peut s'étonner assez que les poli-

(1) On sait avec quelle indignation M. de Maistre repoussait la
pensée que la France pût être jamais morcelée par ses ennemis, tant
il avait la conviction profonde que son existence est indispensable
au travail de la civilisation.

« ... Si la sûreté universelle vous paroît demander, dit-il, une
mutilation de la France, à qui donnerez-vous les provinces détachées
de ce sol, qui n'a pas cessé d'être à nos yeux le royaume de
saint Louis ? A la *pauvre* maison d'Autriche, qui n'a apparemment
pas assez de puissance pour le bien qu'elle a projeté ! »

(Extrait *passim*, par M. Albert Blanc, des lettres publiées en
1851 et de la correspondance diplomatique inédite.)

« Vouloir démembrer la France parce qu'elle est trop puissante
est précisément le système de l'égalité en grand. C'est l'affreux
système de la convenance, avec lequel on nous ramène à la juris-

tiques, dont l'infatigable scalpel dissèque impitoyable-
ment cette pauvre Europe, ne se soient pas arrêtés
du premier coup à ce plan, qui, dans l'état actuel
des affaires, étoit sous la main de tout le monde.

Il consiste : 1° à réunir la Hollande, les Pays-Bas ;

prudence des Huns et des Hérules... On veut démembrer la France ;
mais, s'il vous plait, est-ce pour enrichir quelque puissance du
second ordre ? Nenni.

Dantur opes nullis nunc, nisi divitibus.

C'est à la *pauvre* maison d'Autriche qu'on veut donner l'Alsace, la
Lorraine, la Flandre. Quel équilibre, bon Dieu! J'aurois mille et
mille choses à vous dire sur ce point, pour vous démontrer que notre
intérêt à tous est que l'empereur ne puisse jamais entrer en France
comme conquérant pour son propre compte. Toujours il y aura
des puissances prépondérantes, et la France vaut mieux que
l'Autriche. »

Lausanne, 15 août 1794. Lettre à M. le baron de V.
(*Lettres et Opuscules*, t. I, p. 4.)

« L'idée de détruire ou de morceler un grand empire est souvent
aussi absurde que celle d'ôter une planète du système planétaire,
quoique nous ne sachions pas pourquoi. Je vous l'ai déjà dit :
dans la société des nations comme dans celle des individus, il doit
y avoir des grands et des petits. La France a toujours tenu et
tiendra longtemps, suivant les apparences, un des premiers rangs
dans la société des nations. D'autres nations, ou, pour mieux dire,
leurs chefs, ont voulu profiter, contre toutes les règles de la morale,
d'une fièvre chaude qui étoit venue assaillir les Français, pour se
jeter sur leur pays et le partager entre eux. La Providence a dit que
non ; toujours elle fait bien. »

Lausanne, 28 octobre 1794. Lettre au même.

« Je vois dans la destruction de la France le germe de deux siècles

la partie de l'évêché de Liége à la gauche de la Meuse et le duché de Juliers sous un seul gouvernement attribué à la maison d'Orange, avec un titre royal.

2° A donner à l'évêché de Liége le pays de Limbourg.

3° A donner à l'électeur palatin, pour Juliers et Ravenstein, le duché de Luxembourg, qui se lie le mieux avec les États de cette maison aux Deux-Ponts et dans le Palatinat. Luxembourg seroit déclaré forteresse de l'Empire.

4° Si la Prusse veut céder le duché de Clèves, elle recevra les États du prince d'Orange en Allemagne.

5° L'Empire conserve son intégrité de territoire et de constitution.

6° L'empereur reçoit Mantoue et la ligne du Mincio jusqu'au Pô, avec Corfou et les îles de la mer Ionienne.

7° Celles de la mer Egée et les petites enclaves ci-devant vénitiennes, sur la côte d'Epire, resteront aux Turcs.

8° Le duché de Milan, le Brescian, le Crémasque,

---

de massacres, la sanction des maximes du plus odieux machiavélisme, l'abrutissement irrévocable de l'espèce humaine, et même, ce qui vous étonnerait beaucoup, une plaie mortelle à la religion ; mais tout cela exigerait un livre. » (Même lettre.)

le duché de Modène et le territoire génois sont réunis au Piémont, qui formera le titre royal de la maison de Savoie (1). Les petits territoires toscans détachés du

(1) Les rapprochements que l'on peut faire entre ce plan et celui que J. de Maistre propose dans sa correspondance, pour reconstituer le Piémont, suffiraient seuls pour démontrer jusqu'à l'évidence qu'il est l'auteur de l'*Antidote*.

« *La maison de Savoie est trop grande pour un petit État*, écrit-il en 1810. Son ancien patrimoine même n'étoit pas en proportion exacte avec la dignité particulière du souverain... Si l'on vient à le morceler, la puissance qui naît de l'ensemble disparoît, ou du moins elle diminue, non point en raison de la diminution physique et territoriale, mais dans une proportion beaucoup plus grande... Donc il vaudroit mieux pour la maison de Savoie *posséder de plus grands États en Italie*, et même hors de l'Italie, que de jouir seulement d'une partie des siens, et *ce qu'elle doit chercher par-dessus tout, c'est l'indépendance.* »
Saint-Petersbourg, 10 juin 1810.

    (*Mémoires et Correspondance* de J. de Maistre, publiés
       par M. Albert Blanc, p. 360.)

« Dans ce moment, il n'y a pas d'inconvénient d'observer, dit-il ailleurs, que le diamètre du Piémont n'est point du tout en proportion avec la grandeur et la noblesse de la maison de Savoie. »

    (Mémoire de J. de Maistre, écrit en 1807 et publié par
       M. Albert Blanc.)

Dans un long mémoire manuscrit qu'il consacre à étudier les tendances de l'Autriche à s'agrandir sans cesse en Italie, M. de Maistre déclare que, sans nuire à personne, *on peut faire un roi de Ligurie ou de Lombardie.*

    (*Mémoires et Correspondance* de J. de Maistre, p. 181.)

Enfin, M. Albert Blanc, dans sa nouvelle publication, s'exprime ainsi : En ce qui concernait le roi de Sardaigne, (Alexandre, empereur

grand-duché, les fiefs impériaux et l'État de Parme y
sont réunis. L'infant reçoit la Sardaigne et la Corse
avec le titre royal de la première. Le Piémont rentre
dans ses anciennes frontières du côté de la France,
y compris la Savoie. Les forteresses du Piémont seront rétablies, et l'on fortifiera les passages par lesquels
les Français ont pénétré en Italie.

9° La Toscane reçoit de Naples Piombino et Orbitello.

10° Le Pape rentre dans ses États ; il cède Avignon
à la France et Bénévent à Naples.

Développons les bases de ce plan.

Si quelque chose peut consoler des désastres de la
dernière guerre, c'est que ses malheurs même fournissent des moyens pour une combinaison politique

---

de Russie, et son conseil) voulaient laisser à la France le Rhin,
c'est-à-dire consacrer la réunion de la Savoie ; le Piémont devait
être restitué, et l'Italie devenir indépendante. On voit de quelles
illusions se flattait Alexandre. L'Autriche, loin d'abdiquer son pouvoir
sur Venise, voulait Milan. Alexandre espérait néanmoins donner à la
maison de Savoie le Piémont d'abord, puis Milan, Venise et même
Gênes ; cette monarchie devait former ainsi la colonne de l'indépendance italienne.

« Cette idée en particulier avait été adoptée par Alexandre à la
suite des conseils réitérés de M. de Maistre dans ce sens.

« Le dédommagement de l'Autriche devait être la Moldavie et la
Valachie. »

(Mémoires et Correspondance de J. de Maistre, publiés
par M. Albert Blanc, p. 174.)

meilleure et plus large que celle qui existoit auparavant. Elle a créé véritablement une étoffe qui manquoit jusqu'ici, et cela de deux manières :

1° Par la vacance de quelques territoires très-propres à cet arrangement.

2° Par l'agrandissement de quelques puissances accrues de possessions à leur convenance, qui les dédommagent des territoires perdus, qui augmentent la masse de leurs forces et qui leur en laissent un peu libre exercice. Ainsi la Prusse, accrue d'une grande partie de la Pologne, a gagné à la fois une augmentation de territoire, de richesse et de population, ainsi qu'une grande facilité à la développer par la liaison de ses possessions autrefois entrecoupées. De même l'Autriche trouve dans les quatre palatinats de Pologne un ample dédommagement pour les Pays-Bas, et dans l'acquisition de Venise une propriété bien supérieure à celle du Milanais.

Le partage de la Pologne et l'occupation de Venise, en satisfaisant d'anciennes ambitions, ôtent aux copartageants d'abord des inquiétudes sur ce pays turbulent, et de plus des sujets de distractions pour leurs autres vues, qu'ils peuvent maintenant diriger vers l'objet qui leur convient.

La réunion des Pays-Bas à la Hollande et du Milanais au Piémont forme, comme on voit, le fond de
ce plan. Nous n'y avons pas entrevu l'ombre d'une
difficulté de la part de l'Autriche ; loin de là, l'ensemble de sa conduite nous paroît contenir une re-
nonciation formelle à ces possessions.

Car 1° l'Autriche y a formellement renoncé. Par les
traités avec la France, elle a reçu d'amples dédom-
magements dont la Prusse et la Russie ne la laissent
jouir qu'à ce titre, et qu'elles lui contesteroient sûrement si elle prétendoit les réunir à ses anciennes
possessions.

2° L'Autriche avait renoncé de fait et d'intention
aux Pays-Bas longtemps avant de le faire par écrit.
Elle sentoit vivement les inconvénients de cette colonie lointaine. Celle-ci ne sentoit pas moins ceux d'une
domination si éloignée. Les Pays-Bas, à peine sup-
portables pour l'Autriche avec la France monarchie,
lui devenoient insupportables avec la France république. On sait qu'elle n'y rentra qu'à regret en 1793,
sur des espérances bientôt déçues. L'évacuation de ce
pays suivit de près la courte apparition de l'empereur en 1794. Depuis lors il n'a jamais songé à les
reprendre. Que signifie autrement l'attention avec la-

quelle il a arrêté deux fois ses troupes victorieuses,
lorsque ce pays lui tendoit les bras ? Pourquoi a-t-il
effacé soigneusement jusqu'aux moindres vestiges de
son gouvernement en congédiant les préposés de tous
les rangs dans chaque administration ? Enfin, est-ce
pour s'y ménager une porte de rentrée qu'il n'a rien
stipulé en faveur des sujets brabançons qui le ser-
voient dans la guerre, dans l'administration, dans
la justice ? Est-ce par foiblesse ou par oubli qu'il
expose ses plus anciens et plus recommandables
serviteurs à perdre la vie en allant réclamer leurs
biens ?

Si l'Autriche ne veut plus des Pays-Bas, de leur
côté les Pays-Bas veulent-ils davantage de l'Autriche ?
Les innovations de Joseph avoient aliéné ce pays ; les
partis s'y étoient formés. Il faut du temps pour fermer de pareilles plaies. La méthode éternelle de l'Autriche de ménager tous les partis, de les confondre
dans l'administration pour les dominer l'un par l'autre,
n'étoit pas propre à y ramener la paix. Les Brabançons déploraient la violation de leurs droits, l'intrusion des étrangers aux places, gens la plupart inconnus, ignorants des localités et des besoins du pays.
Mille autres causes concourroient encore à élever un

mur de séparation entre l'Autriche et les Pays-Bas ; et, dans le fait, il y avoit divorce entre le prince et les sujets.

Voltaire a dit de l'Autriche qu'elle ne renonçoit jamais entièrement à une propriété, et qu'elle marquoit d'un caractère ineffaçable toute possession qu'elle gardoit seulement pendant vingt-quatre heures. Si Voltaire vivoit dans ce temps, il changeroit d'avis, et surtout il engageroit l'Autriche à en changer. Il lui diroit que la force réelle ne consiste pas dans l'étendue et dans la dispersion du territoire, mais dans la bonne disposition de ses parties; que la tendance à s'agrandir sans cesse, à tout convoiter, ne fait que des ennemis; que l'ambition perd les empires comme les hommes; qu'en gouvernant dans trop d'endroits on ne gouverne nulle part, et que des États trop étendus, nécessairement vulnérables sur plusieurs points, sont plutôt d'ostentation et de luxe que d'utilité véritable.

Ces maximes, incontestables pour tous les gouvernements, s'appliquent dans toute leur étendue à l'Autriche. Qu'elle s'examine bien, et qu'elle prononce sur elle-même si elle n'est pas mille fois plus forte et plus compacte par ses nouvelles acquisitions que par ses anciennes possessions dispersées au loin et ouvertes

de tous côtés. Si d'ailleurs elle pouvoit y avoir quelques
regrets, qu'elle songe que les nouveaux États qu'elle
contribue à former par ses cessions lui donnent une
barrière contre la France, à l'Europe un équilibre, et
un frein à cette révolution qui lui a déjà coûté si cher
et qui est destinée à lui coûter bien davantage si elle
n'est pas contenue de quelque manière.

D'ailleurs l'on ne peut concevoir pourquoi l'Autriche
auroit plus de répugnance à céder le Milanais et les
Pays-Bas à deux rois qu'à deux républiques, comme
elle vient de le faire...

Les avantages généraux de ce système sont :

1° D'établir à l'égard de la France un contre-poids
véritable. Les nouveaux États placés à ses extrémités,
trop foibles pour l'envahir, ce qui ne peut et ne doit
jamais être, ces nouveaux États sont cependant assez
forts pour l'occuper séparément, et, réunis à d'autres,
ils peuvent la contenir très-solidement. Au moins,
dans ce projet, les digues sont à côté du torrent, au
lieu que l'ancien système les plaçoit au fond de
l'Allemagne.

2° De ne créer aucune puissance inquiétante pour
les puissances déjà existantes. La Hollande est trop
éloignée de la monarchie prussienne et des couronnes

du Nord pour leur faire ombrage. L'Angleterre lui sera
supérieure sur mer ; l'Autriche n'a rien à démêler avec
elle : si elle se réunit à la Prusse, elle jette l'Autriche
dans les bras de la France, son ennemie naturelle.

Le nouvel État de Piémont est dans le même cas.
Bridé par Mantoue, par les places du Mincio, de
l'Adige, de la Terre-Ferme vénitienne, il n'a aucun
moyen comme aucun intérêt de molester l'Autriche ;
en l'inquiétant, il la rapproche de la France, qui est
autant son ennemie naturelle que celle de la Hollande.
Par conséquent, ces deux États ne sont point malfai-
sants de leur nature ; ils sont conservateurs. Établis
contre la France, leur destination est remplie en la
surveillant sans cesse et en s'entendant entre eux.

3° Cet arrangement facilite les alliances entre les
grandes puissances, si nécessaires dans les dangers
communs. Les grands États se lient bien mieux entre
eux qu'avec de plus petits, qui, comme dit Montesquieu, apportent dans ces contrats leur frayeur encore
bien plus que leur amitié. Ces sortes d'États ne sup-
portent qu'une très-petite partie du fardeau de l'alliance ;
le moindre revers les annule, les dégoûte ou les détache...

Au contraire, les États d'une consistance robuste

offrent dans l'alliance garantie, ressources et réciprocité. Par exemple, qu'elle différence pour la Prusse de
s'allier à la Hollande constituée sur le nouveau plan
ou sur l'ancien? Dans celui-là, tous les frais tomboient
sur la Prusse, car ce n'étoient pas quelques millions
de subsides mal payés qui la menoient bien loin. Dans
celui-ci, au contraire, elle traite avec une puissance
à peu près égale, qui peut lui rendre les secours
qu'elle reçoit: il y a réciprocité, base de toute bonne
et solide alliance.

Il en est de même du côté de l'Italie.

L'alliance du roi de Sardaigne étoit une charge pour
l'Autriche; il manquoit d'hommes et d'argent. Aussi
comment a-t-il fait la guerre et la paix? Fondez-le sur
le nouveau système, vous verrez s'il a besoin de l'empereur, hors des cas extrêmes, et si alors même il
n'est pas, par la force des choses, un allié solide et
fidèle.

4° Ce plan conserve l'intégrité de l'Empire en totalité, et résout toutes les questions que l'on traite à
Rastadt. Ce plan ne touche à aucune propriété, à aucun droit préexistant; il n'en coûte pas un pouce de
terre, pas une larme à qui ce soit. Depuis l'Empereur
jusqu'à l'abbé de Malmédy, tout reste ou rentre à sa

place; car je ne crois pas que personne soit tenté de réclamer en faveur de nouvelles républiques qui, à ce seul titre, méritent d'être renversés, soit que la France reste république, soit qu'elle redevienne monarchie. Dans le premier cas, il y en a bien assez avec la république de France; dans le second, il y a incompatibilité.

5° Ce plan offre à tout le Nord une garantie telle qu'il n'en eut jamais. Dans l'ancien ordre de choses, il existoit entre la France et lui une barrière bien foible, il est vrai, mais enfin il en existoit une par l'interposition des Pays-Bas, de la Hollande et de la partie de l'Empire située sur la rive gauche. La cession de cette rive découvre entièrement le Nord et le rend limitrophe de la France; car, par le traité de Rastadt, la Basse-Allemagne va confiner à la France, ainsi que les villes anséatiques, qui n'en sont plus séparées par rien. Cet inconvénient est évité dans notre plan; il donne pour bouclier à tout le Nord un État puissant par terre et par mer, État qui n'a jamais intérêt de l'attaquer, qui a toujours celui de le défendre contre l'ennemi commun, qui est et qui sera toujours la France. En descendant de ces avantages communs à plusieurs États vers ceux qui sont personnels aux nouveaux,

on trouve que le système proposé crée dans leur propre
sein des facultés dont ils avoient manqué jusqu'à ce
jour. Ainsi, les Pays-Bas et la Hollande étoient ouverts à la France, avant comme après la démolition
des forteresses sous Joseph. A cet égard, le traité de
Bavière étoit insuffisant; car l'établissement militaire
des Pays-Bas et de la Hollande étant très-foible, si
les places étoient gardées, il n'y avoit pas d'armée en
campagne, et le pays étoit envahi; s'il y avoit une armée, il n'y avoit plus de garnisons; les places étoient
prises; la France pouvoit toujours porter de ses forteresses une armée au cœur du Brabant, avant que
celle de l'empereur eût quitté la Bohême et la Hongrie. Tout cet arrangement étoit détestable.

Liége, la Hollande, les bords du Rhin n'étoient
pas mieux défendus. Une armée française sortant par
Mézières et Givet marchoit droit sur la Hollande,
masquoit Maëstricht, longeoit les bords du Rhin pour
couper le passage aux secours de l'Allemagne, et,
sans être arrêtée par une seule muraille de Givet à
Nimègue, elle exploitoit à loisir toute la Hollande
jusqu'aux grandes inondations. C'est la campagne de
Louis XIV...

Tous ces pays n'étoient donc pas défendus. Ils

manquoient d'une force intrinsèque, suffisante pour leur défense, et d'une communication assurée avec les secours extérieurs.

A cet égard, le délabrement étoit porté à son comble dans ces derniers temps.

Les Pays-Bas n'ont pu, ou n'ont pas voulu, pendant toute la guerre, parvenir à compléter les cinq régiments d'infanterie et l'unique régiment de cavalerie qui formoient leur établissement militaire.

La Hollande n'avoit presque plus que des troupes achetées partout, sans esprit et sans intérêt national, sans même une bonne organisation militaire. Dans ce pays marchand, un emploi militaire étoit un emploi comme un autre, soumis aux mêmes lois d'arithmétique.

Tous ces défauts disparoissent dans le plan actuel. Le nouvel État possède un fonds de population capable de fournir à l'entretien d'une belle armée ; sa richesse lui permet d'en payer le supplément aux étrangers.

Sa position est admirable.

La mer couvre sa droite. Il n'a qu'un front très-étroit du côté de la France ; il sera couvert par les forteresses que l'on rétablira, et, dans les cas extrêmes, par les inondations de la West-Flandre.

Si l'armée française, débouchant par la Haute-Meuse, s'engage dans l'entre-Meuse et Rhin, elle prête le flanc à Maëstricht, à Venloo, à Grave et à la ligne des places de la Meuse, qui, de latérale qu'elle étoit, devient la défense de front de ce pays. Les secours d'Allemagne arrivent sans danger par les provinces de l'Yssel. L'armée de Hollande est, comme celle de France, toujours portée sur la frontière et sur le terrain qu'elle doit défendre...

Enfin, cette réunion ôte les entraves du commerce qui existent entre les deux pays, et leur permet de le porter à son entier développement. Avec la communauté d'intérêts finissent toutes les querelles de l'Escaut, du port d'Ostende, et mille autres vétilles pour lesquelles les deux pays ont été vingt fois à la veille de se déchirer. Les peuples réunis parlent le même langage, où il n'y a que de légères nuances. C'est toujours un lien entre les gouvernés et une facilité pour les gouvernants.

Enfin, cet arrangement fait de la Hollande une puissance indépendante quant à sa marine et à ses colonies.

Depuis ce siècle, la marine hollandaise a toujours été subordonnée à celle de la France, et encore plus à celle de l'Angleterre. Forcée par sa position de passer sous le canon de tous les ports anglais, elle est entièrement dominée par cette puissance. Sa jonction avec les flottes de France, sans lesquelles elle ne peut rien, est presque toujours impossible. Cet état précaire naît de l'infériorité de ses moyens de puissance. Renforcez-les, il cessera, il se changera en état d'égalité et d'indépendance.

La création de cette nouvelle marine établira sur mer une véritable balance. Elle naît toujours de trois combinaisons ; or, il n'y en a encore que deux, formées par les marines réunies de France et d'Espagne d'une part, et par celle de l'Angleterre de l'autre. La troisième résultera d'une puissance navale en Hollande qui aura l'intérêt et les moyens de balancer les deux premières.

Mais l'effet principal de cet arrangement pour la Hollande est de lui assurer la pleine et entière jouissance de ses colonies, si intéressantes pour l'Europe comme pour elle-même...

Dans l'état actuel, la Hollande ne jouit que précairement de ses colonies, de la part des Anglais et des Français, en vertu de leur supériorité par terre et par mer. La guerre menace-t-elle, a-t-elle éclaté entre ces puissances ? les ports hollandais sont bloqués, et les colonies presque toujours sans garnisons suffisantes, ou bien composées, deviennent la proie du premier qui se présente. La raison en est simple.   .

La Hollande manque de troupes en Europe ; comment en auroit-elle en Asie et en Afrique ? Voyez aussi avec quelle facilité ses colonies ont été enlevées dans cette guerre ! comme la France a dû les défendre dans celle d'Amérique ! Le cap de Bonne-Espérance, cet établissement qui appartient au corps de l'Europe plus encore qu'à la Hollande, doit, pour la liberté du commerce des Indes, être au pouvoir d'une puissance du second ordre, telle que la Hollande, qui soit assez forte pour le défendre, mais non pas pour en barrer le passage aux autres nations, ce qui arriveroit s'il reste à l'Angleterre. Avec une marine telle que la sienne, cette puissance peut y former un établissement inexpugnable pour elle et pour les autres peuples possessionnés ou commerçants dans l'Inde, avec laquelle on ne pourroit plus communiquer sans sa permission (1).

_____

(1) Les événements ont justifié à la lettre ces prévisions de M. de Maistre. L'Angleterre, en gardant le Cap, a fermé, pour ainsi dire, les mers de l'Orient aux nations maritimes européennes ; de peuples

La nouvelle Hollande ne présente pas les mêmes dangers au reste de l'Europe, car elle n'a pas les mêmes forces en Europe ni les mêmes possessions en Asie. Si elle formoit ce projet insensé, les moyens de l'en punir l'enveloppent et la pressent de toutes parts. Si, par sa disproportion avec les puissances de l'Europe, la Hollande ne jouit que précairement de ses colonies, cette jouissance peut devenir encore plus précaire à l'égard des habitants, soit européens, soit indigènes.

Car la révolution, en rendant les premiers inquiets

possessionnés ou commerçants dans l'Inde, il ne reste, à vrai dire, que la Grande-Bretagne. Avant la révolte de l'Inde et la dernière guerre de Chine, le pavillon britannique flottait à peu près seul sur les mers de l'Inde, de l'Indo-Chine et de la Chine.

L'abbé de Pradt (*Du Congrès de Vienne*) fait remarquer avec raison que « l'Angleterre est la seule puissance dont les accroissements n'ont point été soumis à la délibération du congrès et n'ont pas reçu sa garantie. La Russie, l'Autriche, la Prusse s'y sont soumises... La France et l'Espagne n'y étaient point sujettes, la première étant fixée par le traité de Paris, la seconde n'ayant rien eu de changé dans son ancien état. Mais celui de l'Angleterre avait pris un accroissement immense par l'occupation de Héligoland, de Malte, du cap de Bonne-Espérance, de l'Ile-de-France, et de beaucoup d'autres points sur les côtes de l'Inde et de l'Amérique ; et cependant il n'en a été fait aucune mention au congrès. Est-ce un oubli de la part de celui-ci, ou bien un acte de suprématie de la part de l'Angleterre ? »

(*Du Congrès de Vienne*, chap. XIII, in fine.)   P. B.

et moins attachés à la mère-patrie, force celle-ci à les surveiller et à ne plus les abandonner, comme par le passé, à leur attachement pour elle; en un mot, à ne plus les laisser aller sur parole. Il faut les garder presque autant que les naturels du pays. De leur côté, les indigènes participant chaque jour à la civilisation et aux arts de l'Europe, atteints, comme les habitants, des idées nouvelles, demandent des précautions beaucoup plus grandes que par le passé. Elles augmentent d'autant les dépenses qu'exige la garde de ces établissements lointains. Or, il est évident que l'ancienne Hollande est infiniment trop faible pour parer à tous ces besoins. Elle peut à peine garder ou contenir ses colonies dans leur état ancien; que fera-t-elle dans celui qui s'établit?

Au contraire, dans le plan proposé, la Hollande acquiert des moyens maritimes et militaires correspondants aux nouvelles charges de ces établissements.

Passons à l'Italie. Le nouveau plan lui donne :

1° Une barrière contre la France et contre l'Allemagne. Le nouvel État du Piémont, placé entre ces deux pays, a un égal intérêt à protéger l'Italie contre eux et à leur en fermer l'entrée. Il en a les moyens car, du côté de la France, il est couvert par ses

montagnes; il n'a qu'un petit nombre de passages à
garder. Sa population s'élevant à près de cinq millions d'âmes, il peut avoir une armée de cent trente
mille hommes toujours distribuée sur les deux frontières. Le grand Frédéric à tenu sur pied, pendant
ses deux grandes guerres, une armée de deux cent
mille hommes avec une population de trois (*sic*) millions d'âmes. Dans ce moment la Prusse entretient
une armée de deux cent quarante mille hommes avec
son ancienne population de six millions d'hommes,
car la Pologne n'y fournit encore rien. Le voisinage
de la Toscane n'est pas assez inquiétant pour en distraire la moindre partie.

Du côté de l'Autriche, l'Italie est défendue par le
Pô et par les cinq lignes de rivières qui descendent
des Alpes dans ce fleuve. Toutes ces barrières naturelles ne sont rien aujourd'hui entre les mains de
petits princes sans établissement militaire et sans
aucun moyen de gouvernement. Cette partie de la
sûreté de l'Italie est tout aussi mal tenue que tout
ce qui existe dans ce beau pays absolument ouvert
et dépourvu de toute apparence de police intérieure
et extérieure. Mais que dans cette masse, inerte par
une subdivision qui l'énerve, on infuse une âme, qui

n'est autre chose qu'un grand gouvernement, et vous
verrez quel changement s'y opérera, comme la foiblesse se changera en force, comme les liens se res-
serreront entre les parties de ce corps renouvelé ;
vous le verrez trouver des ressources là où l'on n'a-
percevoit que stérilité et que foiblesse. L'empereur
possédoit le Milanais comme une grande ferme qu'il
ne considéroit que sous le rapport du produit net. Il
étoit couvert par le Piémont contre la France. Quelques puissances d'Italie lui tenoient par des liens de
famille, d'autres par des alliances. Le reste, comme
le Pape, Gênes et Venise, ne lui donnoit aucun ombrage. La réunion du Milanais avec l'État de Modène,
celle de la Toscane et du duché de Massa, attribuoient
par le fait une grande partie de l'Italie à l'Autriche ;
elle n'avoit donc aucun intérêt à fortifier ce pays,
qui paroissoit à l'abri de toute attaque. Aussi, dans
quel état les Français l'ont-ils trouvé lors de leur invasion ? Ce dénuement cessera avec l'établissement
d'un grand gouvernement, qui, ayant des voisins puissants à craindre, a aussi un intérêt pressant à se prémunir contre eux.

2° Le nouvel État assure l'indépendance de l'Italie.
Ce pays, morcelé comme il l'est aujourd'hui, ne peut

se défendre lui-même. Naples, qui est la seule grande puissance de cette contrée, est aussi celle qui pourroit le plus contribuer à sa défense ; mais son extrême éloignement des frontières occidentales de l'Italie l'empêchera toujours de le faire promptement, suffisamment, et l'habitude d'engourdissement où vit ce gouvernement paralyse les facultés dont le ciel s'est plu à le combler.

—

La réunion des princes d'Italie seroit sûrement leur meilleure défense et leur vraie garde. Peuplée de douze millions d'hommes, ses côtes occidentales presque toujours inabordables, n'ayant à défendre que les passages des Alpes, tant du côté du Piémont que de celui de l'Allemagne, l'Italie seroit, après l'Angleterre, le pays de l'Europe d'un plus difficile accès, s'il étoit uni ; mais comment attendre cette union entre des princes dont la jouissance et la méfiance forment le fonds habituel de la politique, et qui tendent toujours à rabaisser leur conduite au niveau de leur petitesse naturelle?

Aussi, dans toutes les guerres contre la France et l'Allemagne, appellent-ils d'abord les Allemands ou les Français. Les uns doivent les défendre contre les autres, au risque d'être écrasés par tous les deux ; ils commencent par leur fournir le champ de bataille et finissent par leur servir de proie.

Un Pape, grand homme d'État, Jules second, vouloit chasser de l'Italie tout ce qu'il appeloit les barbares, Allemands et Français. Il n'entendoit pas qu'un pareil pays ne pût pas se suffire à lui-même, et, certes, il avoit bien raison. Eh bien! c'est ce système vraiment patriotique et lumineux qu'il s'agit de reprendre et qui revit dans notre plan.

L'ancien étoit défectueux, principalement du côté de l'Autriche; car outre les inconvénients (1) attachés à toute protection mendiée chez l'étranger, il y en a encore de propres à celle de l'Autriche. En effet, quelle que soit sa puissance en territoire et en population, cependant le nombre de ses voisins ne lui permet pas de se dégarnir assez pour porter de très-grandes forces sur un point quelconque; aussi l'Italie a-t-elle toujours été aussi mal défendue par elle que tous les pays dont elle a pris la défense. Dans les trois premières années de la guerre, elle n'y a tenu qu'un fantôme d'armée, et pendant la grande invasion de Buonaparte, elle n'a jamais pu ou su envoyer plus de cinquante mille hommes à la fois.

Dans la guerre de la succession, l'Autriche employa

des années à expulser les Français ; il en fut de même
dans celle de 1740. A la vérité, la France avait plus
de moyens que l'Autriche pour dominer en Italie ; mais
aussi l'entrée des Français devenoit le signal du désordre. Elle payoit cher l'expulsion des Allemands.
Dans tous les cas, le vainqueur restoit le maître du
pays et en devenoit le tyran. Il faut une bonne fois
mettre fin à ce désordre.

Que chacun se garde chez soi et y reste le maître ;
que toutes ces protections étrangères fassent place à la
seule que la nature indique et avoue, celle des habitants du pays ; que l'Italie soit défendue par les Italiens,
comme la France l'est par les Français, l'Allemagne
par les Allemands : elle en a les moyens autant que ces
États ; et, pour sortir de cette humiliante tutelle, qu'elle
distribue ses forces sur un plan propre à l'élever d'un
état de dépendance et de subordination à la dignité de
l'indépendance et de l'affranchissement.

Sûrement, s'il eût été exécuté plus tôt, le bouleversement de l'Italie n'auroit pas été si facile. Par
exemple, qu'au lieu d'une population de trois millions
d'âmes avec un revenu très-borné, telle que le roi de
Sardaigne l'avoit avant la guerre, on suppose ce prince
fort d'une population égale à celle de la Prusse à la fin

du règne de Frédéric, jouissant d'un revenu de près de cent millions, avec un territoire très-fertile et abondant en ressources, croit-on qu'il eût fait cette mauvaise guerre et la plus mauvaise paix qui l'a couronnée? Le roi de Sardaigne a fait la guerre avec un mince subside anglais, avec un détachement de l'armée autrichienne (1); il craignoit les Autrichiens presque autant que les Français. Subordonné aux plans et aux vues de l'Autriche, qui l'inquiétoit, il ne pouvoit être qu'un mauvais allié; aussi, dès qu'il l'a pu, a-t-il rejeté cette alliance comme un fardeau. Trop foible pour lutter seul contre la France, il devoit être écrasé dès que les Autrichiens refuseroient de l'appuyer, comme il est arrivé (2). L'armée autrichienne une fois séparée de

(1) « Le roi de Sardaigne recevoit annuellement 200,000 livres sterling de l'Angleterre. »

(*Mémoires* de J. de Maistre.)

(2) De Maistre écrivait, en 1791 : « Cette maison d'Autriche est une grande ennemie du genre humain, »

(*Lettres et Opuscules*, t. I, p. 7.)

« Tant qu'il me restera de la respiration, écrivait-il plus tard de Saint-Pétersbourg le 3 (15) septembre 1804, je répéterai que l'Autriche est l'ennemie naturelle et éternelle du roi, tandis que la France ne l'est pas. Que désire le roi? L'établissement de sa puissance dans l'Italie septentrionale. Que craint l'Autriche ? Ce même établissement. Donc, etc. »

(*Mémoires et Correspondance* de J. de Maistre, p. 51.)

« L'Autriche nous a pardonné encore moins notre opposition à ses

celle de Sardaigne, celle-ci ne put se soutenir, et le roi s'estima trop heureux d'acheter la paix à tout prix. Rien de tout cela ne fût arrivé si le roi de Sardaigne avoit eu une masse de puissance assez compacte pour se défendre seul contre la France et pour se passer du secours toujours précaire et toujours inquiétant de l'Autriche.

Dans ce plan, le commerce de l'Italie acquiert, comme celui de la Hollande, un développement entier, retenu jusqu'ici par les mille barrières qui couvroient cette multitude d'États. La Sardaigne, sans devenir une puissance maritime, peut cependant avoir à Gênes une marine assez bien montée, qui, réunie à celle de Naples, couvrira les côtes de l'Italie.

Le but de ce plan étant de réunir autant que possible ce qui a été divisé jusqu'ici, et de le porter au

---

vues ambitieuses sur le Piémont, *et comme la maison de Savoie avoit une tendance naturelle, avouée par la saine politique, à s'agrandir dans le nord de l'Italie,* il n'en falloit pas plus pour mériter à Votre Majesté *la haine implacable de cette implacable maison.* »

Saint-Pétersbourg, 29 septembre (11 novembre) 1803.

(Lettre de J. de Maistre au roi de Sardaigne.)

On sait comment l'Autriche, après les victoires de Souwaroff en Italie, s'opposa de tout son pouvoir à la reconstitution du Piémont. La haine de Joseph de Maistre contre cette puissance était donc suffisamment motivée.

plus haut degré de force dont il est susceptible, il étoit naturel de réunir aux territoires principaux certaines enclaves qui y sont contenues. Cette espèce de propriété est une source intarissable de discordes et n'ajoute rien à la puissance réelle. Ainsi Naples et Rome sont continuellement sur le *qui-vive* pour le duché de Bénévent. Qu'ajoutent à la puissance de Naples Orbitello et Piombino? Toutes ces pierres d'achoppement doivent être écartées de la route tracée dans notre plan; leur éloignement ramène la paix entre ces États discordants, et la paix vaut mieux que quelques arpents de terre ou quelques carrés de jardin.

L'empereur acquiert Mantoue et la ligne du Mincio : cela est raisonnable et juste. Il faut qu'il ait à la fois une garantie suffisante pour le nouvel État de Piémont et pour sa nouvelle acquisition de Venise. Comme dans tout ceci il ne s'agit ni d'agrandissement ni de dépouilles, mais d'intérêt général, il faut adopter tous les arrangements qui y sont compatibles. Or, le nouveau plan renferme éminemment toutes ces qualités: car Mantoue et la ligne du Mincio forment une frontière contre le Piémont, surtout lorsqu'elle est soutenue par la seconde ligne de l'Adige. Celle-ci, avec les places de Palva-Nova, Osopo et autres, encadre très-bien le territoire vénitien et y affermit la domination impériale.

Il en est de même de Corfou et des autres îles occupées par les Français; elles sont la clef de la mer Adriatique, nécessaires pour en assurer la navigation, et par conséquent appartenant de droit au maître de Venise et de son golfe, dont la possession incontestable complète pour l'empereur la superbe acquisition de Venise.

La translation du duc de Parme au royaume de Sardaigne flatte la cour d'Espagne, comme l'agrandissement de la maison d'Orange flatte celle de la Prusse. La position de l'infant de Parme auprès du Milan et de la Toscane était embarrassante et précaire. En le transférant en Sardaigne, on l'éloigne de tout danger, et on le rapproche des secours de l'Espagne, qui ne pouvoient lui parvenir en Italie.

Les deux îles de Sardaigne et de Corse, qui n'ont jamais été bonnes à personne, surtout la dernière, peuvent devenir très-florissantes sous un gouvernement présent sur les lieux, à portée de les connoître et de les soigner; alors pourra se réaliser pour la Corse la prophétie de Rousseau, qui lui promettoit de si brillantes destinées. Ces deux îles réunies seront l'Angleterre et l'Irlande de la Méditerranée. Leur prospérité, au lieu de blesser leurs voisins, tournera au contraire à leur profit ; car elles auront plus à leur demander en raison de leur accroissement de richesse et de population.

Les peuples industrieux n'ont besoin que de peuples heureux dans leur voisinage et ne doivent faire que des vœux pour leur prospérité ; ils doivent être bien sûrs de la partager bientôt. L'Angleterre, qui s'enrichit de tout le monde, n'enrichit-elle pas les autres à son tour ?

Enfin, et cette considération égale au moins en importance toutes celles qui l'ont précédée, la transformation de plusieurs petits États d'Italie en un seul régulièrement organisé sera une époque de régénération pour ce pays, non pas à la manière des Français, par l'introduction de leur anarchie religieuse, sociale et politique, mais au contraire par la création d'un esprit public, tel qu'il existe dans les grands États et qu'il n'existe que là ; esprit qui, en s'étendant à toutes les parties de l'organisation sociale, leur donne de l'élévation, de l'éclat et de la force, et qui attache l'homme à son pays en proportion de sa splendeur et de sa puissance, avec lesquelles il aime à s'identifier,

et dont la présence flatte deux intérêts bien chers au
cœur humain, celui de l'amour-propre et celui de la
sûreté.

Cet esprit public ne peut se rencontrer que dans
de grands États. Dans les très-petits il s'évapore par
la ténuité des objets. [Ce n'est que dans les grands
qu'il trouve un aliment et des moyens d'action pro-
portionnés à la force de son ressort. On n'aime à pa-
raître, à se dire citoyen que des États qui occupent
une place sur la scène du monde ou dans la mémoire des hommes. Même dans les subdivisions de
nation, on fait abstraction de la partie pour ne
s'avouer membre que du tout ; ainsi tel homme qui
se glorifie d'être Allemand ose à peine avouer qu'il
est citoyen de Fulde ou de Kempten. Qui, en Italie,
s'est jamais vanté d'appartenir à l'État de Gênes ou
de Milan ? C'est qu'il n'y a aucune gloire à appartenir à des États sans force et sans éclat, et l'homme
cherche toujours à se placer dans le point qui rayonne.

L'Italie étoit particulièrement affectée de ce vice ra-
dical, l'absence de tout principe de patriotisme. Ce
pays morcelé ne peut avoir ni armée, ni marine,
ni colonies, ni aucun des grands objets de politique et de commerce qui appartiennent à d'autres

contrées. A quoi ses talents auroient-ils été employés?
vers quel but se seroient-ils reportés? La subdivision de tant d'États les étouffe au berceau. Aussi
est-ce du côté des arts agréables que les Italiens ont
tourné l'emploi de leurs facultés et qu'ils y cherchent
un dédommagement pour l'inutilité dont ils sont pour
tout le reste.

Mais qu'un grand État s'élève sur l'emplacement de
ces extraits de souveraineté; que, situé de manière
à avoir besoin de cultiver toutes les ressources pour
rivaliser avec des voisins puissants et industrieux, il
soit obligé de s'occuper sans cesse de ce soin,
comme il arrive entre des États rivaux, et vous verrez
l'esprit public naître et s'accroître avec ces moyens
de puissance; vous le verrez s'exercer sur toutes les
parties de l'administration, les vivifier et créer une
nouvelle âme dans un nouveau corps.

Il seroit trop injuste de refuser aux Italiens les facultés qui constituent cet attribut des grands États;
elles existent chez eux autant et peut-être plus que
partout ailleurs. L'Italie sera toujours la patrie des
arts et des talents; la mère des génies et des héros:
Magna virum heroumque. L'esprit est bon à tout, et
il y en a beaucoup en Italie. La longue éclipse qu'elle

a soufferte ne provient pas de la stérilité du sol, mais
de la défectuosité invétérée de ses gouvernements.
Peut-on disputer à l'Italie la faculté de produire des
généraux, lorsqu'elle a vu naître Montécuculli, Buo-
noparte et une partie des chefs de l'armée française?
Si elle a créé ses propres conquérants, elle pourra
aussi enfanter ses défenseurs. Combien d'officiers italiens ensevelissent dans les derniers rangs de l'armée
autrichienne le secret de leurs talents! combien sont
éloignés du commandement par leur seule qualité
d'étrangers! Rendez-les à leur patrie, qu'ils y trouvent
honneur et avancement en raison de leurs talents,
donnez-leur des matériaux pour les exercer, et l'Italie,
élevée à la dignité des grands États, participera aux
talents que l'indépendance et la civilisation y font
éclore. Le nouvel État de Piémont, qui sera la Prusse
de l'Italie, y fera, pour l'avancement de l'esprit public,
la même révolution que la Prusse a faite dans le
nord de l'Allemagne, en réunissant, en civilisant, en
faisant paroître avec honneur sur la scène du monde
des peuplades séparées et presque inconnues. La Prusse
a enrichi l'Allemagne et l'Europe d'un peuple nouveau,
et cette création est due à sa formation en corps de
puissance d'un ordre supérieur. Qu'étoient en effet,

avant son apparition, des Brandebourgeois, des Po-
méramiens, des Prussiens à demi-barbares, s'igno-
rant entre eux, ignorés du reste du monde, et sans
aucun motif d'avancer leur civilisation? Ils seroient
encore au même point sans leur réunion. Fondus en
un seul corps, ils se sont communiqué leur force et
leurs moyens respectifs; ils ont été obligés, pour
leur sûreté, d'imiter leurs voisins, et, montés sur un
plus grand théâtre, d'élever leurs actions à la hauteur
de leur nouveau rôle. Il en sera de même en Italie.
Des matériaux semblables et peut-être meilleurs encore s'y trouvent; il ne s'agit que de les réunir et de
les ordonner.

Mais pour exécuter ce plan, pour introduire ce grand
changement, combien n'en coûteroit-il pas d'efforts en
tout genre? Après tout ce que l'Europe a déjà tenté
contre la France aux jours de son intégrité et de son
opulence, où prendra-t-elle, dans son état actuel de
détresse, les moyens d'attaquer ce colosse et de lui
enlever sa proie? Si la France poursuit avec tant
d'acharnement la nouvelle acquisition de la rive gauche
du Rhin, se laissera-t-elle arracher les anciennes,
défendues d'ailleurs par ses principes constitutionnels?
Ils les lient à la France, de manière à ne pouvoir en

être séparées qu'avec la vie même de la république,
qui est sa constitution (1)...

Quelle lutte n'entraîneroit pas une pareille entreprise ! et ce beau projet ne rejette-t-il pas l'Europe
dans la guerre, la guerre dont elle a tant souffert,
la guerre qu'elle veut écarter à tout prix, la guerre
enfin qui achèveroit de la perdre ?

Voilà, dans toute son étendue, l'objection qui attend
tout plan viril à l'égard de la France. Elle est trop
simple pour n'être pas prévue, et nous sommes loin
de nous être flattés d'y échapper. Examinons-la donc
en détail, et commençons par montrer que la guerre
ne résulte pas de ce plan, mais de l'état de guerre
habituelle où l'on est, *au moment où on se dit*, où on
se croit en paix.

(1) En décrétant l'unité et l'indivisibilité du territoire de la république française, la Convention déclarait implicitement qu'elle ne
souffrirait jamais qu'il y fût porté aucune atteinte.

CHAPITRE VI

DE LA PAIX ET DE LA GUERRE.

—

Qu'est-ce que la guerre? qu'est-ce que la paix?

La guerre est l'application de la force d'un État, l'emploi de ses moyens offensifs et défensifs à se pré- server d'un dommage, ou à poursuivre la réparation d'un tort. Voilà l'origine du droit de la guerre. La conservation en est le but, la force en est le moyen. Toute société ayant droit et devoir de veiller à sa conservation, elle le fait en prévenant, en repoussant, en vengeant les injures qui y sont faites. Voilà la jus- tice de la guerre, qui de sa nature ne peut être que défensive. L'offensive proprement dite est un attentat; elle doit être réprimée; elle donne justement lieu à la guerre naturelle, qui est la défensive. L'offensive ordinaire n'est qu'un mode de celle-ci...

Les États ne pouvant, comme les individus, être traduits devant un tribunal et forcés d'exécuter ses arrêts, ils ont recours à un autre juge, qui est la force ; et quoique Pallas soit encore plus aveugle que Thémis, quoique la force ne puisse être la mesure du juste et de l'injuste, c'est pourtant bien à elle qu'il faut en appeler en dernier ressort, car il n'y pas d'autre juge, et les contestations des États, comme celles des particuliers, doivent avoir un terme...

Le ciel se réserve sans doute la punition du coupable; la force punit le faible ou le maladroit.

La paix est l'abolition des torts qui ont amené la guerre et des actes hostiles qu'elle a fait commettre.

On se donne amnistie pour le passé, on se promet amitié pour l'avenir; il y a oubli des inimitiés et retour de bienveillance. La paix est un état de sécurité et surtout de réciprocité. Celle-ci consiste en ce que la paix étant commune aux deux parties, en tout ce qui concerne leur sûreté, aucune ne peut se permettre d'acte qui la trouble. C'est là l'essence d'une paix *paisible*. Elle est également rompue par des attaques ouvertes ou secrètes.

Comme il ne s'agit point de faire un traité de droit public, passons à l'application de ces principes et disons :

Existe-il en Europe un État qui en trouble le repos, qui renverse tous ses rapports religieux, politiques, commerciaux; qui, après en avoir envahi une partie tende manifestement à envahir le reste, qui s'augmente d'une manière incompatible avec la sûreté de ses voisins? Un tel État est-il de son côté en état de guerre? Les autres ont-ils du leur le droit et le devoir de le citer à ce tribunal qu'on appelle la guerre?

Y a-t-il paix avec un État qui ne pose les armes matérielles et visibles que pour en prendre de morales et de cachées, qui fait de la sécurité et des autres attributs de la paix des moyens de conspiration permanente, qui change, qui abroge à son gré les conditions de la paix, qui sème des germes de guerre dans les paroles de la paix, et qui veut gagner par l'état de paix plus que par la campagne la plus active? Est-ce là la paix? Il y a donc interversion dans la question; au lieu d'une question de droit il n'y en a qu'une de fait; car si on éprouve sous le nom de la paix tous les dommages de la guerre, on est en guerre, quoi qu'on en dise, et non pas en paix. Toutes les escobarderies, toutes les subtilités finissent là; elles doivent se décider par l'histoire du temps et non par les livres de droit. Ici les gazettes sont des guides plus sûrs que Grotius et Puffendorf.

Or, qui osera nier que la France ne soit en état d'hostilité et de conjuration permanente envers l'Europe entière, et par conséquent en guerre avec elle sous ce double rapport? Elle l'étoit en essence depuis le commencement de la révolution ; elle l'est par le fait et patemment depuis l'invasion d'Avignon, époque de la première application de ses principes, qui depuis n'ont pas un seul instant cessé d'opérer suivant leur nature turbulente. Il y a donc guerre actuelle et habituelle, et ceux qui s'élèvent contre sa proclamation sont ou veulent se rendre dupes de leur propre sottise, tant qu'ils ne détruiront pas ces faits et qu'ils ne prouveront pas l'existence d'une paix réelle par l'absence d'une guerre habituelle. On est donc en guerre ; et demander qu'on la déclare n'est pas demander qu'on la fasse, mais avertir qu'on la fait. Ainsi, le médecin, en déclarant la maladie, ne la fait pas, mais il l'indique.

Le droit de faire la guerre est donc démontré, il est acquis, et malheureusement il n'y en a que trop de raison... Mais la convenance est-elle jointe au droit? Voilà la question véritable, que l'on cache derrière la précédente, comme il arrive trop souvent dans les discussions où ce que l'on dit n'est fait que pour donner le change sur ce qu'on ne veut pas dire. En combien de situations de la vie les aveux mêmes ne couvrent-ils pas des réticences ? Or, voilà précisément où nous en sommes dans la question présente. On ne veut pas voir que l'on est en guerre, pour n'avoir point à la déclarer ; on croit ou l'on feint de croire à la paix, pour avoir un prétexte d'y rester : espèce de position fausse qui donne les inconvénients des deux états. Ainsi, dans les derniers temps, le Pape et la Suisse se disoient en paix, tandis qu'on travailloit à les détruire. Ainsi, le nord de l'Allemagne se flatte d'être en paix, tandis qu'on le force d'avoir une armée sur pied, qu'on pille ses vaisseaux et qu'on écrase de contributions les villes anséatiques.

N'est-il pas dérisoire de prostituer le nom sacré de la paix à cette succession d'hostilités ?... Mais allons plus loin et disons :

Si à la place d'un empire ancien, qui occupoit en Europe un rang élevé, turbulent quelquefois, mais régulateur à son tour, fort de beaucoup d'avantages, mais, entravé dans leur développement, coexistant à ses voisins par la civilisation, centre plus qu'arbitre de l'équilibre général, avec des avantages et des incommodités éprouvées; si, dis-je, il s'élevoit un État qui se plaçât théoriquement dans le berceau du monde, et qui renonçât à dessein à tous les principes de la civilisation qui l'entoure, qui franchît ses anciennes limites pour n'en plus reconnoître qu'à sa convenance, qui établît au centre de l'Europe un colosse de puissance disproportionné avec tout le reste, quel parti prendrez-vous? Souffrirez-vous patiemment qu'il se fortifie de tous les moyens de défense et d'attaque, qu'il détruise tous ses voisins, tous les corps avancés pour lui donner la liberté d'arriver plus sûrement à vous? Ou bien, après vous être assurés de sa nature malfaisante, de l'atrocité de ses projets, de l'inutilité des représentations, du vide des espérances pour un changement, chercherez-vous dans une guerre conduite avec courage et discernement le redressement des anciens torts et un abri contre les nouveaux? N'est-ce pas là une des occasions dans lesquelles on n'est pas maître du choix? Il est commandé par la nature des choses: il faut agir ou périr. Quand les Romains envahirent le monde, quand les grandes irruptions des peuples du Nord et des Sarrasins menacèrent tous les peuples y eut-il à délibérer, à temporiser, à pactiser? L'agression ne discutant, ne temporisant, ne pactisant point,

la défense ne doit-elle pas suivre le même cours,
d'après là règle éternelle de proportionner les moyens
de défense à ceux d'attaque ? Qu'arriva-t-il à ces peuples indolents, à ces gouvernements qui ne surent
jamais prendre un parti ? Ils périrent après des siècles
de souffrances qu'un siècle de vigueur leur auroit
épargnées. Veut-on renouveler l'histoire de leur mar-
tyre et de leur mort et la prendre pour son compte ?
Or, voilà précisément où en est l'Europe. La révolution française lui rend, après des siècles de repos,
toutes les horreurs et tous les dangers des anciennes
invasions, mais avec un degré de rapidité et d'étendue que celles-ci n'eurent jamais et ne pouvoient
avoir. C'est à elle de voir le parti qu'elle veut prendre : choisir entre Bélisaire expulsant les barbares
ou Rufin s'alliant avec eux, entre l'intégrité de son
empire ou son invasion successive, à l'exemple de
l'empire grec, qui vit froidement les Arabes et les
Turcs arriver de conquêtes en conquêtes sous les
murs de la capitale, et finir par devenir la déplorable
proie de ces barbares qu'on n'avoit su vaincre ni
contenir, et qui, de cessions en cessions, finirent
par tout engloutir. Ici, comme on voit, la question
change encore une fois de face ; on abandonne les

faits; il n'est plus question de l'état de guerre, mais
de sa convenance sous les rapports de l'opportunité
et des moyens. Hélas! nous le savons depuis longtemps, et si nous avons descendu si méthodiquement tous les degrés de cette question, ce n'est pas
par imprévoyance de cette conclusion forcée, mais
par respect pour cette redoutable question de la
guerre dont on ne doit s'approcher qu'en tremblant.

Sûrement la révolution et ses dangers sont un
grand sujet de méditations et d'embarras pour les
cabinets ; sûrement ils souffrent horriblement de ces
désordres, de la perte de leur ancienne gloire, de
leur ancien repos; ils souffrent d'un *qui-vive* éternel
avec un infatigable ennemi ; tous voient ou entre-
voient leur destinée future. Si quelques-uns font la
guerre ouvertement, tous la font sourdement; s'il y
a guerre défensive de la part de la France, il y a
aussi guerre défensive de la leur; tout cela n'est
pas un mystère, et la France n'est pas plus dupe
qu'eux et que le public. Leur immobilité tient donc
à des obstacles et à des motifs secrets; ils se crai-
gnent eux-mêmes, ils espèrent de leurs ennemis. Voilà
le vrai... Eh bien! ce sont ces craintes et ces espérances que nous allons examiner et détruire, en prou-

vant qu'il faut espérer où l'on craint et craindre où
l'on espère ; démonstration qui résultera de la comparaison des forces des puissances avec celles de la
France en hommes et en argent, de leur emploi res-
pectif, et du système de guerre qu'il faudroit embrasser. Nous discuterons ensuite le système défensif,
auquel les puissances semblent se borner dans ce
moment.

Quant à la question présente, celle de la réalisation par la guerre du plan proposé, elle ne présente
que deux points de vue.

Le premier, si le plan est bon en lui-même, indispensable pour la sûreté de l'Europe.

Le second, si on peut le réaliser autrement que par
la guerre.

Dans le premier cas, l'Europe, comme corps politique, a le droit et le devoir de l'établir. Il suit du
droit qu'elle a de se conserver, il en fait partie.

Dans le second, elle a droit de le faire par la
guerre, jusqu'à ce qu'on indique un autre moyen pour
l'obtenir, et, à son défaut, de faire la guerre jusqu'à ce qu'elle l'ait obtenu. Le droit, une fois con-
staté, donne la faculté d'en user ; il ne s'agit plus
alors que de considérer le pouvoir.

Mais, crie-t-on de toutes parts, il faudroit donc
renverser la constitution et la république une' et indivisible ; il faudra rétablir la monarchie. Hommes
inquiets, calmez-vous ; prenez garde surtout que votre
indiscrète objection ne tourne contre vous, et que
vous ne vous soyez trompés de toute la différence
qu'il y a du remède au mal. Les lois constitutionnelles de la France, faites par elle, ne sont faites
aussi que pour elle. C'est un règlement intérieur qui
n'existe pas pour l'étranger, qui ne l'a ni fait ni ac-
cepté. Si ces lois sont incompatibles avec sa sûreté,
alors c'est contre lui qu'elles sont faites, et, loin
d'être un motif pour les accepter, c'en est un très-
pressant pour les détruire. Par quelle fatalité se fait-
il que, dans des arrangements de convenances réciproques, on ne consulte que celles d'un parti, et
qu'on néglige totalement celles des autres ? S'il a plu
à la France de faire pour elle des lois qui n'existent
nulle part, et de s'en servir au détriment 'd'autrui,
qu'elle change ses lois, ou qu'elle en souffre les conséquences. Si les autres en établissoient de leur côté
d'incompatibles avec les institutions de la France,
qu'en diroit-elle ? que feroit-elle ? N'en demanderoit-
elle pas la réforme ? n'en poursuivroit-elle pas le

redressement par la force des armes? Les étrangers ont
le même droit, et comme, en dernière analyse, c'est
par la force que se décident de pareilles questions,
l'état de guerre résulte de ces lois; ce qui, comme
dans toutes les questions relatives à la révolution,
ramène à l'incompatibilité de cette révolution avec le
reste du monde et à l'alternative cruelle de périr de
part ou d'autre. Qu'on soit d'ailleurs bien tranquille
sur le sort de ces lois constitutionnelles : elles ne
sont encore gravées ni sur l'airain ni dans le cœur
des Français. La constitution française, comme les
tables de la loi, a déjà été brisée au pied de la
montagne. Il y en a plus d'un exemple : voilà déjà
la quatrième constitution depuis six ans. Si les Français sont le peuple de l'univers qui distribue le plus
libéralement cette espèce de production de leur crû,
c'est aussi celui qui y tient le moins. Après tous les
échecs que la constitution actuellement régnante a déjà
reçus, ne doutons pas que les pères de la patrie ne
trouvassent au besoin des interprétations conciliatrices.
Quant au rétablissement de la royauté, nous déclarons
que le sentiment naturel qui nous y attache, fortifié
par la raison et par l'expérience, nous a rendu palpable cette grande vérité, que du rétablissement de

la royauté en France dépendoient la paix du monde,
la stabilité des empires, la sûreté des individus et
le maintien de toutes les propriétés; que jusque là
il n'y aura que troubles et confusion. Il nous est
démontré que tous les trônes sont contenus dans
celui de France, qu'il les affermit tous par sa présence, qu'il les détruit tous par son absence, et que
l'Europe a encore plus besoin de Louis XVIII que
Louis XVIII de l'Europe. Mais, quelque fondamentale
que soit cette vérité, avec quelque ardeur que notre
cœur en appelle la réalisation, nous déclarons aussi
hautement que, loin de faire entrer le rétablissement
de la royauté dans ce plan comme partie intégrante, il
est au contraire dirigé en totalité contre la république;
car s'il est utile et bon sous la monarchie, il est
indispensable sous la république, qui n'a ni les mêmes
régulateurs ni les mêmes freins, et qui par conséquent a besoin d'être contenue par de plus fortes
barrières. La preuve en est là. Dix siècles de monarchie n'avoient pas porté la France au point où la république est arrivée et prétend se maintenir au bout
de huit ans.

Nous ne pouvons, en terminant cet article, nous refuser à deux réflexions : la première, c'est que, tandis

que la France met à toutes ses volontés l'alternative
de la soumission ou de la guerre, on n'entende de
l'autre côté que des soupirs pour la paix; la seconde
qu'en confrontant les différentes époques du siècle,
on le voit s'écouler en guerres continuelles pour les
sujets les plus frivoles, et dans ce moment il recule
d'horreur à l'idée de la seule guerre dont la nécessité ait été bien démontrée. Celle de la succession
d'Espagne, très-juste en elle-même et dans les idées
du temps sur l'équilibre de l'Europe, pouvoit être
évitée. La haine contre Louis XIV y contribua plus
que l'amour de la tranquillité générale. Tout ce que
l'on dit de pathétique sur la nécessité de la paix, au
milieu d'une crise aussi extraordinaire, rappelle les
larmes que Philippicus, général de l'empereur Maurice,
versoit au moment d'un combat qu'il perdit et qu'il
devoit perdre avec ses pleurs. Il s'attendrissoit sur
les suites funestes qu'il auroit pour la vie d'un grand
nombre de soldats. Quand Xerxès pleuroit sur la
destruction de tant de milliers d'hommes qui composoient son armée, il devoit pleurer encore plus sur
sa propre folie, qui les y condamnoit dans une expédition sans objet et sans raison. Rien n'est plus pré-
cieux sans doute que le sang des hommes; qui

pourroit en voir de sang-froid verser une goutte ?
Mais, comme dit Burke, il est des cas dans lesquels
l'homme sert de rançon à l'homme, l'individu à la
société ; alors son sang est légitimement et saintement
versé. Hors de là, tout est folie et crime. C'est ainsi
qu'en juge Montesquieu, lorsqu'en parlant des larmes
de ce lamentable général, il ajoute qu'elles étoient
différentes des larmes de ces Arabes qui pleurèrent de
rage en apprenant que leur général venoit de conclure une trêve avec les chrétiens.

CHAPITRE VII

DE L'ÉTAT POLITIQUE ET MORAL DES PUISSANCES.

—

La force des États est de plusieurs espèces; elle se compose d'un grand nombre d'éléments. C'est le territoire, la population, la richesse qui en fait le fond; c'est la bonne disposition des parties qui en fait la forme et qui en donne la jouissance et la libre disposition.

L'étendue du territoire, la facilité de le défendre, le nombre des voisins, augmentent ou diminuent la force disponible d'un État.

Ainsi la Russie, avec son climat de glace, ses mille lieues d'étendue et sa population mélangée, a réellement moins de forces disponibles qu'un État infiniment plus petit, avec une population homogène, un territoire resserré et un climat qui permet d'agir plus longtemps.

La complication des affaires, les sujets de crainte ou de jalousie augmentent ou diminuent la disponibilité des forces. La Russie a moins d'accidents dans sa politique par le rétablissement de la paix avec les Turcs, avec les Persans, par l'occupation de la Pologne, qu'elle n'en éprouvoit avant la conclusion de ces affaires, qui occupoient une partie de ses forces et qui l'empêchoient de les porter ailleurs.

Ce n'est pas tout : la différence des temps est encore un grand calcul à faire. Ce qui se peut dans un temps ne se peut pas dans un autre avec la même quotité de force. De même l'impossibilité qui existoit à une époque cesse dans une autre. Ce qu'on peut exiger ici ne peut être demandé là ; les mécontentements, les nouveautés, les factions entravent le développement des forces, dont il faut tenir une partie en réserve pour ces cas menaçants. Un prince ne peut exiger à son avénement au trône les mêmes sacrifices que lorsqu'il y est affermi, après une guerre pénible comme après des années d'une paix prospère, dans le repos comme dans l'agitation des esprits.

Il faut tenir compte de tout cela, et surtout n'avoir rien à démêler avec l'opinion, cette reine mobile du monde, la seule qui règne sans conseil et à laquelle il faut toujours en demander.

D'après ces principes, la position relative des puissances nous paroît meilleure qu'à l'époque de la coalition. Plus cette proposition a l'air d'un paradoxe, moins elle peut se passer de preuves; la voici:

Quelles sont les puissances appelées à agir dans l'exécution de notre plan? Ce sont les grands États, tels que la Russie, la Prusse, l'Autriche et l'Angleterre. Les puissances secondaires reçoivent d'elles l'impulsion dans ce cas comme dans tous les autres.

Or, on ne peut contester à ces puissances:

1° Un accroissement matériel de forces.

La Russie s'est accrue du tiers de la Pologne; elle a assuré sa frontière sur la mer Noire; elle a sagement renoncé à toute extension sur la Perse.

La Prusse a fait la superbe acquisition de Dantzig et de toute la partie de la Pologne qui l'avoisinoit ou qui séparoit ses anciens États; elle a acquis par là une base de population, de territoire et d'ensemble qui la fait passer au rang des puissances du premier ordre.

L'Autriche a gagné les quatre grands palatinats de

Pologne et tout l'État vénitien, valeurs bien supérieures à celles du Brabant et du Milanais.

L'Angleterre n'a rien perdu; elle occupe le cap de Bonne-Espérance, quelques établissements hollandais dans l'Inde et les colonies d'Amérique et de presque tout le monde. En dépit de la guerre, elle fait le commerce de l'univers.

Les puissances secondaires n'ont rien perdu. La Suède, le Danemarck sont intacts; les grands États d'Allemagne, Saxe, Hanovre, Hesse, Bavière, le sont aussi. La rive gauche ne comptoit aucune principauté importante. D'un côté les choses sont améliorées, de l'autre elles sont entières.

2° Les embarras de ces puissances sont diminués.

La Russie n'a plus affaire aux Persans et aux Turcs. Les inquiétudes du côté de la Pologne et les embarras des arrangements avec ses co-partageants son terminés; elle vit amicalement avec la Suède, elle n'a de querelles avec personne; ses forces sont plus disponibles qu'avant la guerre.

La Prusse est dans la même position, car elle n'a plus sur ses derrières cette turbulente Pologne qui n'a cessé de la tracasser pendant toute la guerre, et qui a fini par lui en faire une très-dangereuse en 1794. Cette puissance vit bien avec la Russie, décemment avec l'Autriche. Aucune affaire ne fait, comme auparavant, distraction à ses forces, qui sont ainsi augmentées par leur disponibilité.

Quant à l'Autriche, cet État s'est fortifié en se simplifiant et en se concentrant. Elle n'a plus d'inquiétude sur les troubles de la Pologne, sur l'agrandissement de la Russie, sur les empiétements de la Prusse ; tout cela est fini, et l'Autriche, comme les autres puissances, n'a plus réellement qu'une affaire, qui est celle de la France.

En perdant les Pays-Bas, l'Autriche a réellement gagné en tranquillité, en diminution d'ennemis, en uniformité de sujets. L'éloignement, les épines de cette possession avoient rebuté l'Autriche, et peut-être faut-il attribuer une partie de la mauvaise guerre au dégoût qu'elle lui avoit inspiré.

Mais, dira-t-on, on a perdu des pays entiers, et des puissances amies sont aujourd'hui neutres ou ennemies.

On a perdu, il est vrai, des éléments de puissance, mais non pas des puissances, des puissances passives et non pas actives, des embarras et non des forces. Ces mauvaises machines ne valent pas l'honneur d'être comptées.

Ainsi le prince de Liége, le duc des Deux-Ponts, la Hollande, la Sardaigne, tout cela étoit-ce des alliés ou des charges, des chiffres ou des quantités mortes? Si elles ont aidé de quelque manière, n'a-t-il pas fallu les aider plus souvent et plus efficacement, et la nécessité de ce secours n'a-t-elle pas souvent détourné de l'objet principal?

Mais les Français exploitent et ces contrées et ces alliés, et se fortifient d'autant. Oui, si on leur donne le temps de les tailler à leur mesure, ils augmenteront beaucoup la puissance française; mais, dans l'état actuel, ils lui feroient, en cas d'attaque, plus embarras qu'appui. Il est évident que si l'on donne aux Français le temps de couvrir la rive gauche du Rhin (1) de forteresses, comme elle l'est déjà en Alsace, cette prolongation de ligne défensive les rendra inattaquables; mais qu'on les y attaque auparavant, et l'on verra quelle différence il y a entre cette frontière encore précaire et l'ancienne frontière de France. La même réponse s'applique à la possession du Brabant et de la Hollande. Si on laisse les Français s'y établir, ces pays continueront d'être des mines d'or pour eux; mais qu'on les

---

(1) *Du Rhin*, mots ajoutés par l'éditeur.

attaque dans ce moment, et ces mêmes pays, soulevés contre eux seront leurs plus cruels ennemis.

Il en est de même de l'alliance de l'Espagne et de la neutralité de la Sardaigne : c'est la peur qui les enchaîne. Rompez le charme de la puissance de la France, et vous verrez quel est le lien qui les unit.

Il seroit trop injuste de prêter d'autres motifs à ces puissances; ne sont-elles pas assez malheureuses dans leur état actuel?

L'Espagne a fait une pitoyable guerre et une paix plus déplorable. Son alliance avec la France est un monstre en politique comme en morale; elle a été dupe de misérables calculs sur la possibilité d'obtenir un trône que d'habiles factieux lui faisoient entrevoir; elle a espéré, comme tant d'autres, diriger la révolution en s'y associant, et pouvoir faire remonter le torrent en s'embarquant dessus. Sûrement telles ont été les vues de l'Espagne.

Mais aujourd'hui que ce trône, comme tant d'illusions, s'est évanoui, aujourd'hui qu'elle se trouve entre une guerre sans terme et un peuple affamé, entre un allié dévorant et la nécessité de se prêter à toutes ses fantaisies, forcé de contribuer à renverser des trônes et à créer des républiques, croit-on de bonne foi que

l'Espagne soit un allié bien chaud et bien volontaire?
Aussi de quel secours a-t-elle déjà été à la France? Il
est facile de juger que, si elle prend part à l'expédition
d'Angleterre, ce sera elle qui la fera manquer. Si les
puissances attaquoient la France avec assez de forces
pour rassurer l'Espagne contre la crainte de ses ven-
geances, peut-être lui feroit-elle éprouver tout le poids
d'un mécontentement longtemps concentré et d'un dépit
qui suit toujours les espérances frustrées.

L'augmentation de la puissance matérielle n'est pas
la seule acquisition que les puissances aient faite; elles
ont encore gagné sous plusieurs rapports personnels,
tels que la connaissance de la révolution et l'étouffement
des sujets de contrariétés extérieures et intérieures.

En effet, la révolution, qui dans son origine pouvoit
présenter plusieurs rapports et plusieurs aspects sur sa
nature, sur son étendue et sur sa durée, s'est tellement
simplifiée par l'expérience qu'elle n'est plus susceptible
d'être considérée que sous un seul point de vue, celui
des dangers et de la nécessité de s'en préserver. On
peut citer en preuves le dernier ouvrage de milord
Aukland sur la paix, comparé avec celui du même
auteur publié dans la dernière semaine d'octobre 1795,
et le changement de langage des deux oppositions

d'Angleterre et d'Irlande. Combien de conversions en ce genre ont été faites à Rastadt !

Dans les temps dont nous parlons, on pouvoit calculer sur mille chances, dont aucune n'a plus l'ombre de possibilité ; toute illusion, toute fausse lueur est dissipée.

Cet avantage en lui-même est immense ; il équivaut, pour les puissances qui ont survécu à la révolution, à toutes les pertes qu'elles y ont faites.

Bien connoître son ennemi, ses forces, est la base de tout bon plan de conduite. Avec de pareilles données et de la droiture d'esprit et de cœur, toute erreur devient impossible ; on peut mettre en action le temps, qu'autrement on mettrait en enquêtes ; et n'est-ce pas un avantage incalculable que d'avoir devant soi une route tellement tracée, qu'on saisisse du même coup d'œil le point de départ et d'arrivée, le principe et la conséquence, le but et les moyens ?

Les puissances, fortes de nouvelles lumières sur la révolution, sont encore fortifiées par l'amortissement de certaines animosités qui les dominoient au commencement de la guerre, et qui, sans être dissipées autant qu'il seroit désirable, sont cependant affoiblies au point de n'être pas, comme auparavant, inconciliables avec l'intérêt général. Ainsi, il existoit entre l'Autriche et la Prusse une antipathie qui excluoit toute espèce de coopération sincère; il lui falloit un aliment qu'elle a trouvé dans cette guerre. Les deux nations s'y sont mesurées encore plus qu'avec leur ennemi; elles jouissoient de leurs désastres réciproques plus que de ses défaites; en un mot, elles s'y font une guerre sourde, mais plus active qu'à leurs ennemis mêmes. La raison en est simple.

Aucun événement nouveau n'étant venu les distraire de leurs anciennes haines, elles se trouvoient avec les mêmes griefs qui les avoient armées tant de fois. Elles étoient, à proprement parler, plus en présence qu'en alliance. C'étoient les mêmes hommes qui, dans la guerre, dans le cabinet, s'étoient combattus tant de fois; ils poursuivoient sur la Moselle et sur le Rhin la vengeance des torts qu'ils s'étoient faits sur la Vistule et sur l'Oder.

Attendre une réunion sincère entre de pareils éléments de discorde, n'étoit-ce pas mentir au cœur humain? Aussi le succès de cette coalition antipathique a-t-il pleinement justifié l'horoscope qu'on en avoit tiré.

Aujourd'hui, peut-être qu'on en tireroit un tout contraire avec la même assurance; car il est indubitable que si tout n'est pas fait à cet égard, au moins il y a, par la force des choses, une amélioration très-compatible avec la possibilité d'une réunion.

Les mêmes dissensions existoient encore entre l'Autriche et la Sardaigne, Venise, les Pays-Bas et la France.

La Sardaigne et Venise craignoient les Autrichiens presque autant que les Français, et leurs alliés à l'égal de leurs ennemis. Venise ne fait plus embarras ni ombrage ; elle est passée du ·passif à l'actif.

La Sardaigne n'a plus rien à craindre de l'empereur ou certainement bien moins que des Français. Aussi n'est-il pas douteux que, dans le cas d'une grande guerre contre la France, la Sardaigne ne devînt un allié très-fidèle pour les Autrichiens, surtout dans le plan proposé, qui la place entre un parti qui lui offre grandeur et sûreté, et celui qui la tient continuellement sur les bords de l'abîme. Il en seroit de même de toutes les puissances de l'Italie... Des intérêts plus pressants que leurs anciennes jalousies les retiendroient dans une alliance où elles croiroient trouver une protection contre la révolution qui les presse de toute part.

L'Autriche étoit encore dans une plus mauvaise
posture à l'égard de la France et du Brabant. Quant
à celui-ci flottante entre deux partis, elle ne savoit
trop à quoi s'en tenir. Le garder étoit bien incommode ; l'abandonner étoit au-dessus des idées du
temps. L'Autriche y tenoit de plus comme à un équi-
valent possible pour des objets de convenance; c'étoit
un *en-cas*.

Actuellement toute incertitude est terminée ; les équi-
valents sont saisis ; ils tiennent en repos l'Autriche
et ses voisins.

Par le Brabant, l'Autriche étoit toujours sur le
qui-vive avec la Hollande et l'Angleterre, l'une comme
voisine, l'autre comme principale puissance maritime. Elles ont eu mille querelles pour Ostende et
pour l'Escaut ; les voilà terminées par l'éloignement
de l'Autriche.

Celle-ci n'aura vraisemblablement plus envie d'em-
piéter sur la France, comme elle l'a tenté si malencon-
treusement dans cette guerre : tous ses malheurs
datent de là. En cas de renouvèllement de guerre,
la même erreur ne présidera plus à ses conseils, et,
dans le plan proposé, ces querelles en sont entièrement bannies...

Il y a donc amelioration de toutes manières dans l'état des puissances ; reste à examiner si leurs sujets y participent par leurs dispositions à l'égard de la révolution.

CHAPITRE VIII

La révolution avoit ébranlé, il faut en convenir, les facultés morales des hommes autant que les bases des gouvernements. Tout ce qui peut séduire la multitude, troubler les esprits, embraser les cœurs, toutes ces dangereuses amorces se trouvoient réunies dans la révolution. C'est le plus vaste plan de séduction qui ait été conçu, et le plus large filet qui ait jamais été jeté sur l'espèce humaine. Il n'y a, pour s'en convaincre, qu'à se rappeler de quelle distance elle avoit été amenée, de combien de vapeurs elle s'étoit grossie, quels mobiles avoient été mis en jeu, quels agents en activité, vers quel noble but elle sembloit dirigée. C'était tout simplement la réhabilitation de l'espèce humaine et l'organisation du monde sur un plan régulier.

L'étendue de cette idée n'étoit pas le moindre de
ses dangers, car elle flattoit à la fois l'amour-propre
et le courage bien ou mal entendu ; elle préparoit de
loin des excuses à la maladresse des ouvriers, en leur
ménageant de commodes ajournements dans l'avenir.

Aussi le délire fut-il général, et s'il a été moins
éclatant au dehors qu'au dedans de la France, c'est
que son essor fut comprimé par l'action des gouvernements ; elle réduisit les novateurs à des vœux secrets
et à une attention toujours tendue vers le grand spectacle qu'offroit la France. Pour peu qu'on ait donné
quelque attention aux affaires du temps, on aura
remarqué que ce *bruit sourd* de l'Europe dont parloit
M. Necker devint en un moment une explosion générale, et que chaque pays eût imité la France, si chaque
souverain eût imité Louis XVI.

Mais, semblable aux maladies qui affligent quelquefois l'humanité, l'épidémie révolutionnaire a subi
des variations ; elle s'est ralentie à diverses époques ;
elle tend visiblement à un relâchement total, de manière cependant à offrir le singulier spectacle de son
plus grand développement au moment de sa plus grande
foiblesse, car l'Europe est moins révolutionnaire au
moment où elle est le plus révolutionnée.

Le contraste provient du changement des époques.
Dans la première, c'étoit la révolution qui agissoit, qui
poussoit; dans la seconde, c'est elle que l'on pousse.
Alors elle étoit véhicule, maintenant elle en a besoin;
les gouvernements lui en servent aujourd'hui; alors
ils la combattoient. Les gens de lettres, trompettes
d'opinion en tout pays, professeurs nés de toute nouveauté, déserteurs des arts libéraux pour la politique,
une partie des classes les plus élevées de la société,
le commerce et la banque, en un mot les classes les
plus actives et les plus influentes de la société, s'en-
rôlent sous les premiers drapeaux de la révolution.

La bourgeoisie fut appelée au partage des honneurs
de la noblesse, le peuple à celui de ses biens, tous
à l'affranchissement de quelque fardeau; en un mot, le
commencement de la révolution fut *une vraie Cocagne*,
à laquelle on ne mit pas d'autre prix que celui de la
servir. Comme rien n'étoit moins cher, elle le fut et
longtemps et très-bien, tant qu'il ne fallut que jouir et
partager des dépouilles.

La désertion commença avec leur fin; elle n'a pas
discontinué.

La masse du peuple, inhabile par son nombre à

participer à des largesses de longue durée, s'est déta-
chée la première de la révolution. Une continuité de
mouvement est impossible de sa part. Ainsi les fleuves
rentrent dans leur lit après un débordement passager.
D'acteur qu'il avoit été dans la révolution, le peuple
est redevenu, comme à l'ordinaire, non pas même
spectateur, mais instrument et machine. Il entre comme
matière première dans tous les actes de la révolution,
mais, en sa qualité de matière, il ne contribue en rien
au dessin et à la forme; il la reçoit et la garde. Or, le
peuple est le même en tout pays. Celui de France,
après quelques saturnales, s'est désisté d'une participation active à une révolution qui lui avoit trop
promis et qui ensuite lui coûtoit trop.

Celui d'Allemagne et des autres pays n'a pas bougé;
il reste sans murmures sous les mêmes charges qu'il
a voulu abolir avec tant de solennité en France. Si
en quelques pays on demande des réformes dans le
gouvernement, est-ce le peuple ou quelques factieux,
soutenus par les Français, organes trompeurs d'un
peuple qui ne les connoît pas et qui ne les a chargés
de rien?

Voyez ce qui s'est passé en Suisse, à Rome, à
Coblentz. Comme les innovations, qui font triompher

quelques factieux, ont été froidement accueillies par
le peuple! Celui-ci, occupé du soin de sa subsistance,
avec le nombre d'idées bornées qui y suffisent, se tient
à ses habitudes et ne connoît son gouvernement que
par les actes, et jamais le principe, qui est hors de
sa portée. Aussi le peuple ne se plaint-il jamais du
mode de gouvernement, mais de ses effets; sa colère se
décharge sur les magasins du prince plus que sur sa
chancellerie, et en tout pays, un jour d'émeute, la
constitution est moins exposée que le grenier à sel
ou le bureau de douane.

La bourgeoisie a manifesté, dans la révolution, des
dispositions moins paisibles que celles du peuple et
moins généreuses que celles de la noblesse ; les petites
passions sont dans sa sphère. Mais après avoir bien
savouré toutes les nouveautés françaises, elle est re-
tombée dans l'orbite ordinaire de ses affaires, et s'est
désenivrée par la peur. Cette classe étant presque mer-
cantile et possessionnée en mobilier, craint la révolution à cause de ses pillages, de sa fausse monnoie
et de ses extorsions. Ce n'est pas qu'il n'y ait dans toutes
les villes une certaine quantité d'hommes de la bourgeoisie pour lesquels la révolution est toujours l'al-
chimie, et qui seroient peut-être disposés à lui faire

encore l'offrande d'une partie de leur fortune ; il y a
des hommes incorrigibles partout, mais c'est le petit
nombre, et sûrement la bourgeoisie est moins inquiète
et moins révolutionnaire qu'elle le fut dans le commencement de la révolution.

Le négociant est dans le même cas ; il a été trop et
trop souvent trompé. Le papier-monnoie, le *maximum*
et les banqueroutes républicaines ont tempéré son
ardeur, et, tout en continuant d'admirer quelques
principes de la révolution, il en redoute les conséquences ; ce qui revient, pour les gouvernements, au
même point que s'il ne les admiroit pas ; car, par là,
crédit est mort pour la révolution, et cette mort-là
en annule le danger. Parmi tous ces amants jaloux de
la révolution, combien lui trouverait-on de fournisseurs à crédit ?

Quant aux hautes classes de la société, elles sont
entièrement guéries. Trop d'exemples, trop d'intérêts
leur parlent à la fois, et s'il est malheureusement trop
vrai qu'elles manquent partout de qualités viriles, il
est au moins certain que la presque totalité est parfaitement saine et dégagée de toute erreur.

Si quelques membres de ces classes relevées ont pu
manquer au devoir de leur naissance et aux liens du

sang, s'ils ont pu mentir aux principes de leur éducation et se renier eux-mêmes en s'enfonçant dans le bourbier de la démocratie, le nombre en est infiniment petit, et l'honneur universel préserve de la contagion.

Les Justiniani à Rome, les Serbelloni et les Visconti à Milan, ne forment pas plus la noblesse italienne que les Abéma ne forment le commerce d'Amsterdam, comme les académies d'Italie ne sont pas plus le peuple que l'Institut de France n'est le peuple français.

Il n'y a pas jusqu'aux gens de lettres qui n'aient aussi changé de langage; une partie a été glacée d'horreur par les crimes de la révolution; beaucoup ont vu outrepasser leur but; d'autres pleurent sur la religion qu'ils ne vouloient que réformer; en un mot, s'il reste beaucoup de gens de lettres au service de la révolution, le nombre n'en est plus comparable avec ce qu'il fut d'abord, car alors c'étoit la république des lettres tout entière. On citeroit des conversions éclatantes dans ce genre, et on mettroit avec raison à côté de celle de La Harpe le renvoi que fit Klopstock à la Convention de ses lettres de citoyen français.

Parmi les publicistes et journalistes allemands, gens

très-influents dans cette nation, plusieurs ont changé leurs apologies en censures et substitué des provocations guerrières à des baisers de fraternité.

Cette amélioration générale du moral des peuples au profit des gouvernements est soutenue par de puissants auxiliaires.

Le premier est la haine hautement déclarée des peuples contre les Français ;

Le deuxième, l'habitude des moyens révolutionnaires, inconnus auparavant.

Quant au premier, les faits sont tellement accumulés qu'ils dispensent de tout raisonnement. Il suffit de parcourir l'histoire du temps pour se convaincre que nulle part les peuples n'ont appelé la révolution ; que les mouvements ont été l'ouvrage de factieux, agents ou complices de la France ; que les peuples se sont mille fois insurgés contre les Français, qu'ils se sont montrés prêts à se lever contre eux, et que, loin d'avoir eu besoin d'excitation de la part de leurs gouvernements, ils ont au contraire été toujours retenus par eux ; que l'invasion des! pays révolutionnés est due à la mollesse ou à la maladresse des gouvernements, et qu'enfin les armées, loin d'avoir pris part à la révo-

lution, l'ont combattue comme de ci-devant ennemis
ordinaires, sans aucune trace de complicité ou de
ménagements, et que, dans l'état actuel, elles sont
plus ennemies de la révolution qu'elles le furent
jamais.

Comme cette assertion est sûrement une de celles
qui s'éloignent le plus des opinions courantes, comme
c'est une des plus propres à éclairer les gouvernements sur la partie la plus délicate de leur situation,
nous l'appuierons d'une suite de faits propres à former un corps de preuves invincibles; nous remonte-
rons à la France même. Eh bien! cette France n'a
jamais été révolutionnaire en masse. Maintenant elle
est le foyer et l'instrument de la révolution sans le
vouloir, comme elle en fut le berceau sans le savoir.
Mais, il faut le dire, c'est le roi qui a préparé la révolution par la guerre d'Amérique, par le dérangement
des finances, par le relâchement de l'administration,
de l'autorité et de la dignité, par l'appel des notables
et par ses querelles avec les parlements et ses pays
d'États. Celles-ci jetèrent toutes les hautes classes dans
l'opposition contre la cour, qui, pour s'en venger,
médita une révolution contre elles. Le cardinal de
Loménie la dirigeoit; il y périt, et laissa en fuyant la

cour prise dans ses propres filets. Pour se tirer d'embarras, elle appela M. Necker, et la révolution du
ministre succéda sur-le-champ à celle du roi. Le ministre conduisoit le peuple contre la cour autant que
contre les premiers ordres. Le roi au contraire, en
procédant également par le peuple, vouloit en rester
maître et ne le diriger que contre eux. Il y avoit
donc conflit entre le roi et son ministre, et dès lors
la révolution fut double, mais toujours étrangère à la
masse de la nation, qui ne vouloit que des améliorations et qui les auroit reçues avec bénédiction de
la main de son roi. Qu'on se rappelle les cahiers
qui, à l'exception d'un petit nombre frappés de démocratie par le ministre lui-même et par quelques
personnages marquants dans la révolution, en étoient
à mille lieues. Souvenons-nous que M. Necker, malgré
son *bruit sourd de l'Europe* et ses paraphrases com-
minatoires, n'hésita pas de dire, à l'ouverture des
États généraux, et qu'il a imprimé depuis, qu'il n'a-
voit tenu qu'à lui de les éviter, tant la nation étoit
peu révolutionnaire. Jusqu'au 14 juillet, Necker resta
maître de la marche de la révolution, époque à laquelle La Fayette la lui enleva. Depuis ce temps, le
roi, loin de la diriger ou de la contrarier, n'a fait

que la promouvoir. Il n'y a pas d'exemple d'une
obéissance aussi passive.

Le 5 octobre, il pouvoit châtier Paris, chasser l'assemblée en prenant sur le fait le duc d'Orléans et
son parti (1); il se jeta dans leurs bras. La France
témoigna plus d'horreur que lui contre cet attentat.
Est-ce la nation ou Necker qui lui demanda le serment du 4 février ? Quels touchants hommages ne
reçut-il pas de la nation lors de la première fédération ? Est-ce elle qui l'arrêta à Varennes, qui l'entoura
d'un ministère jacobin et qui lui fit déclarer la guerre ?
Est-ce elle qui profana son front du signe hideux de
la démagogie ? Quelle honte et quelle douleur se ma-
nifestèrent partout à la nouvelle de cette infamie ! Qui
fit le 10 août, le 21 janvier ? Dans tout cela je n'a-
perçois point la nation, mais un roi poursuivi par un
mauvais génie, qui le rend l'instrument de toutes les
factions, depuis celle qui lui fait descendre le premier
degré de son trône jusqu'à celle qui le fait monter

(1) Joseph de Maistre ne doutait pas que le duc d'Orléans n'eût
conspiré contre Louis XVI. Il y a plus : ses soupçons avaient passé
du père aux enfants, comme on peut s'en assurer en ouvrant les
Considérations sur la France, édition in-8°, Londres, 1797, p. 114.
Ce curieux passage a été retranché dans les éditions postérieures.

(Note de M. de Chantelauze.)

sur l'échafaud. Je vois, je suis la marche des factions,
mais je n'aperçois nulle part l'œuvre de la nation. Si
je la retrouve, c'est dans la guerre de la Vendée, des
chouans de Lyon ; dans cette opposition continuelle
à laquelle les cinq premières assemblées ont été sans
cesse occupées de parer. Voilà où je retrouve la nation, ainsi que dans ses assemblées, où elle n'usa de
sa liberté que pour envoyer des députés ennemis de
la révolution.

La nation n'a pas fait la république, elle l'a soufferte. Il n'y avoit en France que cinq républicains,
disoit Péthion en 1792 ; tout le reste étoit royaliste.
On peut croire un pareil témoignage. Le règne de Robespierre fut une époque d'ilotisme pour cette nation,
qui a fait depuis l'effort de le laisser changer en une
servitude moins sanguinaire, qui est son état actuel à
l'époque où nous écrivons.

Le Brabant et la Hollande n'ont pas été plus révolutionnaires et le sont encore moins aujourd'hui.
Nombre d'habitants, composés des anciens ennemis de
Joseph et du stathouder, ont, dans les deux pays, appelé et secondé les Français ; mais le peuple en masse
n'y a pas coopéré. Là, comme partout, la peur a donné
à l'entrée des Français l'air d'une fête triomphale. Le

lendemain a vu naître les exactions, et avec elles le refroidissement, la douleur et la haine.

Croit-on, par exemple, que les Hollandais soient bien charmés du morcellement de leur territoire, de la perte de leurs colonies, de la solitude de leurs ports et de l'émigration de leur or? Cinq ans de ré-volutions n'ont pas encore arraché un acte de violence aux Hollandais, et cette modération au milieu d'une atmosphère de crimes est le plus beau trait de leur histoire.

De leur côté, les Pays-Bas tendoient les bras aux Autrichiens, quand ils ont deux fois reparu sur le Rhin. La consternation a suivi la publication du traité de Campo-Formio, et la majorité de cette nation ne peut renoncer à l'idée de redevenir autrichienne.

Les bords du Rhin ont offert, à l'apparition des Cisrhénans, le tableau de l'opposition la plus ardente aux innovations, et de l'attachement le plus vif à leurs princes particuliers et à l'Empire en général.

Qu'il est touchant le renouvellement du serment de fidélité des peuples de l'électorat de Cologne!

La levée en masse de la Franconie contre le général Jourdan; l'armement de ces peuples l'année dernière, celui de la Souabe montagneuse, suffisent pour appré-

cier les dispositions des peuples d'Allemagne ; elles
sont telles que les gouvernements pourroient les avoir
dictées. Les petits mouvements du Brisgaw ne prouvent rien contre, car ils sont évidemment l'ouvrage
des Français. Ils ont été réprimés en un instant, et
par une poignée d'hommes. Les peuples d'Autriche et
de Hongrie sont sûrement hors de tout soupçon. En
1797, à l'approche des Français, tout s'arme, tout
marche à l'ennemi ; en 1793, l'apparition du drapeau
tricolore soulève la capitale, et le souverain en personne est obligé de s'interposer entre l'ambassadeur
français et son peuple.

Venise a payé de la destruction de son gouvernement une insurrection formelle contre les Français. Il
y a eu mille soulèvements contre eux dans la Cisalpine. A chaque apparence de retour de la part des
Autrichiens, c'étoit à qui les menaceroit. Plusieurs
villes attestent sur leurs murs incendiés les efforts
qu'elles firent pour s'en délivrer. Les Français, à peine
entrés à Rome, y éprouvent une insurrection terrible.
Que signifient toutes ces proclamations, toutes ces
mesures de sûreté qui changent l'Italie en un vaste
champ-clos ? Vit-on donc avec tant de frayeur au milieu
de peuples satisfaits ? Tant de crainte sied mal à

l'amour mutuel. Les fiefs impériaux ont fait une guerre opiniâtre aux Français ; un petit nombre de Barbets n'ont cessé de les tuer en détail. Enfin les Piémontais .ont dû, en pleine paix, être contenus par le roi de Sardaigne. En Espagne, l'horreur des Français étoit au comble ; lisez ce qu'en dit l'ambassadeur Bourgoing, témoin irrécusable s'il en fut jamais. La haine s'éleva jusqu'à la générosité, et, changée en pluie d'or, elle atteignit à la somme de 73 millions de contributions volontaires, don vraiment patriotique, largesse inconnue dans l'histoire. L'Angleterre, bien autrement riche que l'Espagne, n'a pu arriver encore qu'à 41 millions. C'étoit la nation espagnole qui faisoit la guerre à la France, et c'est son gouvernement qui la fait à l'Angleterre : différence essentielle à remarquer ! Nous dirons la même chose de l'Angleterre et même de l'Irlande, quoiqu'il y ait dans ce dernier pays une grande masse de mécontentements et un parti très-actif, ce qu'il faut encore distinguer.

La majorité, le fond de la nation anglaise est sain et intact ; il est dévoué au gouvernement. Burke l'a bien démontré par ses calculs ; ceux qu'il fait sur la partie gâtée ont été améliorés par divers incidents : la réunion de l'opposition à la cause com-

mune et des avantages importants dans le cours de
la campagne les affoibliroient au point de les rendre
presque nuls. Si la descente échoue, comme tout le
présage, le peuple anglais, au lieu de donner de·
l'inquiétude, doit au contraire être regardé comme
une des fortes barrières contre la révolution.

L'Irlande est moins consolante, et son sort dépend
de celui de la descente. Si elle réussit complétement,
la masse des mécontents est assez grande pour opérer
la scission avec l'Angleterre, ce qui est le vrai but
de la descente. Mais si elle échoue, il en sera de ce
pays comme de la Vendée et de tous pays insurgé,
qui, comprimés et séparés des chefs qui fuient ou
qu'on pend, rentrent peu à peu dans le devoir.

Nous ne finirons pas ce tableau sans faire remarquer que la Suisse n'a pris qu'une part d'opposition
à la révolution; que, loin d'appeler les Français,
elle ne les y a laissés entrer que sur dix mille
cadavres de ses plus braves défenseurs; qu'elle est
conquise et non révolutionnée; que son nouveau gouvernement est tout d'importation française; qu'elle
réclame dans les seuls cantons qui étoient restés libres,
et qu'enfin la perte de ce pays appartient tout entière
aux gouvernants et non aux gouvernés, qui, là

comme partout, plus prévoyants, plus patriotes que
leurs chefs, ne vouloient entendre à aucun des
lâches ménagements qui les ont tous perdus. Il
résulte de tous ces faits que partout les peuples en
masse sont hors de la ligne de la révolution : proposition que nous bornerons là pour ne tomber dans
aucun extrême, toujours incompatible avec la vérité.
Nous savons, comme tout le monde, qu'il existe
partout des partisans de la révolution ; que des
symptômes révolutionaires se font apercevoir tantôt
dans un lieu, tantôt dans un autre ; que les Français ont partout des amis, des correspondants et des
espions. Ces faits sont palpables. Aussi ce n'est pas
ce dont il s'agit, mais de savoir si le nombre de
ces mécontents est actif contre le gouvernement,
s'il est dominé par une immense majorité ; si celle-
ci est dans la main du gouvernement, de manière
à seconder son action contre les factieux du dedans
et contre les ennemis du dehors. Si ces mécontents
ne sont que cela, ils ne sont plus qu'un objet de
surveillance et ne font point obstacle à la marche
des gouvernements et au développement de leurs
forces, ce qui est la seule chose qu'ils aient à
craindre et dont nous ayons à nous occuper.

Il y a plus, la prolongation de la révolution et l'assoupissement qui l'a suivie ont pu même servir utilement les princes en leur donnant les moyens de classer leurs sujets. La révolution a mis les noms sur les visages ; le peuple étant rentré dans le calme, les révolutionnaires ont surnagé ; ils bouillonnent à la surface d'un vase dont le fond est tranquille. Rien n'est plus aisé que de les y apercevoir et de les y prendre.

Si tant de peuples sont tombés dans l'abîme de la révolution, il faut expliquer leur chute par les fautes de leur gouvernement. L'on peut suivre le fil non interrompu de cette suite de malheurs depuis le premier anneau de cette déplorable chaîne, qui est Louis XVI, jusqu'au dernier, qui est l'abbé de Saint-Gall. Tous ont péri de même...

Le gouvernement des Pays-Bas, réunit à la fois, dans le cours de la révolution, tous les éléments de sa perte.

La Hollande est entraînée par lui, et, comme si les vainqueurs eussent manqué de troupes, le gouvernement, au lieu de retirer son armée derrière l'Yssel, de faire des trois provinces le foyer d'une grosse guerre, ouvre les portes aux Français ; il les

attend dans ses chaises curules, leur livre la clef du
trésor, celles des places et l'armée, tandis que le
stathouder leur laissoit sa maison toute tendue. On
appeloit cela un gouvernement.

Celui de Venise n'a su ni prévoir, ni combattre,
ni détourner l'orage. Il fournit le champ de bataille
pendant un an ; il attend la victoire pour se décider,
au lieu de la fixer en se décidant ; il ne fait aucun
préparatif de défense qu'après la prise de Mantoue,
qui lui en interdisoit tout espoir. Il éclate sans concert
avec l'Autriche, de manière à tomber plutôt en con-
juré qu'en souverain ; au moment du danger, il ne
sait qu'abdiquer : digne solution de tant de pauvretés.
C'étoit un des gouvernements les plus renommés de
l'Europe.

Même scène à Gênes et à Rome ; là, comme dit
l'Arioste, on marchoit encore et l'on étoit déjà mort.
Les Français n'y ont pas été trompés. Semblables à
ces squelettes d'Herculanum qui tomboient en pous-
sière au premier contact de l'air, ces misérables gouvernements n'ont pu soutenir la seule approche des
Français.

Ah ! sans doute, il faut pleurer et pleurer en
larmes de sang sur la dévastation de ces belles con-

trées. Sans doute, il n'est ni deuil ni larmes qui soient de mesure avec les outrages faits à la religion dans son temple le plus saint, au centre de sa puissance ; car, avec les Français, quelque chose de pis que Mahomet est entré dans Rome. Il faut déplorer le sort de tant de peuples arrachés au gouvernement et à la religion de leurs pères et voués peut-être à des siècles de déchirements et d'horreurs. Mais ce sont eux, et eux seuls, qui sont à plaindre ; car, dans tous leurs malheurs, ils ne sont que victimes : leurs gouvernements seuls sont coupables. Seuls ils ont comblé la mesure de l'imprévoyance et de la lâcheté ; ils ont prodigué à leurs bourreaux les trésors qu'ils avoient refusés à leur propre défense ; avec une population de plus de douze millions d'hommes, ils n'ont pas su garder deux ou trois passages des Alpes, ni trouver quatre bataillons pour se défendre sur le même terrain où les nouvelles républiques ont déjà trouvé des armées.

Mais c'est surtout en Suisse que ce mauvais esprit du gouvernement s'est manifesté dans toute son étendue ; sa conduite a été un prodige.

Sans remonter au 10 août et aux six années qui l'on suivi, bornons-nous à l'analyse de la dernière scène.

Les Français menaçoient les cantons depuis longtemps. Plusieurs points à leur convenance étoient envahis ou convoités ouvertement. L'occupation du Frikthal, d'après le traité de Campo-Formio, indiquoit un grand plan de la part des Français ; la réunion de Genève étoit annoncée, ainsi que d'autres arrangements. C'étoit le secret de l'Europe, et la Suisse étoit à l'ordre du jour pendant le repos des négociations et de l'hiver.

Qu'ont fait les cantons? Foiblement défendus par le lien fédératif, toujours foible de sa nature, au lieu de le resserrer par les correctifs connus pour cette espèce de gouvernement, ils imaginent de le détendre encore en appelant dans leurs assemblées tout ce qui en avoit été exclu jusqu'alors : premier piége tendu par les Français, qui savoient très-bien que c'étoit le plus sûr moyen de les diviser, et qu'ils se donnoient autant d'amis avec ces intrus ; c'étoit le doublement du tiers en France, et ce seroit la réforme parlementaire en Angleterre. Bâle se sépare de l'union, Mengaud accable les cantons de ses insolences, la révolution est proclamée, le pays de Vaud est armé, le Directoire offre, comme à l'ordinaire, la constitution ou la mort ; à cela qu'oppose-t-on? Des États généraux à Arau. Une émeute d'un instant les dissipe ; chaque canton rentre dans

ses villages, ne songe plus qu'à soi, et croit bonnement
détourner l'orage en faisant lui-même la révolution,
comme à Venise et à Gênes. Insensés, qui ne voyoient
pas que cette première révolution, insuffisante pour les
Français, mais trop forte pour eux, rendoit la seconde
indispensable ! Le contre-sens de ces pauvres Suisses
ne fait que rendre les Français plus exigeants ; leur
insolence s'accroît, leurs armées s'avancent, et, tandis
que la peur et le trouble glace ou aveugle les sénats,
la rage enflamme le peuple, de manière qu'au grand
scandale de la raison, on vit les gouvernants lâches,
stupides ou traîtres, et les gouvernés bouillant d'ardeur
et concevant à merveille une question à laquelle leurs
chefs n'entendoient rien. Il y a plus, il s'établit entre
eux une lutte pour leur faire garder le pouvoir. Les
gouvernants le jettent à la tête des peuples, qui le
leur renvoient, qui les conjurent de le garder, d'en
user, de l'employer avec leurs bras à se défendre. Ils
n'ont pu l'obtenir... Tout le monde sait le reste... Que
fût-il arrivé de pis si les avis vigoureux de Steiger et
des autres Suisses dignes de ce nom eussent prévalu ?
On auroit été au-devant de l'ennemi ; on eût dissipé à
main armée les premiers rassemblements du pays de
Vaud ainsi que la tête des deux armées françaises ; on

eût repris les passages du Jura ; la guerre se fût engagée d'une manière régulière ; elle auroit pu donner à
l'Allemagne le temps de s'éclairer sur la nécessité de
préserver la Suisse ; enfin, on auroit mis sous les yeux
de l'univers la pièce essentielle du grand procès qui
s'agite, celle qui y manque encore, l'exemple d'une
défense bien entendue contre la révolution. Mais le
mauvais génie de la Suisse en a disposé autrement ; il
a annulé les excellentes dispositions du plus brave
peuple et du plus éprouvé qui fût jamais contre les
séductions de la révolution.

La preuve que ce sont les gouvernants, et non le
peuple, qui ont perdu la Suisse, c'est que dans les
petits cantons, où le gouvernement est tout entre les
mains du peuple, elle n'a pu pénétrer qu'à l'aide des
armées françaises et du patelinage des anciens cantons,
aujourd'hui révolutionnés.

Au reste, quelque déplorable qu'ait été le sort du
gouvernement d'Erlach et des sénateurs opposants à la
révolution, il n'en est pas moins vrai qu'ils ont voulu
et fait leur destinée. Quoi ! ces hommes enveloppés de
trahisons ou de foiblesses de la part de leurs collègues,
délibérant sous la dictée de leurs ennemis, ouverte-

ment complices des Français ; ces hommes soutenus
par tout un peuple, par une armée exaspérée jusqu'à
la rage, ne savent pas prendre un parti vigoureux et
se débarrasser des trembleurs et des traîtres ! M. d'Erlach se résout à exécuter les ordres contradictoires et
évidemment perfides d'un sénat tremblant ou corrompu ;
il ne sait qu'avancer et reculer à leur voix, tandis que
cinq cents de ses braves soldats suffisoient pour expulser ou pour réduire au silence ce troupeau de pusilla-
nimes, seul parti à prendre dans ces moments su-
prêmes. M. d'Erlach, sûr de son armée et de tout le
peuple, n'a pas su faire un 18 fructidor à Berne, y
concentrer le pouvoir (1) dans de plus dignes mains et
marcher ensuite à l'ennemi sans contradicteurs et sans
complices. M. d'Erlach n'a pas su prendre des crimes
de Paris ce qui pouvoit s'appliquer légalement au salut de son pays. Ah ! ne cherchons pas ailleurs la
cause de sa perte et celle de son pays ; elle est là, et
elle y est tout entière. M. d'Erlach devoit périr, car
il n'entendoit rien à la revolution ; il n'y entendoit
pas plus que son gouvernement, et lorsque l'un et
l'autre ont vu les Français semer les 18 fructidor autour d'eux, et qu'ils n'ont pas su en faire un à leur
tour, dès lors ils n'étoient que des victimes dévouées

et faites pour rendre les autres tels... Non, ce n'est
pas ainsi qu'on gouverne les hommes...

Si la réunion de tous ces faits prouve invinciblement
ment que les peuples ne sont pas dans les intérêts de
la révolution, une suite de faits également certains
prouve de même que les armées ne lui sont pas plus
dévouées ; car d'abord elles sont *peuple* et partagent
ses affections et ses habitudes.

Les armées étant le pivot des empires, le tribunal
en dernier ressort de toutes les contestations politiques,
elles ont dû être, elles ont été en effet le premier et
le principal objet des révolutionnaires. C'est là surtout
qu'ils ont développé tout leur art et la subtilité de
leurs manœuvres. En France, ils n'eurent que trop de
succès, que le roi aida encore en ne faisant rien pour
retenir l'armée ou pour la reprendre : il la leur aban-
donna formellement. Elle avoit ébranlé le trône, il lui
permit de le déserter; et, comme il faut que les armées
appartiennent toujours à quelqu'un, il leur laissa la
liberté de se donner à qui elles voudroient. Partout
ailleurs les armées ont été fidèles et n'ont point parti-
cipé à la contagion française.

Il y a deux manières d'évaluer les dispositions des

troupes : 1° l'exactitude du service ; 2° l'état de la désertion.

Or, il est prouvé que nulle part le service n'a subi de relâchement ; que le courant de la désertion a diminué au lieu d'augmenter, et qu'elle est moindre proportionnellement chez les étrangers qu'on suppose séduits que chez les Français leurs séducteurs.

En 1793, l'armée hollandaise défendoit avec honneur Maestricht et Williams-Stadt, lorsque d'indignes commandants rendoient Bréda et Gertruidenberg. Elle fit pendant toute cette campagne un service très-pénible vis-à-vis de Lille, poste le plus exposé de la frontière. En 1784, elle partagea la première gloire et les malheurs de ses alliés et finit par être livrée aux Français. Si seize cents officiers hollandais ont quitté le service batave, des milliers de soldats l'ont aussi abandonné et peuplent les armées allemandes, sous l'honorable condition de revenir au stathouder...

L'armée anglaise a été très-malheureuse, mais brave et fidèle comme en tout temps. Elle comprime dans ce moment l'Irlande ; elle couvre les rivages d'Angleterre et fait l'espérance de sa nation, de son roi. Elle s'est très-bien montrée contre la flotte qu'elle a réduite au devoir. Les gardes anglaises, bien différentes des gardes

françaises, quoique entourées sûrement d'autant de
séductions, ont plusieurs fois arrêté les émeutes de
Londres. Partout la troupe agit contre les factieux et
marche vers le but qu'on lui montre. Les embarquements
pour les parties les plus reculées du globe se font
comme à l'ordinaire; on n'aperçoit de relâchement ni
dans le lien de l'obéissance, ni dans celui de la fidélité.

Les séditions de l'armée du Bengale étoient des querelles intestines, provenant de la formation de ces
corps. L'insurrection de la flotte fut le produit des
manœuvres des Français. Elle a été calmée et effacée
par des victoires; et des événements de cette nature
ne sont guère propres à se renouveler.

L'armée prussienne n'a pas donné un moment d'ombrage; elle n'a pas cessé d'être un modèle de fidélité
comme d'habileté; elle étoit par sa composition le point
de mire des factieux et l'objet des inquiétudes des
esprits timides. Eh bien! elle a été aussi fidèle au
drapeau qu'à la victoire.

Mais c'est surtout à l'armée autrichienne que l'on doit
un éclatant hommage pour sa constance dans la dure
carrière qu'elle a parcourue. Toujours repoussée et
jamais dégoûtée, toujours inférieure et toujours com-
battante, cette admirable armée n'a pas cessé d'obéir

avec la même ponctualité à des ordres toujours également malheureux.

Gloire vous soit rendue, braves et constants Autri
chiens ! Vous avez fait quelque chose de plus que
de vaincre vos ennemis, car vous avez vaincu le
malheur même. A défaut de lauriers, parez-vous des
palmes dues à la fidélité et à la persévérance ; six
ans de désastres ont moins épuisé qu'épuré vos rangs,
et vos superbes légions, désormais mieux dirigées,
sont encore l'espoir de l'univers...

Quant à la désertion, loin d'avoir augmenté, elle
étoit diminuée dans les circonstances les plus déli-
cates. Il étoit en effet assez singulier qu'elle fût
moindre dans la retraite de Champagne que dans
celles de Silésie ou de Bohême.

Les Français ont déserté en troupes, à l'étranger
et à l'intérieur. Les corps français ont été renouvelés
dix fois par les déserteurs qui ont formé les légions
de Choiseuil, de Rohan... Des corps entiers, tels que
Saxe, Royal-Allemand et la légion de Dumouriez, ont
passé à l'étranger. Quel membre de la coalition a
éprouvé une défection pareille à celle de la flotte de
l'amiral Lucas ?

La légion polonaise est engagée de force et composée de prisonniers enrôlés malgré eux.

Les troupes sont donc, comme les peuples, dans la
main des souverains, entièrement à leur disposition,
et cela par inclination et par goût, et sans aucun
des moyens violents employés par les Français.

Quelques exceptions de mécontentement, de trahison,
de correspondance avec l'ennemi existent sûrement ;
les bureaux surtout en sont coupables ; mais cela
n'est rien en comparaison de la masse, qui est le
seul objet dont le gouvernement doive s'occuper.

Le plus grand auxiliaire des gouvernements à l'époque
actuelle, c'est l'usage et l'habitude contractée des moyens
révolutionnaires.

Le nom, l'idée, le joug en eussent-ils, il y a quelques années, paru insupportables, aujourd'hui ils sont
vulgaires, installés et dominants partout.

La France en a fait un usage désordonné et cruel...
Les puissances pourront en faire un régulier et pa-
ternel. Ils ne sont plus d'aucun danger, car ils sont
connus ; on est familiarisé avec eux et avec le peuple ; il n'y a que la nouveauté qui effarouche. La
douceur habituelle du gouvernement des puissances
tempérera ce qu'ils ont de sévère, et changera des

moyens révolutionnaires en simple extension des moyens
ordinaires, comme on a toujours fait jusqu'ici ; car
les puissances ont toujours été modérées dans l'usage
du droit de la guerre et de ses besoins ; les Français seuls ont été durs et impitoyables. Il faut d'ailleurs tenir compte de la passiveté des peuples et
croire qu'ils n'ont jamais rien à refuser à un gouvernement ferme et à un besoin démontré. Voyez ce
qui ce passe partout : ne voilà-t-il pas les Anglais en
réquisition, corps et biens ? ne se disoient-il pas le
peuple le plus libre de l'Europe et qu'auroient-ils
fait, il y a quelque temps, sur l'annonce d'un pareil
joug ? Quel fardeau ne pèse pas sur ces Français si
libres aujourd'hui et si mutins contre le roi ? Que
n'ont-ils pas exigé à leur tour de ces Brabançons qui
se laissent écorcher vifs après avoir passé tout le
siècle à faire enrager leurs débonnaires souverains ?
C'est qu'avec les peuples il n'y a qu'à vouloir, et
que, semblables aux individus, ils se soumettent sous
la loi de la nécessité, et y restent courbés tant que
le ressort ne se détend pas...

CHAPITRE IX

MOYENS DE GUERRE EN HOMMES ET EN ARGENT DU CÔTÉ
DES PUISSANCES ET DE LA FRANCE (I).

—

Il y a deux manières d'évaluer les moyens de
cette espèce ; abstractivement et comparativement.

Dans la première, on ne tient compte que des forces en elles-mêmes ; dans la seconde, on les compare à celles des autres.

Dans le cas présent, il faut évaluer en elles-mêmes
et comparativement à la France les ressources des
puissances, et pour cela examiner leur situation sous

(1) Outre les renseignements officiels qui lui parvenaient de toutes
parts, lors de son séjour à Lausanne, « Joseph de Maistre avait étudié à fond la célèbre Géographie de Pinkerton, sur laquelle se
basaient les cabinets pour évaluer les territoires et *les populations*,
et en tirait tout le parti possible pour l'indemnité à accorder au roi. »
(*Mémoires et Correspondance* de J. de Maistre,
publiés par M. Albert Blanc.)

le double rapport de la population et de la richesse
disponibles ; enfin, les comparer avec les ressources
de même nature que la France peut leur opposer.

La première coalition portoit sur une population
d'environ 68 millions d'hommes, ainsi qu'il suit :

L'Autriche   20,000,000

La Prusse.   6,000,000

Elle n'avoit pas encore acquis la Pologne.

L'Espagne et le Portugal.   12,000,000

L'Italie.   12,000,000

La Hollande.   3,000,000

L'Empire, séparément de l'Autriche et de
la Prusse.   7,000,000

L'Angleterre   8,000,000

Comme elle n'a fait la guerre que par mer, ou
avec un petit nombre de troupes sur le continent,
on ne doit tenir compte que de la partie de la
population correspondante à cet emploi, qu'on peut
porter au deux tiers de celle des trois royaumes ;
elle est de 11,000,000, c'est environ 8,000,000 à compter
pour la guerre.

Cette masse immense de population, il faut en
convenir, ne s'est pas épuisée dans cette guerre,

car elle n'a jamais fourni plus de quatre cent mille hommes à la fois, et cela pendant une seule campagne, celle de 1794; c'est-à-dire que la coalition n'a employé qu'un homme sur cent quatre-vingts.

La Russie n'a pas encore donné un homme.

La Suède et le Danemarck ont versé à la caisse de l'Empire leurs contingents de co-États d'Holstein et de Poméranie; mais elles n'en ont point eu de militaires, comme États particuliers; elles n'ont pris aucune part à la coalition.

La France comptoit environ vingt-cinq millions d'habitants. Adoptons cette évaluation pour éviter les contestations et les extrêmes.

Elle s'est vantée d'avoir eu à la fois treize armées de terre et une de mer, c'est une prétention; car une fraction d'armée sur des positions et sous des dénominations différentes ne suffit pas pour constituer une armée, autrement la même armée pourroit les compter par centaines, autant que des bataillons. Ainsi, tandis que les Français comptoient trois ou quatre armées de la Moselle à Dunkerque, les alliés n'en comptoient qu'une. Ils avoient cependant le même droit d'enfler leurs listes de dénominations diverses.

La vérité est que la France a tenu à la fois sur

pied huit grandes armées, et une de mer, qui comprend la flotte et les colonies. En voici l'état :

1° L'armée de l'intérieur, répartie dans tous les départements, principalement sur un rayon de trente lieues autour de Paris; armée immense de sa nature telle que la demande la surveillance d'un si grand pays.

2° L'armée des côtes de l'Océan et de Cherbourg.

3° L'armée de la Vendée.

4° L'armée des Pyrénées-Occidentales.

5° L'armée des Pyrénées-Orientales.

6° L'armée d'Italie, dont celle de Savoie étoit la réserve.

7° L'armée d'Alsace, d'Huningue à Metz.

8° La grande armée du Nord, sous Pichegru et Jourdan.

Les Français ont évalué ces huit armées à un million d'hommes, et ils ont tiré vanité de cette multitude de bras armés. C'est une prétention de plus, comme mille faits l'attestent.

Par exemple, la plus grande armée, celle de Pichegru et de Jourdan, ne s'est jamais élevée à cent cinquante mille hommes. La preuve en est qu'en 1794, époque de la plus grande force de cette armée, les

mêmes troupes alloient continuellement de l'Escaut à
la Sambre et de la Sambre à l'Escaut, et qu'à la
grande bataille de Fleurus, toute l'armée qui y étoit
réunie ne comptoit pas soixante-dix mille combattants. Moreau occupoit la West-Flandre avec un corps
d'environ trente mille hommes.

En 1793, on fut obligé de tirer quinze mille hommes
de l'armée d'Alsace pour la bataille de Maubeuge.
Ils arrivèrent et repartirent en poste le lendemain du
combat, tant l'armée du Rhin étoit foible.

Le camp de César étoit garni de vingt-trois mille
hommes seulement ;

Celui de Famards, de dix-sept mille hommes.

Les Français enflent donc évidemment le calcul de
leurs forces, soit jactance de leur part, soit envie
d'intimider leurs ennemis.

Il est très-probable qu'ils ont eu à la fois sept
cent mille hommes sous les armes. Ils en ont payé
infiniment davantage, comme ils nous l'ont appris
cent fois. Dans le temps où l'on pouvoit encore
parler à la tribune, Dupont de (Nemours), Barbé-
Marbois et mille autres ont attesté qu'il avoit toujours été payé deux cent mille hommes et vingt-
cinq mille chevaux au-dessus du complet. Toutes les

parties d'administrations des armées françaises ont compté une multitude d'employés inconnue jusqu'à ce jour. C'est peut-être à cette complication qu'il faut rapporter l'exagération des calculs français, que nous ne pouvons admettre en ce point, par la raison bien simple que des commis ne sont pas des soldats.

Tenons-nous donc à l'évaluation de sept cent mille hommes, y compris la flotte; c'est la trente-troisième partie de la population de la France.

Cet effort n'a duré qu'un an, comme celui des alliés; car les réformes ont commencé avec la paix de la Prusse et ont continué avec celles qui l'ont suivie.

Les efforts de la France ont été bien supérieurs à ceux des alliés; il y a une différence de trente-trois à cent quatre-vingts, ou de un à cinq et demi.

Maintenant les affaires ont changé de face. La France s'est accrue, quelques puissances lui sont alliées, et la révolution présente audacieusement à l'Europe un faisceau de quarante-deux millions d'hommes libres, à ce qu'elle dit, soutenus par dix millions d'Espagnols leurs alliés.

Comme la France ne peut être attaquée par une seule puissance, et qu'il s'agit d'une coalition, il

faut chercher qu'elle pourra être la population de
cette nouvelle alliance.

L'Autriche	20,000,000
La Prusse	6,000,000
On n'y compte pas la Pologne, qui est encore inquiétante	
L'Empire	6,000,000
Naples.	6,000,000
L'Angleterre	8,000,000
Total	46,000,000

La balance est pour la coalition et s'y fixe définitivement :

1° Parce que les Espagnols sont à défalquer en
entier.

2° Parce que les Bataves, les Romains, les Lygu-
riens, loin de servir en cas d'attaque, devront au
contraire être gardés. Voyez ce qui vient d'arriver à
Ostende, ce qui arrive journellement en Suisse et
en Italie !

3° Parce que les Français, qui se sont jusqu'ici
bornés à leurs propres troupes, ne prendront pas
le moment d'une grande guerre pour se servir des
étrangers.

4° Parce que ce secours même ne seroit que momen-
tané ; car la délivrance des pays conquis étant le
vrai but de notre plan, ils ne seront ennemis qu'au
commencement de la guerre. Par exemple, si la
Hollande et les Pays-Bas sont arrachés à la France,
les cinq millions d'habitants qu'ils comptent, asser-
vis aujourd'hui aux Français, passent dans l'alliance
contre elle. Il en sera de même en Italie. Tel est
l'avantage de ce plan, qu'à la différence de toutes
les entreprises où le fardeau va en croissant, dans
celle-ci, au contraire, il va en diminuant, de manière
à faire trouver dans son propre fonds des indemnités
pour la séparation de quelque membre de l'union.
Ainsi, dans le cas où la Saxe, la Hesse, se déta-
cheroient, elles y sont remplacées et au delà par
l'allié reconquis, qui, lui, ne peut jamais se séparer.

Bornons donc à vingt-cinq millions la population
permanente dont la France pourra disposer dans la
guerre, contre les quarante-six millions de la coalition, c'est-à-dire à peu près un contre deux.

Pour rendre ce calcul *intégral*, il faut encore évaluer deux choses :

1° La perte respective de l'ancienne coalition et
celle de la France ;

2° Le nombre des troupes qu'elles peuvent encore s'opposer.

Sur ces vingt-cinq millions d'hommes, la France doit avoir perdu au moins deux millions (1). Elle a éprouvé plusieurs causes de dépopulation dont les alliés ont été exempts.

La raison répugne à admettre que dans cinq campagnes, dont trois seulement ont été fort actives, la guerre seule ait moissonné deux millions d'hommes. Aux causes ordinaires de mortalité et de vide dans les armées, les Français en ont ajouté trois, dont deux sont très-meurtrières et la troisième, au contraire, est propre à conserver les hommes; ce sont : 1° leur manière de faire la guerre en enlevant tout de vive force ; 2° le mauvais régime des armées, surtout des hôpitaux, porté à un point dont on n'avoit pas d'idée ; 3° la désertion à l'intérieur, qui

(1) « L'auteur de l'*Antidote*, dit Mallet du Pan, évalue à deux millions d'hommes les pertes que la France a éprouvées pendant la guerre. Il assure qu'elle n'eut jamais au delà de 700,000 hommes sous les armes. Des administrateurs dignes de crédit, et entre les mains desquels avaient passé, il y a un an, les relevés des bureaux de la guerre, m'ont certifié que le *maximum* des levées, en 1794 et jusqu'au milieu de 1795, avait atteint 900,000 hommes, dont 650,000 ont péri par les combats, dans les hôpitaux, et par la désertion. » (*Mercure Britannique*, n° 8, p. 581.)

affoiblit les armées en conservant les hommes. A la
fin de chaque campagne les troupes françaises ont
présenté l'image des armées turques rentrant en cara-
vanes dans leurs foyers.

La coalition a beaucoup moins perdu que la France :

1ª Ses armées étoient beaucoup moins nombreuses.

2° Elles ont été mieux ménagées.

3° Elles ont été recrutées d'un grand nombre de
Français, qui composoient presque les avant-postes
anglais et autrichiens, comme on voit par le nombre
des corps français qui ont fait tous les frais de ce
service, le plus dispendieux de tous en hommes.

	Hommes.
L'Autriche doit avoir perdu	300,000
La Prusse	50,000
L'empire	50,000

L'Espagne et la Hollande ne nous regardent plus.

L'Angleterre a pu perdre cent mille hommes, dont
un tiers en matelots. Le continent leur a peu coûté ;
les colonies ont fait leur grande perte : tout l'armement envoyé sous le général Abercrombie y a péri.

Pour se convaincre de l'exactitude de ce calcul,
qu'on songe que la guerre, qui a duré nominale-
ment pendant six ans, n'a réellement produit que

quatre campagnes ; elle commença en août 1792, par la prise de Longwy. On ne fit rien en Flandre avant la bataille de Jemmapes ; le reste de la coalition y étoit encore étranger.

En 1797, l'armistice a prévenu la reprise des hostilités. En 1795, les Prussiens ayant fait la paix le 5 avril, la guerre, concentrée entre la France et l'Autriche, ne dura que trois mois, du 6 septembre au 8 décembre. Elle ne présenta d'autre événement que la délivrance de Mayence et la reprise de Manheim. Il n'y eut qu'un combat en Italie. Ces trois campagnes n'en valent pas une bonne. L'Autriche seule a fait les deux dernières Elle ne perdit que très-peu en 1792.

Les campagnes de 1793, 1794, 1796, ont été bien chères pour l'Autriche ; elles forment le fonds de la perte de trois cent mille hommes que nous lui adjugeons. Il faut cependant remarquer que la perte effective a été diminuée par la quantité de capitulations que les armées autrichiennes ont faites. L'Italie a été pour elles encore plus des fourches caudines qu'un tombeau ; elle y a laissé un nombre inouï de prisonniers, et, quoiqu'il soit fâcheux de ne diminuer sa perte en hommes qu'aux dépens de sa gloire, on ne peut se dispenser, pour l'exactitude des calculs, de tenir compte de cette compensation ; elle a reçu à la paix une immense quantité d'hommes par le retour de ses prisonniers.

La Prusse ne perdit pas vingt mille hommes en Champagne ; en 1793 et 1794, de vingt-cinq à trente mille hommes. La paix la mise à même de réparer cette perte insensible.

L'Empire n'a pas plus souffert en 1792 ; il n'étoit pas en guerre. En 1793, il ne la fit qu'en Alsace, avec un petit corps de contingents. En 1794, il ne vit pas le feu. En 1795, il n'eut qu'à prendre part au débloquement de Mayence et au siége de Manheim, opérations plus brillantes que meurtrières. En 1796, il fit presque partout des paix séparées ; ce qu'il en resta avec l'empereur souffrit comme lui, mais, comme ce n'étoit qu'une fraction de l'Empire, la totalité du corps ne s'aperçut pas des pertes d'une partie infiniment petite de ses membres.

La perte totale de la coalition peut donc être évaluée à cinq cent mille hommes ; ce qui, sur soixante millions qui y ont contribué, ne donne pas un sur cent, tandis que la France a perdu deux sur vingt-

cinq, ce qui rend sa perte huit fois plus forte que
celle de la coalition.

Pour ramener ces calculs à la question particulière
qui nous occupe, voyons quelles forces on pourroit
opposer dans l'état actuel.

Il est évident, au premier coup d'œil, que quarante-six millions présentent plus de moyens que
vingt-cinq millions, qu'ils surpassent presque de moitié. L'étoffe n'est pas égale entre les parties ; aussi
n'est-ce pas ce dont il s'agit, mais bien de connoître quelle est la somme de forces respectivement
disponibles, à raison des lois, des habitudes, des
besoins et des autres accidents propres à chaque
gouvernement.

La France a tenu sur pied sept cent mille hommes ;
elle ne pourroit revenir à cet effort, facilité par des
circonstances qu'il est impossible de renouveler,
telles que le gouvernemeut révolutionnaire. Il n'est
pas un moyen pour le gouvernement actuel, et l'on
peut juger ce qu'il en pense lui-même par l'acharnement avec lequel il poursuit les pères du terrorisme,
qui enfanta ces immenses armées.

S'il pouvoit les recréer, il ne le pourroit pour
longtemps ; car les Français faisant tout plus chère-

ment que les autres, sacrifiant dix hommes là où
leurs ennemis n'en hasardent que trois, les Français,
pour entretenir de nouveau, pendant un temps, les
sept cent mille hommes qu'ils ont déjà eus une fois,
dépenseroient toute la population virile du royaume et
seroient forcés de la faire passer tout entière par les
armes, cas métaphysique qui d'ailleurs serviroit à
merveille les ennemis du gouvernement, car il seroit
sa perte au moment où il l'essaieroit. Cependant la
France est condamnée à ce rigoureux sacrifice dans
le plan proposé. Si elle a eu besoin de sept cent
mille hommes pour résister à trois cent mille que la
coalition n'a réunis qu'un instant, en 1794, combien
devroit-elle en avoir pour combattre les cinq cent
mille hommes de la nouvelle coalition, ainsi qu'il
suit :

L'Autriche a un fonds d'armée au-dessus de trois
cent mille hommes ; on parle encore de l'augmenter.
Elle n'a jamais employé deux cent mille combattants
dans la dernière guerre. La perte de la Suisse l'obli-
gera d'en fournir au moins ce nombre, distribué dans
l'ordre suivant : cinquante mille hommes en Suisse,
soixante-dix mille en Allemagne et quatre-vingt mille
en Italie. Cinquante mille Napolitains pourront s'y

joindre, comme, en Allemagne, les contingents des cercles de Souabe, de Bavière et de Franconie. Ces derniers États ont agi très-mollement dans la guerre, dont ils se sont dégoûtés et éloignés sous différents prétextes. Mais la guerre leur devenant personnelle par l'exigence des Français et par l'invasion de la Suisse qui les serre de près, le chef et les membres prépondérants de l'Empire ne travaillant plus à se les arracher et les diviser ; ces États pourront fournir des contingents considérables, et ce n'est rien exagérer que d'en porter le nombre à cinquante mille hommes.

La Prusse a une armée d'environ deux cent quarante mille hommes au complet. En supposant qu'elle en réserve cent mille pour la garde du pays et surtout de la Pologne, il lui reste cent quarante mille hommes d'excellentes troupes disponibles.

La Saxe électorale et les autres branches de cette famille peuvent fournir vingt-quatre mille hommes : Hanovre, vingt mille ; Brunswick, quatre mille ; Hesse-Cassel, douze mille. Total, soixante mille hommes.

Si le Danemark et la Suède, que nous n'avons pas comptés, veulent aussi prendre part à cette entreprise, ils peuvent sans se gêner, fournir chacun environ vingt mille hommes.

Quant à la Russie, sa mise et sa place sont plus difficiles à assigner. Sûrement la coopération d'une aussi grande puissance seroit bien avantageuse, car elle a d'immenses forces qui n'ont aucune destination prochaine. Mais, outre son grand éloignement et sa pénurie d'argent, l'intervention d'un troisième membre prépondérant dans la ligue est-elle bien propre à lui conserver l'unité et la simplicité de son action ? La Russie semble appelée à un rôle plus utile et plus conforme à sa situation. Qu'au lieu d'agir elle-même activement, la Russie se borne à surveiller les deux autres puissances ; qu'elle en empêche le frottement, qu'elle entretienne entre elles la bonne harmonie, qu'elle dissipe les nuages qui pourroient la troubler ; que la Russie se tienne à ce rôle de conciliation permanente, et elle aura assez fait. Elle doit de plus garantir à la Prusse et à l'Autriche la tranquillité de la Pologne, et porter assez de troupes sur la frontière de ce pays pour y prévenir toute espèce de mouvements ; c'est alors comme si elle donnoit des troupes à la coalition, car tout ce qu'elle rend superflu pour la Pologne

devient disponible pour la coalition et passe du passif à l'actif.....

En réunissant toutes ces qualités, on trouve que la
coalition peut disposer, pour la première année,
d'une force de cinq cent mille hommes, sans compter la Suède, le Danemark, la Russie et la Sardaigne.

Quant à l'Angleterre, elle ne peut faire employer
aux Français moins de cinquante mille hommes en
matelots et en troupes sur les côtes et aux colonies.
La seconde campagne verra croître considérablement
cette masse de forces par la reprise des Pays-Bas, de
la Hollande, de la rive gauche du Rhin et de l'Italie,
dont l'ensemble réuni à la coalition, peut l'aider
beaucoup, quoique chaque partie soit peu de chose
dans le détail. C'est de la même manière que nous
avons calculé pour la formation des cinq cent mille
hommes. Il ne tenoit qu'à nous de l'élever encore
plus haut, comme l'ont fait plusieurs projets assez
connus, ce qui est toujours facile dans un pays
comme l'Allemagne, qui contient plus six de cent trente
mille hommes enrégimentés et toujours prêts à marcher. Mais nous avons préféré de nous borner à des
évaluations incontestables dans leurs bases, dans leur

exécution et dans leur durée possibles, considération
bien essentielle ; car cette entreprise étant de nature
à demander du temps et à subir des accidents, il
faut l'établir sur des données de même nature et ne
pas l'expser à périr faute de nourriture, ce qui arriveroit nécessairement si le fonds d'établissement sur-
passoit les moyens réels, ou s'il demandoit des mesures rigoureuses, par là même concordantes avec
les circonstances.

Les Français ont besoin dans l'intérieur de cent
mille hommes ; c'est mille hommes par département.
Il en faut cinquante mille sur les côtes et aux colonies.

L'expédition d'Angleterre ou 'du Levant en occupe
environ cent vingt mille ; il faudra en opposer à la
coalition un nombre au moins égal au sien.

	Hommes.
On connoît jusqu'ici, en Italie.	50,000
En Suisse.	50,000
Depuis Bâle jusqu'à Nimègue, sous le com- mandement de Hatry	60,000
Il doit y avoir en Hollande.	25,000
Total.	185,000

Restent trois cent quinze mille hommes à trouver

encore pour égaler seulement la coalition dans sa
première campagne, ce qui se fera difficilement si
on en juge par le passé; car les trois armées de
Buonaparte, de Moreau et de Jourdan, héritières des
armées gigantesques de la Convention, ne se sont
jamais élevées à trois cent mille hommes; ils n'ont
jamais eu chacun plus de huit divisions très-incom-
plètes...

CHAPITRE X

DES DÉPENSES DE LA GUERRE.

—

Les dépenses de la guerre sont de deux espèces :
ordinaires et extraordinaires. La première comprend la
solde, la nourriture, l'équipement des troupes ; la
seconde se rapporte à l'état de guerre, tel que les
mouvements de troupes, l'achat des munitions, les
hôpitaux, et généralement toutes les fournitures nécessaires aux armées, qu'elles consomment en état de
guerre dans des proportions bien supérieures à celles
de l'état de paix. Ainsi les chevaux, les armes, les
vêtements périssent et se détériorent plus promptement en guerre qu'en paix, ce qui élève proportionnellement cette dépense, qui, d'ordinaire qu'elle étoit
pour ces objets, devient alors extraordinaire.

Une certaine partie des dépenses militaires ne peut,
en paix comme en guerre être faite qu'avec de l'argent.

Ainsi la solde, qui fournit aux besoins journaliers du militaire et qui ne correspond qu'à de petites sommes pour chacun, ne peut se faire qu'en argent dans tous les grades inférieurs. On conçoit que les supérieurs, dans lesquels se trouvent des richesses distinctes des appointements, peuvent supporter la perte ou le retard du paiement en valeurs autres que de l'argent. Les Français seuls ont enfreint ces règles et ont donné à l'univers le spectacle inoui d'armées immenses soldées avec un papier de nulle valeur, sans que la bonté du service ait été altérée par ce paiement dérisoire.

Ce phénomène étoit réservé à la révolution et digne d'elle en tous sens.

Il y a sûrement de l'économie à payer les fournitures au comptant; mais elles peuvent aussi se faire en papier, en valeurs de toute nature, en un mot par tous les moyens d'arrangement, de crédit et même de force dont un gouvernement dispose toujours en cas de besoin... sans parler de ce qui s'est pratiqué en ce genre dans tout temps et en tout pays. Remarquons que, depuis que la France est revenue à l'usage de l'argent et que le papier n'est plus forcé, elle a adopté ce mode de paiement pour toutes ces dépenses.

Ainsi l'armée, qui, d'après les messages du Directoire, compte environ 130 millions de solde, la reçoit
en numéraire, tandis que les autres fournitures relatives à son entretien sont payées par arrangement avec
les fournisseurs, en délégations de toute nature sur
la trésorerie ou sur les domaines nationaux.

Les puissances auront donc, comme les Français,
deux manières de pourvoir à leurs dépenses.

La première, par les fonds affectés à leur état militaire ordinaire ; la seconde, par les moyens et les
ressources extraordinaires qu'elles sauront se procurer.

Mais, comme le plus ou le moins d'abondance de
ces ressources dépend des circonstances personnelles
à chacune, il faut examiner :

1° Les ressources de chacune en particulier ;

2° Les ressources générales qui peuvent convenir à
toutes en commun...

L'Autriche n'est rien moins que pécunieuse, mais
elle a de l'ordre dans ses affaires ; elle paie exactement l'intérêt de sa dette ; elle peut trouver de l'argent dans ses nouveaux États d'Italie autant au moins
qu'en Brabant. Elle vient de prendre le parti très-sage
de mettre en vente des parties de domaines territo-
riaux ; cet exemple devroit être suivi partout. L'Au-

triche a besoin chaque année de cent cinquante millions d'extraordinaire pour l'entretien de deux cent
mille hommes. Ses ressources personnelles peuvent
être des dons patriotiques de particuliers ou des pays.
d'États en argent ou en nature, tels que ceux de la
Hongrie; des emprunts pour son compte ou pour celui
des pays d'États, comme ceux de l'Autriche, de la
Bohême l'ont pratiqué dans cette guerre; enfin, après
les moyens de crédit, ceux de souveraineté, tels que
la création ou l'extension des impôts qui en sont susceptibles, ou l'établissement des fournitures en nature
par voie de réquisition. Les ressources extraordinaires,
communes à l'Autriche et aux autres puissances, trouveront place ailleurs...

La Prusse n'a peut-être plus de trésor, mais aussi
elle n'a pas de dette. Son régime financier est très-
exact pour payer, très-actif aussi pour acquérir. Cette
puissance a des moyens de crédit encore tout neufs;
c'est un sol vierge, très-propre à supporter l'établissement d'un vaste crédit. L'entretien de cent quarante
mille hommes sur le pied de guerre lui coûtera par
an cent millions d'extraordinaire; elle peut les trouver par les mêmes moyens que l'Autriche, mais plus
facilement qu'elle du côté du crédit. Supposons que

la guerre dure trois ans et que la Prusse emprunte cent millions par an à cinq pour cent, elle sera grevée, à la fin de la guerre, de quinze millions d'intérêts annuels ; mais l'amélioration des revenus ou l'extension des impôts peut, dans le même espace de temps, s'élever à cette somme, qui, répartie chaque année par tiers sur un aussi vaste pays, ne fera nulle part une charge sensible. La Prusse peut donc faire pendant trois ans la guerre, et la guerre, la plus utile pour elle, sans rien changer à sa situation présente.

La Saxe a des finances dans le meilleur état, Brunswick de même. Les deux sages princes qui gouvernent ces pays ont réparé les malheurs passés et préparé tous les biens à venir.

La Hesse est dans le même état.

Les autres États d'Allemagne nous sont inconnus et sont d'ailleurs peu importants.

Le Danemark a des finances bien ordonnées et le meilleur crédit public de l'Europe...

La Suède est au courant de ses affaires, mais elle n'est que là, et pour porter des troupes au dehors, elle ne pourroit se passer d'un subside anglais, tel que celui que le roi de Sardaigne recevoit.

La Russie manque d'argent ; réduite à ses moyens personnels, elle ne pourroit former qu'un petit corps auxiliaire. Pour se montrer en grand, il lui faudroit un très-gros subside que l'Aagleterre seule est en état de lui donner, mesure dangereuse sous plus d'un rapport...

L'Angleterre est, après la France, le pays de l'Europe le plus obéré en finance. Mais cela ne fait rien à la question, car les Anglais étant décidés à tout sacrifier, ou, ce qui est la même chose, à se laisser tout prendre par le gouvernement, dès lors il n'y a plus d'embarras de finances ; ils ont cessé le jour où la finance est devenue révolutionnaire du consentement de la nation. Elle s'est mise au régime du papier, à celui des impôts, des contributions volontaires, en un mot de toute la pretintaille révolutionnaire ; elle s'est arrangée de la banqueroute même de la banque, de la perte de son papier ; les emprunts se succèdent et se remplissent; les Anglais sont contents de cet état ; il n'y avoit de difficulté que pour les y mettre ; ils y sont sans se plaindre ; il n'y a pas de raison pour en finir... Thomas Payne ne savoit donc ce qu'il disoit avec ses prédictions sur l'Angleterre et ses calculs sur une

nation qui n'en fait plus ; car les Anglais s'étant
laissés mettre en réquisition, où cela finit-il dans un
pays aussi riche, avec un peuple aussi opulent ? Mais
il y a cette différence entre la réquisition anglaise et
française, que la première est volontaire, régulière
et commerçante, au lieu que celle de France est forcée, déréglée et tendante à l'épuisement. Il y a plus :
la durée de la nouvelle guerre pouvant être évaluée
à trois ans, l'Angleterre a ses fonds presque faits
pour ce laps de temps ; ils existent dans le doublement des taxes accordées pour trois ans, dans le
rachat proposé de la taxe foncière, objet immense,
capable de fournir aux frais de deux campagnes. Ces
ressources principales, soutenues de quelques accessoires, délivrent l'Angleterre de toute inquiétude finan-
cière pour l'espace de temps qui paroît nécessaire à
l'exécution du plan proposé. Si l'Angleterre éprouve
des difficultés, ce ne sera que pour le payement au
dehors de quelque gros subside qui feroit sortir le
numéraire, mesure moins en faveur que jamais auprès
de cette nation dont l'œil suit partout son or.

D'ailleurs, ce système de subsides est mauvais en
lui-même et ne peut être employé avec succès qu'envers des puissances très-inférieures ; car, avec les

grandes, l'argent donné ou promis devient bientôt un
sujet de querelles ou de plaintes (1). Le donateur fait
sentir le joug, le receveur sent le poids de la chaîne,
quoique dorée, sa dignité s'en offense ; on se sépare
mécontents. C'est l'histoire de tous les traités de
subsides, et particulièrement de celui de l'Angleterre
et de la Prusse en 1794. En supposant que les frais
de la guerre forcent l'Angleterre à porter trop haut
la masse de son papier, elle lui trouvera toujours un
débouché facile, soit par la vente d'une partie de ses
forêts, de quelques portions des biens de son clergé,
qui est très-riche, d'une partie de ses immenses communes, soit enfin en lui affectant des terrains dans
ses vastes colonies.

L'Amérique en a donné l'exemple.

Le 18 fructidor de la France en a annoncé le

(1) « L'auteur, dit Mallet du Pan, rejette le système des subsides
par des motifs qu'appuie l'expérience, car on ne citerait pas une
guerre où celui qui les donne et celui qui les reçoit n'aient pas fini
par se brouiller ; mais la distribution des pouvoirs militaires et pécuniaires en Europe les a rendus aujourd'hui tellement distincts, que
ce pis-aller est devenu un mal nécessaire. Telle cour aurait eu assez
de soldats pour entreprendre trois campagnes, sans être en état de
les solder par les voies extraordinaires que propose l'auteur. Il faut
des secours plus prompts et moins exposés aux contrariétés. »

(*Mercure Britannique*, n° 8, p. 580.)

projet pour toute la partie de sa dette qui ne seroit pas absorbée par la vente des domaines nationaux.

Pour terminer cet article de la finance anglaise, nous observerons que la campagne de cette année sera la plus dispendieuse, à cause de la descente, de manière que les suivantes iront en diminuant; car une partie des préparatifs de cette année resteront, tels que les vaisseaux, les fortifications. Une autre partie ne se renouvellera pas, car on ne fera pas une descente chaque année, et, dans le plan proposé, les Français auroient bien autre chose à faire.

Les moyens extraordinaires, communs à toutes les puissances, consistent : 1° dans la vente d'une partie des domaines du prince, comme on fait en Autriche ; 2° dans celle des biens publics les moins importants à l'unité générale ; 3° dans la vente d'une partie des biens du clergé de chaque pays ; 4° dans les confiscations par représailles contre les révolutionnaires.

La vente des domaines du prince est par tout pays une excellente opération, un retour aux principes les plus sains de toute bonne économie politique, qui ordonne que le prince ne se réserve que la portion des propriétés qui est indispensable pour son usage ou pour son agrément. Le reste ne peut être con-

15

sidéré comme objet de revenu ou d'utilité, car la
perte de l'impôt et les frais de régie les rendent aussi
onéreux qu'inutiles.

Dans le cas présent, aucun sacrifice ne doit coûter
aux princes, car c'est ici une guerre de conservation
personnelle pour eux, et ils doivent bien se pénétrer
de toute l'urgence de ce mot : il ne s'agit pas pour
eux de garder leurs domaines, mais leurs couronnes ;
de rester propriétaires, mais de rester princes. Qu'ils
soient bien convaincus que c'est parce qu'ils sont
princes qu'ils ont ces domaines, et que les domaines
ne leur manqueront jamais tant qu'ils sauront être
princes.

Les domaines publics doivent aussi entrer dans les
ressources de la guerre, mais avec tous les ménagements qu'exigent l'utilité publique et la difficulté
des temps.

Restent enfin les biens du clergé...

La révolution est venue achever cette propriété,
déjà ébranlée par la philosophie et par les murmures des gens du monde. Maintenant la route est
tracée ; en quelque lieu que la révolution pénètre,
les biens consacrés aux autels sont envahis, et la
religion reste sans patrimoine là même où l'on ne

lui dispute pas encore ses temples. Cette invasion
est tellement inhérente à la révolution, qu'à Rome
même elle s'est emparée des propriétés de l'Église
en même temps qu'elle envahissoit le patrimoine de
saint Pierre. Le clergé d'Italie est aujourd'hui aussi
nu, aussi dépouillé que celui de France. La contagion
de l'exemple a gagné jusqu'aux princes de l'Italie,
dont quelques-uns, tels que le roi de Sardaigne,
se sont jetés sur les biens de leur clergé. L'ordre
de Malte n'a pas été épargné, et le pays le plus
catolique du monde n'a pas poussé un cri sur la
dévastation de ses temples, dont la richesse et la
solennité faisoient naguères son orgueil.

Il s'est fait sur cet article une révolution subite et
complète.

Ainsi les Brabançons, révoltés par quelques entreprises de Joseph sur le culte, se soulevèrent contre
ce prince. Ils viennent de voir, sans émotion, effacer
toutes ces traces et chasser ce clergé qui, par une
possession immémoriale, le gouverna encore hier.
C'est que ces spoliations répétées ne frappent plus
des esprits familiarisés avec cette pratique, et que
d'un bout de l'Europe à l'autre on regarde froidement
immoler le clergé, dont les souffrances n'armeroient

pas un bras et ne feroient verser une larme à personne.

C'est de cette disposition générale des esprits que les gouvernements doivent profiter pour tirer le bien du mal même; sûrs que cette mesure ne peut plus exciter de mouvements, ils doivent demander au clergé, et cela au nom de la religion même, tous les sacrifices compatibles avec son bien propre et ses besoins essentiels. Le clergé doit rester juge de l'étendue du sacrifice et diriger son accomplissement. La révolution faisant partout de ces biens du clergé des armes contre la religion, qu'ils deviennent à leur tour des armes pour elle dans la main des princes.

Il ne s'agit ici de spoliations ni générales ni individuelles, ni de ces consolations dérisoires que les Français ont prodiguées à leurs victimes. Loin de nous de pareilles infamies; mais il faut sauver la religion et la société. A ces titres, le clergé a une double dette à payer : il a sous les yeux l'exemple terrible de la perte de celui qui n'a pas su s'y décider. L'Europe étoit sauvée si le clergé des Pays-Bas eût mettre de bon gré aux pieds de la coalition le quart des richesses que la révolution lui a arrachées de force.

L'Italie seroit encore florissante et vierge de la révolution, si son clergé avoit consacré à sa défense la dixième partie de ce qu'il a perdu. Celui d'Allemagne ne verroit pas ballotter son sort à Rastadt, s'il eût pris pour son compte l'accomplissement du vœu si touchant du coadjuteur de Mayence, demandant à la Diète de faire servir tout, corps et biens à la défense de l'Empire.

Le clergé de France a seul donné l'exemple d'une offre digne de sa cause et de lui, celle de quatre-cents millions qui auroient plus profité à l'État que ne l'a fait sa spoliation. Mais ce n'étoit pas sa toison qu'on vouloit, c'étoit sa *mort*.

On doit encore mettre au nombre des ressources pécuniaires disponibles pour les puissances l'établissement uniforme de quelques impôts communs à tous les pays engagés dans cette guerre. Il ne faut pour cela que consulter la nature de l'impôt et le moment de le proposer.

Le premier doit être le moins incommode possible à la masse des sujets, et par conséquent le plus volontaire comme le plus direct aux classes opulentes.

Le second doit être fait dans ces moments où les

gouvernements frappent les peuples de l'idée de leur puissance, idée qui résulte des actions d'éclat.

Que, dans une guerre destinée à assurer l'existence de l'Allemagne, l'Empire en corps établisse sur lui-même une taxe générale sur des objets presque étrangers au peuple, tels que les papiers de commerce et les autres actes auxquels le peuple en général prend peu de part. Cet impôt, établi sur un motif palpable par l'autorité centrale de toute l'Allemagne, ne peut trouver d'opposition de la part du peuple qu'elle n'atteint pas, et l'autorité collective dont il émane met chaque prince en particulier à l'abri de l'odieux inhérent par sa nature à la création de tout impôt.

Le moment de l'établir ne peut être celui de l'ouverture de la guerre. Ce seroit un présage sinistre qu'il faut savoir éviter.

La politique ordonne de le réserver pour le temps où le succès donne aux princes le droit d'exiger et commande aux sujets d'accorder par amour ou par crainte de la puissance. Voyez l'Autriche et l'Angleterre : ont-elles eu quelque chose à refuser à l'époque des victoires de l'archiduc et des trois amiraux anglais ? En politique, comme en tout le reste, l'*Art de vérifier les dates* est très-bon à consulter.

Les Français ayant familiarisé les peuples avec le nom et la pratique des réquisitions, ce moyen peut et doit être employé en cas de besoin.

Toute contestation avec la révolution aboutissant à cette question : Sera-t-on mis en réquisition pour ou contre elle ? il n'y a qu'à la faire bien entendre aux peuples, comme on l'a fait entendre aux Anglais, et savoir demander pour conserver ce que les Français demandent pour détruire.

D'ailleurs, en cela comme en tout le reste, la puissance fait tout.

Pourquoi abandonne-t-on aux Français la jouissance de réquisitions interminables et d'un poids écrasant ?

N'est-ce pas parce qu'ils sont forts ? Il n'y a donc qu'à être fort comme eux pour ne pas éprouver plus de résistance.

Enfin, on trouvera encore quelques ressources d'argent, mais surtout d'opinion, dans les confiscations révolutionnaires; oui, dans les confiscations... La révolution s'alimente de confiscation, elle en vit depuis six ans. Elle a fait la guerre avec des confiscations; elle a bouleversé le monde avec des confiscations; partout où elle aborde, la propriété fait place à la confiscation. Elle a massacré pour confiscation; et elle confisque pour massacrer. Eh bien! il faut l'imiter, opposer des confiscations à des confiscations; mais les confiscations de la justice à celles de l'iniquité; mais les confiscations réparatrices de la propriété aux confiscations subversives de la propriété et de la société; mais des confiscations profitables à l'État à celles qui n'ont profité qu'à des sangsues publiques et à des vautours tricolores.

Il y a en tout pays une certaine quantité d'hommes qui ont servi la révolution d'une manière atroce, qui ont ouvert leur patrie à l'ennemi, et qui ont envahi avec impudeur les propriétés publiques et le patrimoine de leurs concitoyens; c'est sur ces hommes que la peine salutaire de la confiscation doit tomber. Jamais la loi du talion n'aura reçu une application plus équitable.

L'intérêt de l'argent entre bien moins dans cette mesure que celui de la morale. Le premier ne sera pas bien grand, on le sait, mais le second sera immense; car, il faut le dire, à force d'impunité, le métier de jacobin est aussi devenu trop bon. S'ils ne s'étoient pas punis entre eux, il n'y en auroit

pas un seul puni dans toute l'Europe. Ils ont pu
tout oser, tout faire ; ils ne se sont rien refusé. On
leur a tout alloué, et l'autorité publique ne s'est pas
élevée une seule fois contre eux.

Il est bien temps de mettre un terme à cette
longue tolérance. Les révolutionnaires doivent apprendre
à leurs dépens que tout à son terme et qu'il existe
un droit de représailles.

En comparant ces ressources à celles de la France,
on peut se convaincre qu'elle n'a rien de pareil à
opposer.

Il ne peut entrer dans notre objet de faire l'histoire des finances de la France. Des hommes très-
éclairés, et particulièrement M. d'Ivernois, ont rempli
cette tâche de manière à ne laisser rien à désirer.
Il suffit de dire que les finances de ce pays ne ressemblent à celles d'aucun autre ; que les impôts n'y
sont pas payes, par la raison qu'ils n'y sont pas
même établis; que toutes les rentrées sont dévorées
par une nuée d'administrateurs, et que le gouffre de
la finance est tel depuis la révolution, qu'au lieu de
se remplir à force d'y jeter des victimes, il ne fait
que s'élargir.

La finance française étant toute d'agiolage, de mar-

chés frauduleux, de ventes d'objets volés, elle doit·
s'affaisser avec la puissance qui crée toutes ces bases
d'escroquerie; il ne s'agit donc que d'attaquer la puissance, la finance s'écroulera avec elle. Par exemple,
les domaines nationaux de la France étant à peu
près mangés, comme le Directoire nous l'apprend,
ceux des pays conquis étant sa seule ressource, que
deviendroit ce gouvernement si ces pays venoient à
lui être enlevés par une attaque bien dirigée? Comment fourniroit-il à l'augmentation de sa dépense
avec la diminution de ses ressources? Les puissances
n'ont rien de pareil à craindre: leurs revenus sont
réels, leurs dépenses fixes et acquittées, leurs ressources encore intactes, nullement contredites. C'est
de ce côté que la supériorité des puissances sur la
France est la plus marquée. Il y a toute la différence de l'ordre au désordre, du certain à l'incer-
tain, du commencement à la fin.

Qu'ils cessent donc de semer partout le décourage-
ment, ces Jérémies politiques qui s'en vont peignant
l'Europe comme une contrée désolée par le fer et par
le feu, comme les déserts de l'Arabie, et qui, n'aper-
cevant plus de ressources pour l'Europe que dans la
bassesse de la servitude, osent la lui proposer comme

un moyen de salut, et frappent son sol de la stéri-
rilité de leur propre cerveau. Qu'ils apprennent qu'il
n'y manque rien ni un homme ni un épi de blé, et
que dans la seule Allemagne, la guerre avec tous ses
fléaux a fait verser encore plus d'or que de sang depuis Bâle jusqu'à Hambourg ; car le séjour des armées
est toujours une source de richesses encore plus que
de désastres, comme les Pays-Bas, théâtre éternel de
la guerre depuis trois cents ans, l'attestent à tous
les yeux.

Tous les éléments de réparation et de force existent en Europe, ils n'attendent que la main de l'ouvrier.

CHAPITRE XI

DU PLAN DE LA GUERRE ET DES OPÉRATIONS MILITAIRES (1).

———

Montesquieu a dit que bien des princes qui ont su gagner des batailles ont péri pour n'avoir pas su faire un plan de guerre : mot qui renferme un sens profond ; il nous guidera dans le cours de ce chapitre.

Il y a en effet deux grandes parties à la guerre qu'il faut soigneusement distinguer, l'une morale et l'autre matérielle. La première consiste dans la bonne

---

(1) « Insensiblement, dit Joseph de Maistre, en parlant de M. de Meerfeld, nous nous sommes rapprochés ; les conversations se sont liées, et *jamais je ne lui ai parlé qu'art militaire.* Outre la partie historique, qui appartient à tout le monde, il y a dans ce grand art un côté philosophique *sur lequel j'ai beaucoup médité,* de manière que j'avois de l'étoffe pour l'entretenir. *Enfin il m'a cru militaire, et il l'a cru pendant quatre ou cinq mois.* »

(Lettre de J. de Maistre. Saint-Pétersbourg, 24 septembre (6 octobre) 1806.)

disposition de toutes les parties qui doivent concourir à la guerre, la seconde dans la mise en œuvre de ces parties. En un mot, l'une est la tête et l'autre est le bras.

Les qualités, pour les bien régler, sont très-différentes, et l'expérience semble s'être plu à les séparer de manière à montrer presque toujours le talent d'exécution incompatible avec celui de disposition ; tellement qu'en France le militaire de terre et de mer n'a jamais pu former un bon ministre de la marine et de la guerre, et que le talent nécessaire pour les bien diriger a paru réservé à des professions tout à fait étrangères à ces deux états. Ainsi Colbert, Louvois et d'Argenson ont créé ou gouverné avec gloire ces départements, qui dépérissoient dans les mains des gens du métier. Est-ce variété ou parcimonie dans les dons de la nature ? est-ce incompatibilité entre l'homme de l'art et celui du métier ? Malheureusement ceux-ci veulent trop souvent primer ceux-là, et surtout les militaires, qui ont pour habitude de concentrer chacun dans leur grade toute l'importance de la guerre, et qui ne peuvent pas se faire à reconnoître l'intelligence et le tact militaires à tout ce qui n'a pas blanchi sous le harnois à côté d'eux.

Il est cependant vrai que la partie dispositive de la guerre commande tellement la partie exécutive, que, quelque étendue de mérite qu'ait cette dernière, elle n'aura cependant d'autres succès que ceux que lui aura préparés la première.

Ainsi l'intelligence des chefs, la bravoure des soldats, la précision des manœuvres, tous ces brillants attributs des armées vont se briser contre l'impéritie ou la mauvaise volonté qui leur ont tracé une mauvaise ligne d'opérations. Quel exemple n'en fournit pas la guerre qui finit! Ce ne sont pas les armées qui ont été battues, mais bien les cabinets, qui leur ont donné une besogne infaisable, et qui ont amorti tout l'effet de de la subordination, de la bonne volonté et du courage par leurs mauvaises dispositions. Entre mille causes qu'on peut en rapporter, il suffit de citer l'opposition constante dans laquelle les cabinets se sont tenus avec les circonstances, de manière que, n'appliquant jamais leurs efforts à des temps ou à des lieux opportuns, les plus belles armées, les mieux dirigées, se sont évanouies en fumée et devoient finir ainsi.

Il faut bien se garder de retomber dans cette erreur, elle seroit plus funeste que la première, elle seroit irrémédiable. Si l'on tait encore la guerre à la

France, qu'on la fasse bien, elle sera un remède. Si on la fait mal, elle sera un poison mortel. Il n'y a pas de milieu, il vaut mieux mille fois ne pas la faire que de la recommencer telle qu'elle a déjà eu lieu ; car il ne faut pas se le dissimuler, et tout écrivain qui a étudié le génie de la révolution seroit criminel de le taire, la première grande guerre qu'on fera à la France sera aussi la dernière.

Du caractère irascible dont on connoît son gouvernement, fier, impétueux, gâté par le succès, la guerre changera de nature sur-le-champ, et, d'ordinaire qu'elle sera en commençant, elle deviendra bientôt guerre de révolution. Un des deux partis doit y périr.

La France étant trop forte contre chaque puissance en particulier, la guerre doit être la guerre de plusieurs contre un, et par conséquent une guerre d'alliance, mais d'alliance véritable, où les cœurs sont en commun ainsi que les bras et les principes.

La guerre étant faite au compte de puissances très-différentes par les localités, il faut un centre commun de délibérations, à portée du théâtre principal de la guerre. L'ennemi est un, toutes les autorités sont concentrées dans un même lieu, il correspond partout avec ses télégraphes; il faut se rapprocher autant qu'on peut de ces avantages.

· La dispersion des conseils est une des choses qui a porté le plus de langueur dans la guerre de la coalition...

La guerre ayant pour but d'assurer l'ordre public de l'Europe, mais succédant malheureusement à une guerre où les intérêts particuliers ont joué un très-grand rôle, la déclaration la plus solennelle des intentions invariables des puissances doit précéder toute action de leur part.

La guerre étant faite contre l'ennemi le plus astucieux, le plus subtil et à la fois le plus indiscret qui fût jamais, un centre d'instruction et d'investigations doit être placé auprès du centre de délibérations. En voici les motifs :

1° Dans tout le cours de la révolution, les cabinets ont été mal informés, les généraux encore plus mal. Les hommes d'État, condamnés par la multitude des affaires à ne pouvoir lire, entendre et comparer beaucoup, sont forcés par là même de s'en remettre aux rapports de gens accrédités par eux, avec lesquels ils correspondent.

Or, comment étoient-ils bien guidés par des hommes

16

qui souvent partagent les erreurs courantes sur la révolution ou les opinions mêmes de la révolution?
Prenons pour exemple un fait récent, celui de Rome.

La correspondance, à ce sujet, des ambassadeurs,
des secrétaires de légation et des autres agents diplo-
matiques, a été publiée. Eh bien! qu'y trouve-t-on,
sinon tout ce que l'ignorance ou la partialité peuvent
dicter? Ils donnent tous les torts au Pape, tout le
droit aux Français. Un de ces honnêtes correspondants, embouchant la trompette de Babeuf, va plus
loin que le Directoire lui-même et traite le Pape avec
moins de ménagements. *Ab uno disce omnes...*

De bonne foi, sont-ce là des instructeurs? et que
peuvent faire les cours sur de pareils documents?

Il faut finir cela et chercher d'autres oreilles et
d'autres yeux.

2° Depuis le commencement de la révolution, les
papiers publics, trompettes de cette même révolution,
n'ont cessé de lancer à l'avance des annonces sur les
événements à venir. C'étoit de la semence qu'ils je-
toient dans le public. Ils ont dit tout et tout annoncé
de cette manière; cependant personne n'a voulu ni les
entendre ni les croire, et l'expérience n'a corrigé ni
les rieurs ni les incrédules.

Tout ce qui se passe à Rastadt étoit écrit, il y a un an, dans le *Rédacteur*. Il a détaillé de même, et cela vingt fois, tous les projets sur la Suisse. Le projet d'expédition du Levant existe depuis six mois dans une des plus dégoûtantes feuilles de Paris, celle du prince Charles de Hesse; tout se trouve là pour qui sait l'y chercher.

Le Directoire emploie trois ou quatre plumes pour présenter sous mille couleurs mensongères et les crimes commis et les crimes médités. Ces annonces sont généralement perdues pour tout le monde, ou peu s'en faut. Ce sont cependant des signaux dont il seroit heureux d'avoir l'intelligence; ils sont toujours certains, ils seront toujours reconnus par ceux qui savent lire les papiers de France, c'est-à-dire y voir ce qui y est et non ce qui n'y est pas.

Après ces préliminaires indispensables, suivis de toutes les mesures relatives à l'ordre, à la discipline et à l'émulation dans toutes les parties du service, on aura à s'occuper de l'objet essentiel, de la répartition des forces.

Elles s'élèvent à cinq cent mille hommes.

Le but est la délivrance de l'Italie, de la Hollande et des Pays-Bas. Une seule puissance ne peut vouloir, dans une guerre d'alliance, diriger tout et sur tous les points. Pareille dictature est incompatible entre puissances de force, de dignité et d'intérêt presque égaux. Pour s'entendre il faut n'avoir rien à se disputer, et pour cela chacun doit agir sur le point qui est plus à sa portée et à sa convenance.

Ainsi l'empereur agira de l'Italie à la Moselle, la Prusse de la Moselle à l'Océan. Il n'y a là ni point de contact, ni sujet de contestation. Tout est indépendant; chacun a un intérêt égal à bien faire de son côté, sans gêner son allié ou être gêné par lui...

Les troupes seront réparties dans les mêmes proportions.

Celles des États compris dans la ligne de démarcation suivront les drapeaux prussiens; en exceptant les contingents ecclésiastiques, tout le reste de l'Allemagne et de l'Italie suivra ceux de l'Autriche. Il en sera de même pour les pays reconquis : la nouvelle Hollande avec la Prusse, l'Italie, la Suisse et la rive gauche avec l'empereur.

Si l'on objecte que cette division donne une espèce de sanction à la scission de l'Empire entre deux chefs et entre deux lignes protestante et catholique, on verra que cet inconvénient naît d'une chose déjà existante,

par des arrangements particuliers entre les cours, conservateurs de leurs intérêts et de leurs droits ; qu'enfin il doit être subordonné à la nécessité d'un rapprochement et au grand résultat qu'il doit avoir. On ne
peut se sauver que par une ligue, et celle-ci n'admet
point d'Agamemnon. Ainsi, dans ce plan, la Prusse
commencera la guerre avec deux cent mille hommes,
dont cent quarante mille de ses troupes et soixante
mille de la basse Allemagne. L'Autriche aura deux cent
mille de ses troupes, cinquante mille Napolitains et
cinquante mille de contingents allemands.

La Russie doit garder la Pologne avec soin, car
les papiers de Paris annoncent de grands projets
pour ce pays....

Si la Suède et le Danemark entrent dans ce plan,
leurs troupes iront avec la Prusse.

De même, la Toscane, la Sardaigne et la Suisse
avec celles de l'empereur.

La perfection du plan exige :

1° D'établir, à une distance convenable des armées,
des dépôts considérables de recrues qui rentre-
roient de mois en mois dans les vides des régi-

ments, au lieu de s'attacher à l'ancienne méthode d'envoyer la totalité du recrutement à une époque déterminée, mais unique. Par là les armées seroient toujours au complet, au lieu d'être affoiblies comme elles le sont toujours à la fin des campagnes.

2° D'employer à la garde des magasins et aux escortes un quart seulement de troupes réglées, sous la la direction d'un bas officier intelligent et fidèle, comme il y en a tant dans les armées allemandes. Les trois autres quarts sont formés des habitants des lieux où les magasins seront établis et où les prisonniers passeront et resteront. Cela fut pratiqué avec succès en Brabant en 1794 et soulage beaucoup les armées. Les seuls magasins sujets à explosion doivent rester sous la garde exclusive des troupes réglées...

La campagne prussienne ayant pour objet de dégager la Hollande et les Pays-Bas, nouvel apanage de la maison d'Orange, l'armée prussienne rassemblée en Westphalie, les officiers et militaires hollandais attachés à cette maison seront réunis derrière la première ligne de cette armée ; les partisans de cette maison seront invités à les joindre et à se réunir sous les ordres de ces princes que l'armée hollandaise a vus avec enthousiasme lui retracer pendant la guerre les brillantes qualités des Maurice et des Guillaume.

Les Français, suivant en cela la politique des Romains, n'entrent jamais dans un pays qu'à la suite ou qu'avec l'appui d'un parti. Il faut faire de même et être bien convaincu que cette méthode, appliquée au cas présent, abrégera beaucoup la besogne. Les princes de la maison d'Orange à la tête d'un parti, soutenus au besoin d'un corps d'armée prussienne, feront plus d'impression que cinquante mille hommes sans eux. Cette mesure aura de plus l'effet de partager les Français entre la garde du pays contre lui-même et contre les étrangers.....

Après le passage du Rhin, l'armée prussienne se partagera en trois parties. La gauche, forte de vingt-cinq mille hommes, marchera sur la Moselle et Luxembourg, pour bloquer cette place du côté de l'Allemagne et empêcher les excursions de sa garnison et de celle du voisinage, qui pourroient s'y réunir... Luxembourg ne peut être bloqué du côté de l'Allemagne qu'en occupant Thionville, Longwy et Montmédy. Ces places manquent aux alliés, et ils ne peuvent songer aucunement à bloquer Luxembourg de tous côtés et à le faire tomber, comme les Français

l'ont fait en 1796, mais seulement à se prémunir
contre la garnison.

Pour cela on établira en avant de cette place un
corps de vingt à vingt-cinq mille hommes derrière la
Sarre, la gauche à la Moselle et la droite revenant en
demi-cercle se rattacher à Arlon. Cette position couvre
très-bien l'Allemagne ; elle empêche toute incursion de
la garnison. Cette précaution est chère sans doute,
mais elle est indispensable, tant on a rendu tout
difficile à force de fautes. Il valoit mieux détruire
Luxembourg, qu'on ne vouloit ni ne pouvoit garder,
que de le livrer aux Français...

La droite de l'armée prussienne, forte aussi de
vingt à vingt-cinq mille hommes, réunie au corps
d'orangistes, se portera directement sur les trois
provinces hollandaises, en deçà de l'Ysel. Là commencera le rétablissement de la maison d'Orange.

Des embarcations seront dirigées des ports du
Zuyderzée sur le Nord-Hollande et sur Amsterdam,
pour prendre à revers les inondations que les révolutionnaires bataves, furieux de voir écrouler leur
domination, ne manqueront pas de faire jouer. On
doit s'attendre à tout de la part des misérables qui

ont appelé l'ennemi dans leur patrie, et qui n'ont pas craint de lui en livrer les membres pour régner sur son squelette.

La Hollande ne ressemble à aucun pays du monde, pas plus par sa défensive que par ses autres attributs. Elle est ouverte du côte de l'Allemagne. Les places de la Flandre hollandaise lui sont étrangères ; celles de la Meuse jusqu'à Venloo sont les avant-postes qui appartiennent autant aux pays-Bas qu'à la Hollande même. Ainsi Maëstricht, qui est bon pour les Pays-Bas contre une armée allemande, ne sert à rien à la Hollande contre l'Allemagne. Voici pourquoi :

La Hollande, ayant eu ses grandes guerres continentales contre la France, a dû ordonner sa défensive contre elle. Aussi est-elle toute concentrée dans le long et étroit triangle qui s'étend de Berg-op-Zoom, où il a sa pointe. La force de la Hollande est toute entre le Leck et la Meuse.

Cet arrangement pouvoit être bon quand l'Allemagne défendoit la Hollande, mais il ne vaut rien du tout quand c'est la France qui la défend. Alors il y a interversion complète dans le système, et ce qui dans le premier cas faisoit la force de la Hollande, fait sa perte dans le second. La raison est celle-ci :

L'armée allemande, ayant devant elle une armée française, doit s'attacher à la combattre et à la faire reculer jusqu'aux frontières de la France. Alors, se plaçant entre la France et la Hollande, empêchant tout retour de la part des Français, la Hollande, séparée de son aliée, retombe comme une place assiégée. C'est ce qui arriva à Louis XIV. Les alliés venus d'Allemagne se placèrent entre la France et la Hollande, dont les places, privées de secours, tombèrent les unes après les autres.

Dans ce cas, la Hollande entière représente une ville assiégée, et l'armée allemande, l'armée d'observation de siége...

On ne fera pas à des généraux prussiens l'injure de les croire capables de s'amuser à assiéger, les uns après les autres, toutes les places de la Hollande, et d'enterrer leur armée dans ses tranchées bourbeuses. Ils préféreront sûrement une méthode plus expéditive, et, le Rhin passé, ils s'avanceront sans hésiter sur les Pays-Bas, en chassant devant eux les débris de l'armée française à travers cinquante lieues de pays soulevé à l'aspect de ses libérateurs. Ils iront s'établir sur la Sambre, l'Escaut, la Lys et la

West-Flandre ; c'est de là qu'ils prendront toutes les villes de la Hollande.

Le seul siége à faire, qui ne peut être très-long, est celui de Venloo, place nécessaire pour des dépôts et pour ouvrir une communication suffisante entre la ligne de Maëstricht à Grave, rendue libre par la prise de Venloo. Ce blocus de la Hollande est immanquable :

1° Parce que les Anglais étant maîtres de la mer, aucun secours ne peut arriver par cette voie.

2° Parce que l'armée prussienne sera supérieure à l'armée française. Les Prussiens étant entrés en campagne avec deux cent mille hommes, il leur en restera plus de cent cinquante mille pour intercepter toute communication entre la France et la Hollande. Les Français ne peuvent évidemment avoir ce nombre de troupes ; car ils auront bien une grande armée sans garnisons ou des garnisons sans armées. Dans le premier cas, l'armée battue, les places tombent ; dans le second, l'armée est prise en détail, comme le fut celle de Louis XIV. Il n'y a rien à opposer à ce plan qui, au bout de deux ou trois mois, arrache aux Français leurs conquêtes, et leur donne à leurs portes un ennemi puissant, par l'établissement de la nouvelle Hollande.

Si l'on préfère d'assiéger Maëstricht, cela n'apporte aucun changement au plan principal. L'armée du blocus, renforcée de quelques mille hommes, devient alors l'armée de siége, qui est couverte par l'armée d'observation campée sous Namur, d'où elle la protége aussi bien qu'au plus près de cette place. Ce siége est moins considérable qu'on ne le croit communément : la place est trop grande, très-dominée et bien peu forte du côté de Wick. Avec la nouvelle méthode d'ouvrir la tranchée au plus près et de couvrir une ville de feu, Maëstricht ne tiendroit pas longtemps.

L'Autriche doit agir à la fois en Allemagne, en Suisse (1) et en Italie. Elle a trois compagnes à faire au lieu d'une, comme la Prusse. Elle a aussi cent mille hommes de plus, car ses alliés sont comptés

(1) Dans son plan d'opérations militaires, dit Mallet du Pan, l'auteur oublie la Suisse, contiguë à la seule frontière de France qui soit ouverte. C'est aussi là une limite où l'événement a fait sentir la faiblesse des contrepoids, et qui, plus que jamais, aurait besoin de recevoir une addition naturelle, par la réunion des enclaves renfermées entre les Alpes et le Jura depuis le Mont-Cenis jusqu'au Rhin. »

(*Mercure Britannique*, n° 8, p. 581, compte-rendu de l'*Antidote.*)

pour cent mille hommes, dont cinquante mille Italiens et cinquante mille Allemands.

Ces troupes doivent être partagées ainsi qu'il suit :

Cent trente mille hommes en Italie, dont quatre-vingt mille Autrichiens ; cinquante mille en Suisse, vingt mille de Menhein à Bâle, et environ dix mille hommes de Manhein à la Moselle.

Ils doivent être employés à reprendre Mayence et à chasser les Français jusqu'à leurs frontières. Ce sera aux généraux de choisir entre le blocus ou le siége de Mayence. L'armée qui s'avancera sur la Sarre et sur Landeau formera l'armée d'observation du siége ou du blocus.

Ce mouvement se lie avec tous ceux de l'armée prussienne aux Pays-Bas, comme il arrive dans toutes les guerres d'alliance, où les mouvements doivent être combinés et les succès ressentis par chaque parti.

On ne peut indiquer jusqu'à quel point l'armée autrichienne devra pénétrer en France : Sûrement le plus loin sera le meilleur et le plus favorable à l'intérêt général ; mais comme ce point n'est qu'un accessoire de la guerre, on ne peut déterminer ses opérations avec la même précision que celles des armées principales, qui ont une destination invariable. Sûrement on s'empressera de réparer la faute immense d'être resté spectateurs oisifs de la révolution de Suisse ; cet événement est un des plus désastreux de la révolution, surtout pour l'Allemagne.

La reprise de ce pays est une partie essentielle du plan de guerre ; il faut éteindre ce nouveau foyer d'incendie allumé à la porte de l'Allemagne et de l'Autriche. Il y a une différence de cent mille hommes à avoir les Suisses pour amis ou pour ennemis.

La guerre d'Italie est toute tracée sur la carte ; on y aperçoit du même coup d'œil le départ et le but.

Les Autrichiens, rassemblés dans le Tyrol et sur l'Adige, doivent s'avancer sur le Milanais par le Brescian et Mantoue. Cette ville sera bloquée comme elle l'a été par les Français ; il n'y a qu'à reprendre leurs postes.

Peschiera doit l'être aussi. L'armée s'avance ensuite sur Milan et marche droit au siége du gouvernement cisalpin, dont l'expulsion sera infailliblement le signal d'une insurrection générale. Modène et les autres places occupées par les Français seront bloquées par les troupes réglées, réunies aux habitants, comme on l'a indiqué pour la Hollande ; car il ne s'agit pas plus en Italie qu'en Hollande de faire des siéges, mais de reconduire les Français à leurs frontières, de séparer les places de tout moyen de secours et d'empêcher les Français de leur en porter, ce qui est encore plus aisé qu'en Hollande ; car la frontière des Pays-Bas est ouverte de tous les côtés, au lieu que celle d'Italie est fermée par les montagnes et ne présente qu'un petit nombre de passages faciles à garder.

Les alliés d'Italie ne doivent s'arrêter qu'au Var et à Nice, qu'il faut reprendre et fortifier de manière à en faire un avant-poste très-solide pour la frontière d'Italie.

Les Français ne pourront, pas plus en Italie qu'en Hollande, garder à la fois les places et tenir la campagne. Là aussi, il y aura une armée sans garnison ou des garnisons sans armée. Pour faire les deux ensemble, il faudroit deux cent mille hommes, car il y a une étendne immense de Nice à Rome.

Cette étendue de conquêtes devient nuisible aux Français en cela qu'ils partagent leurs forces entre une multitude de places, la garde du pays et l'opposition à l'ennemi, qui n'a pas le même embarras.

Les Français ne redeviennent vraiment forts qu'en touchant leurs frontières... Mais, dit-on, quel compte

tient-on dans ce plan de la prépondérance des armées
françaises et de la force des frontières de cet empire,
au pied desquelles la coalition est venue se briser ?

Les Français ont mis l'Europe au régime de la
terreur de leurs armées ; elle s'y est façonnée ; elle
ne conteste plus rien à cet égard. Le Directoire
commande au nom de ses redoutables armées ; il
parle en les montrant, et tous les fronts s'abaissent
devant cette menace. Tel est l'état actuel. Il est dû
à la succession rapide de deux sentiments que l'on
trouve trop souvent rapprochés, la présomption et
l'abattement. On a commencé par trop mépriser les
Français ; on finit par les trop craindre. De la risée
à la terreur il n'y a eu qu'un passage imperceptible ;
tel gouvernement qui en rioit en mai 1792 en fré-
missoit déjà en septembre de la même année. Tel
est l'effet naturel des jugements inconsidérés ; ils ne
mènent qu'à des extrêmes.

Sûrement les armées françaises sont très-bonnes, et
nous ne partagerons jamais les sentiments haineux
qui condamnent la France, comme république, à
n'en avoir que de mauvaises. La haine est un prisme
trompeur qui ternit les objets en les décomposant.
Loin de nous ces aveugles préjugés ! Mais les succès

des Français ne nous font pas davantage illusion sur
le mérite intrinsèque de ces armées : on ne sait pas
encore ce dont elles sont capables , car elles n'ont
pas été mises à l'épreuve. On s'est battu pendant
cinq ans , mais on n'a pas fait la guerre aux Français pendant cinq mois... Trois semaines en Champagne , quatre semaines en mars 1793 , trois ou quatre
semaines au printemps de 1794 , et quelques semaines
en septembre 1796 , voilà tout... Le reste a été une
guerre de retraites et de combinaisons impossibles à
qualifier. Les armées ont été , comme les soldats ,
réduites au rôle de machines ; les cabinets ont tout
dirigé , et ce sont bien eux qui ont été battus.

Deux armées principales ont eu affaire aux Français , celles de l'Autriche et de la Prusse. Sur treize
combats , celle-ci les a battus onze fois.

Les Autrichiens les ont pareillement battus toutes
les fois qu'ils les ont sérieusement attaqués. Sans parler du début de la guerre , le général Mack les
chasse de la Roër à l'Escaut en mars 1793. En 1794
il les culbute sur leurs propres forteresses. En 1795 ,
Mayence est débloqué , Manheim repris , et les Français chassés partout dans un tour de main. En 1796 ,
l'archiduc les ramène , battant , du Danube au Rhin ;

le général Wurmser fait lever le premier siége de
Mantoue, qui n'eut jamais succombé sans les fautes
que ce général, ses successeurs et leur cabinet entas-
sèrent à l'envi.

Si les retraites sont la pierre de touche des armées, que penser des armées françaises après le
hideux spectacle qu'offrirent les deux retraites de
Jourdan, celle de Dumouriez et l'abandon des lignes
de Weissembourg ?... Sûrement les Français sont
encore ce qu'ils furent de tout temps, d'un caractère
hasardeux, et par là même très-propres au périlleux
métier des armes ; ce peuple a, plus que les autres,
l'esprit soldat ; il est gaîment brave, comme d'autres
le sont tristement ; il va aux coups de fusil comme
les autres s'y laissent conduire ; il supporte la fatigue
et l'intempérie des saisons avec facilité, parce que
habitant sous un ciel tempéré, il participe à tous les
climats et n'a pas une seule combinaison d'existence,
comme les peuples qui vivent sous des climats extrêmes... Mais avec tous ces avantages les Français
ont mille défauts à la guerre, dont le principal est
de ne pas résister à de longs revers.

S'ils avoient eu à lutter contre la persévérance du

malheur qui a poursuivi l'armée autrichienne, peut-
être n'auroient-ils pas gardé quatre bataillons ensemble. Disons-le hautement, les armées françaises
ont été moins victorieuses que leurs gouvernements,
qui ont tout fait pour les faire vaincre. Les armées étrangères ont été moins battues que leurs
gouvernements, qui n'ont rien fait pour les empêcher de l'être... La preuve que ce sont les gouvernements qui ont fait les succès et les défaites, c'est
que les Français ont été également vainqueurs sous
tous leurs généraux et sur tous les points où ils
ont combattu, et que les étrangers, les Prussiens
exceptés, ont été également malheureux sous les
mêmes rapports. Cette continuité de résultats semblables, à l'épreuve de tous les changements de
chefs et de localités, ne prouve-t-elle pas l'action
ininterrompue d'une cause permanente, qui ne peut
être que le gouvernement?... De manière qu'il est
très-probable que si le comité de salut public eût été
à Vienne et Vienne à Paris, Pichegru ou Bonaparte
en Brabant et les généraux alliés en France, il est
très-probable que la révolution n'existeroit plus.

Il faut d'ailleurs se calmer sur ces merveilleux succès des Français et savoir les apprécier. On leur a

tout abandonné. Lisez l'histoire de cette guerre, que présente-t-elle ?

De mauvais calculs et des intrigues livrent les Pays-Bas ; ils entraînent la Hollande abandonnée sans secours.

L'Italie s'endort sur sa propre défense et n'est que médiocrement défendue par l'Autriche.

L'Allemagne se divise et désarme à la troisième campagne.

L'Espagne ne sait ce qu'elle fait.

La Sardaigne encore moins.

De bonne foi, est-ce là faire la guerre ? A l'exception de trois ou quatre villes, y en a-t-il eu une défendue ou simplement disputée ?

Luxembourg n'a pas paru valoir un coup de fusil. On n'a pas su détruire ce qu'on pouvoit garder. Valenciennes et Condé sont rendus d'un trait de plume. Ici il y avoit des soldats sans provisions, là des provisions sans soldats. Les places de Hollande et de Piémont, les plus fortes de l'Europe, ont été ouvertes par ordre du gouvernement. On a vu le commandant de Bois-le-Duc faire courir après l'ennemi en retraite pour lui livrer, avec deux canons de campagne, une place devant laquelle Louis XIV per-

dit en vain quatorze mille hommes. Les Mémoires de
Pichegru attestent ce fait inouï. L'ambassadeur français à Madrid, Bourgoing, a considéré la reddition
de Figuières, le Luxembourg de l'Espagne, comme
un prodige d'infamie. Voilà la clef des succès incon-
testés des Français...

En y joignant la prodigalité en hommes, en argent, les moyens d'intrigues, de corruption et d'intelligence qu'ils ont su se ménager partout, il y a bien
lieu de s'étonner, mais c'est de les trouver encore
en Italie et en Hollande, et non pas sur la Vistule
ou la mer Noire.

La France avoit le meilleur système, et le plus
complet de défensive qu'il y eût en Europe, sans
avoir les meilleures places. Sûrement les frontières
seront impénétrables toutes les fois que l'on voudra
les prendre les unes après les autres. Mais quel insensé conçut jamais une pareille idée ?

Ce ne sont pas les villes qu'il faut attaquer, mais
l'armée qui les couvre ; celle-ci battue, poursuivie,
que deviennent les places? Ainsi ont fait Pichegru
et Buonaparte. Ont-ils été arrêtés par les forteresses
de la Hollande et du Piémont?

Il disoit donc une chose vide de sens, celui qui

représentoit le génie de Louis XIV et de Vauban
veillant aux frontières de la France. Non, ce n'étoit
pas leur génie qui la défendoit, mais le mauvais
génie de la coalition qui la précipitoit dans l'entreprise de Dunkerque et faisoit séparer l'armée au
moment où elle avoit à choisir entre la prise de
Cambrai, de Landrecies, de Maubeuge, ou le chemin
de Paris. Voilà ce qui a tout perdu.... La Hollande
a-t-elle été défendue par le génie de Maurice et de
Cohorn, le Piémont par celui des deux Victor-
Amédée? Toutes ces frontières, bien plus fortes que
celles de France, n'ont-elles pas été franchies à la
suite des armées qu'on avoit forcées à la retraite?

Dans le fait, la frontière de France est très-foible
de la Haute-Meuse à l'Escaut, et tout général qui s'y
jettera avec une audace réfléchie n'y sera pas longtemps arrêté.

L'armée française ne tirera sûrement pas vanité de
ses succès à Rome et en Suisse ; ils sont plus utiles
à la révolution que glorieux pour elle... Cette conquête ajoute à ses domaines et non pas à ses lauriers.
Voilà-t-il pas en effet de beaux faits d'armes que
l'expulsion de quelques soldats du Pape ou la défaite
de quelques milliers de paysans trahis par leur

propre gouvernement et trompés par le sentiment de
leur valeur héréditaire !

La force de l'armée française ne peut donc être
évaluée en elle-même, car elle n'est pas connue ;
celle que l'on connoît appartient autant à ses ennemis qu'à elle-même, elle est en partie le produit de
leur foiblesse.

Qu'on remette donc à nous éblouir du prestige de
l'invicibilité des armées françaises au temps où elles
auront été mises à une épreuve véritable. Jusques-là
il faut suspendre son jugement et convertir en sages
et vigoureuses mesures les craintes que l'on a con-
çues prématurément ; il sera toujours temps de
s'avouer vaincu et de dire aux Français :

Tu regere imperio populos, Romane, memento.

En admettant même cette supériorité momentanée
des armées françaises, loin d'être un motif d'abattement, elle doit servir d'aiguillon pour travailler à la
reprendre et à rétablir l'équilibre au moins dans cette
partie. Les nations ne peuvent exister avec sécurité
dans un état d'abaissement comparatif, surtout du
côté militaire ; il est pour elles des propriétés d'opinion aussi importantes que celles de territoire et

de commerce : leur perte est incompatible aveç la sûreté ; celle-ci leur commande de tout tenter pour les reconquérir.

L'Allemagne se trouve particulièrement dans ce cas. Sa considération reposoit principalement sur son état militaire, qui tenoit le premier rang en Europe depuis le grand Frédéric. La guerre actuelle vient de l'en faire descendre. Cette chute blesse sa sûreté et sa considération politique ; elle a trop d'intérêt à les reprendre pour ne pas y employer tous ses moyens.

CHAPITRE XII

DES COLONIES (1).

—

L'Europe doit aux colonies l'opulence et les agré-
ments de sa vie moderne. Elles l'ont bien payée de
ses avances et de ses soins. L'acquisition des colonies
fut pour l'Europe une révolution de richesses et de
prospérité ; la perte des colonies sera pour l'Europe
une révolution d'appauvrissement et de ruine.

Cependant, au train dont vont les choses, à l'oubli
total dans lequel les puissances coloniales paroissent

(1) « Les notions de l'auteur sur l'Angleterre, dit Mallet du Pan,
participent des erreurs trop répandues sur le continent ; il a été
trompé sur des points essentiels, et surtout dans son chapitre sur les
colonies. »

(*Mercure Britannique*, n° 8, p. 580.)

Lorsque Mallet du Pan écrivait ces lignes, il avait parfaitement
raison au point de vue des idées économiques ; mais il était bien loin
de se douter que plusieurs prédictions de ce chapitre se réaliseraient
un jour.

laisser ces belles contrées, aux progrès, à l'affermissement de la révolution, il est aisé de juger que ces
possessions, sources de tant de richesses, sont à la
veille d'échapper à leurs insensibles propriétaires, et
que toute l'Europe perdra à la fois ses colonies. Le
plan de destruction de ces riches contrées n'est encore qu'ébauché : la révolution a été trop occupée en
Europe pour avoir eu le temps de les *travailler* ;
mais donnez-lui le temps de s'affermir, et vous la
verrez porter sur les colonies l'activité meurtrière
qu'elle a développée dans l'exécution de tous ses
projets. D'un autre côté, les anciens liens d'habitude,
d'attachement et de subordination qui attachoient les
colonies à la métropole s'affoiblissant graduellement,
la révolution générale s'y prépare avec une évidence
qui saute aux yeux. Ce sujet se lie essentiellement
avec celui de cet ouvrage, et c'est pour le présenter
dans l'ordre et avec la clarté qu'il exige, que nous le
classerons sous les trois titres suivants :

De l'état colonial en général ;

De l'état actuel des colonies ;

Du sort futur des colonies (1).

(1) C'est cette division qui a fourni à l'abbé de Pradt le titre de son
livre intitulé : *les Trois Ages des Colonies;* mais il n'y a rien de

1° Les colonies sont des enfants portés, par mille causes inutiles à détailler, hors de la maison paternelle. Leur enfance, comme celle des individus , a besoin des soins et de la vigilance maternelle. Comme eux, dans la virilité, elles cherchent à suivre la pente commune à toute la nature , celle d'exister pour son compte et de vivre à son gré. En un mot, l'état colonial est la foiblesse pendant l'enfance et le désir de l'indépendance pendant la virilité. Les colonies, trop foibles ou trop petites, sont condamnées à une éternelle dépendance, comme les enfants disgraciés de la nature le sont à une tutelle de toute la vie. Les grandes colonies inquiètent la métropole, rivalisent avec elle ou s'en séparent, dès qu'elles ont atteint un certain degré d'accroissement ou de force. C'est la marche générale de la nature.

Les colonies sont très-éloignées ou voisines de la métropole, faciles ou difficiles à garder, peuplées de races homogènes, mélangées ou toute à fait différentes.

Dans les unes, les colons sont, à proprement parler

commun que cela entre l'ouvrage de l'archevêque de Malines et le chapitre de Joseph de Maistre. Autant l'un est précis, clair, serré, autant l'autre est diffus, obscur, délayé et paradoxal.

des conquérants qui règnent sur une population indigène, infiniment plus nombreuse que celle de leurs
maîtres, comme les Anglais au Bengale, les Espagnols
en Amérique, les Turcs même en Europe...

Dans les autres, la race des colons conquérants fait
le fonds de la population, comme les Anglais aux
États-Unis, ou les Portugais au Brésil.

Toutes ces variétés apportent des modifications dans
le régime : on ne peut pas traiter un petit peuple
comme un grand, un grand comme un petit, une
colonie robuste et vaste comme un enfant au berceau.

La métropole considérant ordinairement les colonies
sous le rapport du produit net, les frais de garde et
de défense doivent entrer pour beaucoup dans le choix
à faire et dans le prix à mettre à ces possessions.
Ainsi celles qui, comme Antigoa, la Martinique, la
Grenade, peuvent être gardées par l'occupation d'un
seul point, sont d'une tout autre considération que
celles qui, privées de ces avantages locaux, exigent
une plus grande dépense en hommes et en argent.

L'autorité de la métropole éprouve le même déclin
que celle des parents par la croissance des enfants.
Ceux-ci, en grandissant, tendent à s'en affranchir et

à devenir à leur tour chefs de familles séparées, destinées à se perpétuer de la même manière. Les colonies ont la même allure : dès qu'elles sont grandes,
elles visent à l'indépendance, comme les Américains.
Cette tendance est modifiée à son tour par des circonstances locales. Ainsi il étoit visible que l'Amérique septentrionale se sépareroit de l'Angleterre avant
que la méridionale songeât à se séparer de l'Espagne.

La cause étoit moins dans le génie et dans le culte
des deux nations que dans l'espèce de population des
deux Amériques. Celle du nord, composée entièrement d'Anglais, n'avoit pas besoin de s'appuyer sur
l'Angleterre pour sa défense contre une population indigène qui n'existoit pas. Celle du midi, au contraire
étant infiniment moins nombreuse que les indigènes,
a ou croit avoir besoin contre eux de l'appui continuel de l'Espagne: il y a donc entre et elle la métropole un lien très-fort qui n'existoit pas entre les États-
Unis et l'Angleterre.

Les Anglais au Bengale, les Hollandais à Batavia
sont, par la même raison, dans la dépendance de
l'Angleterre et de la Hollande.

Quand les colonies, indépendantes de la métropole

pour leur sûreté, deviennent encore fortes en population et en richesse, la sagesse ordonne à celle-ci de cesser de les traiter en enfants, pour ne plus voir en eux que des amis ; elle lui ordonne de substituer à un joug intolérable les relations de l'amitié, de la convenance mutuelle, cimentées par tous les droits de la consanguinité. L'art de la métropole consiste alors à saisir le passage de l'enfance à l'âge viril, pour régler ses démarches sur le changement qui résulte de cette transition. Ainsi les Anglais ont perdu l'Amérique pour avoir manqué à cette observation, au lieu qu'en profitant des premiers frémissements de la liberté qui éclatèrent parmi ce peuple, pour renoncer prudemment à une autorité dissoute par la nature des choses, ils auroient établi, sans obstacle de la part de l'Amérique, un prince de la maison d'Angleterre, et fondé la royauté aux mêmes lieux d'où la démocratie s'est élancée sur l'univers. Le même cas se représentera avec le temps pour le Canada. Les colonies étendues et riches, comme les États-Unis, ne doivent, au bout de quelque temps, être pour les métropoles que des débouchés et des marchés. Celles-ci doivent y renoncer à la propriété foncière pour le commerce. Que les colonies s'enrichissent, nouvel avantage pour elles; car elles vendront toujours beaucoup à qui pourra beaucoup acheter, et celui-là peut acheter qui peut prospérer.

Ainsi l'Angleterre, en perdant la souveraineté de l'Amérique, n'a rien perdu, au contraire, elle a vu son commerce s'accroître et suivre les degrés de la prospérité de ce pays : l'Amérique est aujourd'hui le principal débouché de l'Angleterre.

Ainsi sont tombées les prophéties menaçantes de lord Chatam sur la liberté de l'Amérique, et l'expérience, plus forte que ce grand homme, a prouvé que des États commerçants, au lieu de chercher à maîtriser et à appauvrir leurs voisins, devoient au contraire s'applaudir de les voir s'enrichir, bien sûrs d'être appelés par le luxe au partage de leurs richesses. Toutes les maximes exclusives et jalouses de l'ancien commerce sont démenties par le seul fait de l'indépendance de l'Amérique; et dans la réalité, à qui peut vendre beaucoup, il ne faut que des acheteurs, et il est fou de commencer par les appauvrir.

L'Espagne est, par rapport à l'Amérique, dans une position tout à fait différente de celle de l'Angleterre; car, n'étant pas aussi commerçante, elle a besoin de retenir sa propriété foncière et de réparer par ses produits le déficit du commerce. Elle doit chercher à l'étendre avec ses colonies et à en éloigner les étrangers. Voilà toute la politique à l'égard de ses immenses colonies.

De l'état actuel des colonies.

2° La révolution d'Amérique avoit moins influé sur les Antilles que sur l'Europe. Les brandons qui ont consumé ce malheureux pays y furent lancés de France, et la révolution a été importée d'Europe. A la vérité, depuis l'édit du 30 août 1794, le commerce américain y primoit à quelques égards celui des Européens ; mais cette perte étoit balancée par d'autres améliorations, dont quelques-unes provenoient du bénéfice même du commerce avec l'Amérique. Ces petites oscillations n'empêchoient pas la France de retirer de ses colonies d'Amérique la somme énorme de 160 millions, dont Saint-Domingue fournissoit seul 110 millions. A cette époque, toutes ces possessions étoient parfaitement tranquilles ; les liens entre la métropole et les colons se resserroient chaque jour par une fréquentation plus habituelle ; la suprématie, l'autorité de la mère-patrie n'étoient nullement contestées ; la subordination la plus exacte régnoit dans toute la hiérarchie des couleurs qui habitoient ou qui fécondoient ces belles contrées ; enfin elles marchoient avec rapidité vers un accroissement de prospérité dont il étoit impossible d'assigner le terme, quand la révolution est venue détruire ce chef-d'œuvre de l'industrie humaine.

Cet affreux changement avoit été préparé par les déclamations de l'abbé Raynal, précurseur de tous les sycophantes qui, sous le nom d'amis des noirs, inondèrent les deux mondes de leurs diatribes philanthropiques sur la traite des noirs, sur l'horreur de leur sort aux colonies, et finirent par massacrer les blancs, incendier les habitations et armer les nègres déchaînés. Tous les gouvernements qui se sont succédé en France depuis la révolution ont merveilleusement secondé ce début. L'affranchissement subit de tous les nègres, l'expulsion des blancs, l'envoi de commissaires tels que Victor Hugues et Sonthonax, les Robespierres des colonies, enfin l'apparition d'un nouveau fléau

Capable d'enrichir en un jour l'Achéron,

la fièvre jaune mettant le comble à l'insalubrité des

climats, tout a contribué à la ruine des colonies. Dans quelques années la stérilité et la mort auront remplacé la culture et l'abondance.

Tous les actes du gouvernement français sur ce pays sont frappés de signes certains d'insanité et de barbarie. On ne conçoit pas même par quelle fantaisie il a mis du prix à l'acquisition de la partie espagnole de Saint-Domingue, pourquoi il tient encore à la restitution de ses propres colonies lorsqu'il s'interdit par tous ses actes les moyens de les posséder utilement.

C'est là une de ces contradictions qu'on rencontre fréquemment dans la révolution et qu'on ne peut expliquer que par des intérêts privés ou par la vanité des chefs.

Comment, dans le fait, concilier le désir de conserver des colonies avec l'acharnement que l'on met à poursuivre les traces de l'esclavage, sans lequel il est impossible d'avoir des colonies ? Comment concilier la culture avec l'armement continuel des nègres et l'introduction dans ces îles infortunées de tous les brigands du monde ? Elles sont devenues l'égout de l'univers.

Quand le gouvernement français parle de bonne foi,

il semble avoir fait son deuil de ses colonies et ne plus les considérer que comme un brûlot destiné à incendier celles de ses voisins. Le gouvernement se tourmente à chercher des remplacements pour cette perte immense, et, fidèle au génie de la révolution, qui est de placer toujours le ridicule à côté de l'atroce, il s'est arrêté à un expédient qui seroient le plus bizarre de tous, s'il n'en étoit pas le plus barbare : celui de faire des colonies dans les climats empestés avec de vieux prêtres et des hommes de tout état et condition, arrachées à une vie entièrement étrangère à leur nouvelle destination. Si c'est un essai, c'est trop bête; si c'est cruauté, c'est trop fort...

Les colonies françaises étoient aux colonies européennes ce que la France est à l'Europe. Saint-Domingue étoit le Paris des Antilles.

D'après les calculs faits sur les lieux en 1787 par M. Bryan Edwards, auteur de l'*Histoire civile et commerciale des colonies anglaises en Amérique*, Saint-Domingue comptoit dans cette année une population de cinq cent trente mille hommes, dont trente-un mille blancs, vingt-quatre mille mulâtres et quatre cent quatre-vingt mille nègres. Les plantations de

toute nature montoient à huit mille cinq cent trente-
six ; l'exportation de l'année, sur les quatre cent sept
bâtiments, s'élève à cent dix-huit millions.

Quel spectacle de richesse et d'opulence !...

Indè iræ... Les Anglais suivoient de l'œil les
progrès de la culture de Saint-Dominguc et des autres
colonies françaises. Considérant que le sol de leurs
colonies, trop tôt vieillies, alloit en dépérissant,
tandis que celui des îles françaises sembloit s'amé-
liorer sous la main du cultivateur, ils virent aisément
les suites de cette proportion inverse, et conçurent
fort bien qu'ils ne pourroient soutenir longtemps la
concurrence de la France. On est parti de là pour
les accuser d'avoir fomenté les troubles des colonies
à dessein d'y frapper au cœur leurs rivaux, les soupçons ont été fortifiés par la conduite du ministre
que l'on a vu et entendu poursuivre l'abolition de la
traite avec le zèle et le langage de Brissot.

En joignant à ces inductions tout ce qui se dit et
s'imprime sur la nécessité de tourner les efforts de
l'Angleterre vers la Bengale, où elle règne sans compétiteurs sur des millions d'esclaves laborieux et
dociles, on peut croire tenir le fil de la conduite de
l'Angleterre à l'égard des colonies. Elle s'est d'ailleurs

ressentie de la mobilité des circonstances ; elle a été incertaine et foible comme sont tous les essais. Ainsi elle a dévié du système d'abandon en dirigeant sur les Antilles le grand armement du général Abercrombie. Mais le défaut de succès, mais l'impossibilité de renouveler ainsi que d'ajouter la garde de ces grandes colonies à celle d'autres possessions déjà trop étendues, mais l'aggravation de la mortalité fomentée par le mauvais régime et par la médecine encore plus mauvaise des Anglais, tous ces inconvénients réunis semblent les avoir dégoûtés et fixé leurs vues sur le Bengale (1).

Si les Français n'achèvent pas par la force la conquête de Saint-Domingue, ils l'auront par l'évacuation que les Anglais seront forcés d'en faire... Ceux-ci ont renouvelé aux Antilles toutes les fautes que la coalition faisoit en Europe. Ils vouloient envahir les colonies françaises, et ils avoient à peine de quoi garder les leur. Le grand armement du général Abercrombie a péri sans avoir le plaisir de tirer un

(1) Les Anglais ont été si peu dégoûtés de leurs possessions américaines, qu'ils se sont incorporé définitivement les possessions françaises du nord de l'Amérique, le Canada et Terre-Neuve, qu'ils ont gardé toutes leurs possessions des Antilles, et qu'ils sont en compétition avec les États-Unis pour le protectorat de l'Amérique centrale.

coup de fusil. Les Anglais, occupés en Irlande et
dans leur île, n'ont aucun moyen de le renouveler.
Ces grands armements manquent presque toujours,
parce qu'il est impossible qu'ils n'éprouvent pas mille
accidents de retard on d'autres causes qui en affoiblissent infailliblement l'effet.

· L'invasion des colonies fut une grande faute de
politique de la part des Anglais. Elle effraya les puissances maritimes et détacha l'Espagne, honteuse de
travailler pour son ennemi contre son allié naturel.

D'ailleurs, la possession des colonies françaises,
en portant en Angleterre les trésors qu'elles valoient
à la France, lui devenoit funeste à quelques égards ;
car l'accroissement du numéraire, élevant d'autant les
salaires, rompoit la proportion entre celui de l'ouvrier et du soldat, que le gouvernement, qui vit
prix. Cela est bon pour les denrées de première
nécessité, mais ne s'applique pas à celles d'agrément
ou de fantaisie, dont l'usage se règle sur les facultés
du consommateur... Ce système du Bengale est donc
absolument faux en lui-même. Il seroit encore ruineux pour l'Europe, qui, ne vendant presque rien
aux Indiens, seroit obligée de leur acheter leur sucre
avec de l'or, comme elle achète le thé aux Chinois,

d'impôts, ne peut pas élever aussi facilement que le fabricant ; alors le plus mauvais métier qu'un homme puisse faire est de servir son pays, et malheur à celui qui en est là...

Il est un point auquel les États doivent travailler à borner leur propre richesse : c'est le trop plein des eaux qu'il faut savoir détourner.

Les projets de l'Angleterre sur le Bengale ne paraissent pas plus réfléchis que ceux qu'elle forme sur les Antilles.

Ce pays fournit des sucres égaux en qualité et en valeur à celui de Saint-Domingue. La raison en est que le sucre sert de lest aux vaisseaux de la compagnie des Indes chargés de marchandises précieuses, et que par conséquent il n'entre que pour fort peu de chose dans la cargaison. Mais qu'au lieu de soieries et d'autres marchandises communes et d'un grand encombrement, telle que le sucre, qu'au lieu de soixante à quatre-vingts vaisseaux de la compagnie des Indes, on en emploie des milliers à voiturer du sucre, alors les prix se ressentiront tout de suite de ce changement et s'élèveront à la hauteur des nouvelles circonstances. En vain dira-t-on que les Anglais, maîtres de la denrée, le seront aussi du

opération qui lui fait payer un tribut annuel de plus de quatre-vingt millions.

Enfin, ce système porte sur un faux supposé, celui de la continuité de la possession du Bengale par les Anglais : opinion que nous allons discuter tout à l'heure.

De l'état à venir des colonies.

3° On a dit que la révolution française feroit le tour du monde.

Certes, il est peu de pays qui soient autant sur son chemin que les colonies européennes. Ce sont des domaines faits tout exprès pour elle. Les colonies françaises sont totalement subverties. Le gouvernement français, au lieu de s'attacher à y rétablir des liens de subordination et d'ordre, s'attache encore à briser le peu qui en reste. Il ne veut faire de ce triste pays qu'un instrument de destruction : les colonies françaises sont le foyer d'incendie et de corruption des Antilles, comme la France l'est de l'Europe.

Après l'évacuation de Saint-Domingue, les troupes françaises, occupées jusqu'ici dans l'intérieur de l'île en sortiront pour se porter sur les colonies anglaises, comme les armées françaises sont sorties de la république à la suite des alliés. Les nègres, ayant abandonné la culture pour les armes, profession, dans laquelle ils excellent, surtout comme chasseurs, vont devenir des flibustiers. Il seront les Barbaresqes de l'Amérique ; leur race se soutiendra comme celle des Marrons à la Jamaïque et des Caraïbes à Saint-Vincent. Les hauteurs de Saint-Domingue sont-elles habitées par d'autres que par des nègres ? Le besoin les rendra pirates et fera naître d'autres Tunis et de nouveaux Algers sur le rivage de Saint-Domingue. Les possessions hollandaises, imbues du même venin, atteintes des mêmes fléaux que celles de la France, aideront au développement de la révolution ; et par le fait, dans l'ordre de la révolution, l'archipel américain ressemble parfaitement à l'Europe ; il est à moitié révolutionné comme elle.

Si la guerre continue, la garde de leurs colonies coûte aux Anglais plus qu'elles ne leur rendent ; si l'on fait la paix, l'établissement ordinaire ne peut plus avoir lieu : il en faut un proportionné à la nature de cette paix, à la probabilité de sa durée, à la nécessité d'une surveillance plus active, et par conséquent il en faut un tout autrement dispendieux que le premier. En supposant même l'observation de la paix de la part du gouvernement, on ne peut avoir la simplicité de la supposer de la part de l'esprit révolutionnaire, qu'il faut bien distinguer du gouvernement; car celui-ci peut être en paix, et l'autre n'y être pas. En effet, tandis que les troupes et les escadres de la France reposeront, les émissaires, les apôtres de la révolution se reposeront-ils de leur côté? y a-t-il même des trèves possibles avec eux, et y en auroit-il avec la publicité des principes subversifs du régime colonial? y en auroit-il avec le spectacle des effets qu'ils ont produits, avec l'impression de l'exemple, avec le retour sur soi-même qu'il fait faire à ceux pour qui ils sont destinés? La paix calmera-t-elle les haines que la révolution a fait naître entre les couleurs? empêchera-t-elle le blanc d'être haï du mulâtre, et le nègre de haïr l'un et l'autre, de voir son semblable libre, d'aimer une révolution qui brise les fers et qui rétablit l'homme dans ses droits? l'empêchera-t-elle d'apprendre qu'en Angleterre même, un parti puissant s'est déclaré pour lui, et qu'il compte pour chef le chef même des conseils du roi?

Tant d'innovations, de réflexions et d'espérances étrangères à l'ancien état des colonies, ne le chan-

gent-elles pas, indépendamment de la guerre ou de la
paix, et ne rendent-elles pas l'état de guerre préfé-
rable à celui de la paix ? Tout cet *imbroglio* naît du
caractère d'incompatibilité que nous avons si souvent
remarqué dans la révolution, incompatibilité qui s'étend
encore plus loin avec l'état colonial qu'avec les autres
établissements des États de l'Europe.

Les colonies françaises et hollandaises forment à
peu près la moitié de l'archipel américain ; elles sont
révolutionnées. Les colonies anglaises forment l'autre
moitié : ce sont les seuls points de résistance ou
d'appui ; car celles de l'Espagne, ressemblantes à tout
ce qui appartient à cette monarchie, ne peuvent être
comptées. Celles de Danemark et de Suède sont des
infiniment petits. Or, les colonies anglaises résisteront-
elles longtemps, soit à des attaques bien combinées, soit
aux événements fortuits d'une guerre prolongée, soit au
succès de la descente en Angleterre ? Si quelqu'un de
ces événements a lieu, les colonies anglaises sont perdues, et cette perte entraîne sans retour celle de toutes
les colonies de l'Europe. Les colonies hollandaises et
de l'Asie sont dans le même cas pour l'archipel indien ;
elles y seront le brûlot des colonies européennes, comme
Saint-Domingue est celui des Antilles.

Voilà pour les colonies à sucre d'Amérique.

Quant aux grandes colonies de l'Amérique méridionale et de l'Asie, outre les dangers communs à toutes les colonies, elles en ont encore deux tout particuliers à craincre : 1° l'indépendance; 2° l'expulsion des Européens.

Ces dangers, attachés de tout temps à la possession de ces contrées, sont infiniment augmentés par la prolongation de la révolution, qui ne peut manquer de les réaliser toutes les deux, et cela de deux manières : la première, en les forçant à l'indépendance pour échapper à la révolution, comme les îles de France et Bourbon; la deuxième, en recevant la révolution de la métropole, comme les colonies françaises et hollandaises, ce qui est la même chose que l'indépendance pour ces grandes colonies.

1° Des colonies peuvent être assez sages pour ne pas vouloir s'associer à toutes les folies de leur métropole et aux fléaux qui les suivent. Elles s'en séparent et se régissent elles-mêmes, comme ont fait les îles de France et Bourbon.

2° Des colonies révolutionnées par la métropole sont plus portées à l'indépendance qu'elles ne l'étoient dans l'ancien régime; car celui-ci portoit sur des idées

d'ordre et de subordination: le calme habituel dont
il jouissoit lui donnoit le temps de s'en occuper. Au
contraire, dans le régime révolutionné, les principes
du gouvernement appellent à l'indépendance, le mouvement continuel des esprits entretient la fermentation, et le rapprochement périodique des individus,
commandé par la constitution représentative, leur
donne les moyens de se connoître, de se compter et
de former des liaisons pour la métropole. Celle-ci, occupée de son intérieur toujours troublé par la fermentation révolutionnaire, n'a plus les mêmes moyens de
surveiller et de contenir les colonies. Il y a partage
dans son attention et dans ses forces. C'est ainsi que
les colonies espagnoles de l'Amérique sont mille fois
plus exposées à une scission avec la métropole par la
révolution qu'elles ne l'étoient auparavant. Dès avant
cette époque, le voisinage des Américains étoit inquiétant pour elle. Que doit-ce être maintenant, quand à
ce dangereux voisinage celui des îles françaises et
hollandaises se trouvent joint? Leur genre de révolution est bien plus ennemi de la dépendance que celui
de la révolution américaine. Comment l'Espagne et le
Portugal, ces puissances si débiles en Europe, re-
tiendroient-elles en Amérique la possession paisible

d'immenses contrées, au milieu des embarras qui les
assiégent? Comment exerceroient-elles la surveillance
nécessaire sur les émissaires, sur les mécontents et
sur les progrès de la fermentation intérieure.

Ce sera encore bien pis, si ces pays sont révolutionnés par l'Europe. Alors ce sera elle-même qui
portera à l'Amérique le don fatal de la liberté, et
avec la liberté l'indépendance. Que la France retienne, tant bien que mal, quelques îles à demi
brûlées, on le conçoit aisément, avec leur foiblesse
et avec la force de la France. Mais ici c'est le
contraire : c'est l'Amérique qui est forte et l'Espagne
qui est foible. La France n'a pu régenter des points
imperceptibles, tels que l'île de France et l'île
Bourbon, et l'Espagne contiendroit l'immense contrée
qui s'étend depuis le détroit de Magellan jusqu'à la
Californie ! Non, non, cela est impossible, si cela
a eu lieu dans d'autre temps et avec d'autres
hommes, cela seroit impraticable dans celui-ci et
avec les hommes d'aujourd'hui.

Les colonies anglaises de l'Inde sont dans le même
cas.

Si l'Angleterre succombe, elles sont révolutionnées
de droit ; ce sera Londres qui révolutionnera Madras.

Si elle triomphe, l'indépendance se fera plus
attendre, il est vrai, mais elle n'en arrivera pas
moins un peu plus tard ; car l'Angleterre, étant
très-occupée chez elle, n'a plus les mêmes moyens
de surveiller le Bengale, et celui-ci, devenu plus inquiétant et plus cher à garder, est par conséquent,
moins productif.

Si l'Irlande est révolutionnée de cœur et d'intention
à quelques lieues de l'Angleterre, si elle laisse percer ses projets d'indépendance, le Bengale, à 6,000
lieues d'elle, n'en pourra-t-il pas former de semblables?
N'y a-t-il pas, dans tous les grades des administrations et des armées anglaises dans l'Inde, une multitude d'individus imbus des principes qui agitent
l'Irlande, et qui fermentent au sein même de l'Angleterre? Des factieux adroits ne peuvent-ils pas profiter de troubles semblables à ceux qui éclatèrent en
1795 et 1796 dans l'armée de l'Inde? Des mécontent-
tements particuliers ne les mèneroient-ils pas à en
chercher le redressement dans un meilleur ordre de
choses, comme l'a fait l'armée française ?

Les embarras de l'Angleterre, son éloignement,
l'exemple de l'Amérique, tout concourt à changer ces
conjectures en certitude, et le conseil de Madras

paroît destiné à devenir la doublure du congrès de
l'Amérique. Croyons qu'il ne manque nulle part des
Washington et des Franklin, ou des gens qui, sans
avoir leurs talents, n'en ont pas moins leur ambition. Les Indiens n'ont-ils pas parmi les Anglais
leurs amis, comme les noirs les avoient parmi les
Français ? Quand on voit ce qui se passe partout et
quels noms se rencontrent dans la révolution, on ne
peut plus douter de rien. L'indépendance des colonies d'Amérique et d'Asie sera donc la première
révolution que l'Europe éprouvera dans ses colonies.
Elle ne serait pas plus sensible pour son existence
en général que ne l'a été celle d'Amérique, qui a
tourné à son avantage par l'accroissement du commerce remplaçant la propriété. Il en seroit encore
de même avec les colonies de l'Asie et de l'Amérique méridionale ; il y auroit peut-être déplacement
de richesses par le transport du commerce d'un
pays à l'autre. Ainsi le nord de l'Europe, supplan-
tant l'Espagne dans le commerce de l'Amérique méridionale, la supplanteroit aussi dans les produits
qu'elle en tire ; mais il n'y auroit aucune perte
pour l'Europe en masse, car la richesse ne feroit
que passer du midi au nord. Il est même probable

que ce changement seroit aussi avantageux à l'Europe qu'à l'Amérique : celle-ci seroit mieux approvisionnée, et l'Europe, commerçant directement avec l'Amérique méridionale, le feroit avec la supériorité qu'elle a sur l'Espagne.

La seconde révolution que l'Europe éprouvera de la part des colonies par la durée de la révolution française vient de la différence de population. Les colonies américaines, formées de sang européen, n'ont fait, en se - séparant de la métropole, que se refuser à son obéissance. D'ailleurs aucune haine, aucune animosité entre la population des deux pays. Elle étoit de même nature, et la communauté de la souche ne fournissoit pas de sujets de querelle entre des rejetons absolument pareils. Il n'y a eu qu'un partage de famille. . . Mais dans les grandes colonies de l'Asie et de l'Amérique, c'est tout autre chose. La population européenne n'est pas la·dixième,. la vingtième partie de la population indigène. Celle-ci combat, travaille et veille pour l'autre, qui lui est étrangère, qui l'asservit, qui la comprime, après lui avoir fait éprouver tout ce que se permettent les conquérants.

Il y a là bien d'autres motifs de haine, de ressen-

timent et de séparation que dans les colonies du
même sang, même à l'époque de leur divorce avec
la métropole. Il y a à venger des injures cruelles et
des précautions sévères à prendre pour éviter un nouveau joug. Ainsi les Européens furent; pour n'y plus
rentrer, expulsés de la Chine et du Japon ; heureux
si l'extinction de leur race dans ces contrées ne si-
gnale pas les premiers éclats du ressentiment et de
l'affranchissement de tant de peuples ! heureux si
cet affreux sacrifice ne leur paroît pas le gage de
leur sûreté ! Ce qu'il y a de certain, c'est que les
Européens établis aux Indes et dans le midi de l'Amérique sont évidemment menacés de ce sort; c'est
que l'Europe, après y avoir dominé, est manifestement entraînée vers un état pire, peut-être, que
celui où elle est à l'égard de la Chine et du Japon.
Cela lui arrivera, soit qu'elle soit révolutionnée ou
non, soit que les colonies déclarent l'indépendance
ou non. C'est un cercle vicieux dont on ne peut pas
sortir. Ce résultat arrive sur-le-champ avec l'indépendance, comme le massacre des blancs a suivi
l'affranchissement des noirs de Saint-Domingue,
comme l'extinction de la noblesse, du clergé et de
la royauté a suivi la réunion des communes. La

non-indépendance ne fait que retarder un peu le
mal qui arrive alors par l'affoiblissement de la métropole trop occupée chez elle. Tout cela est la
suite nécessaire de la révolution française. Les annonces n'en sont-elles pas partout? Que veulent dire
les insurrections du Pérou, dont l'Espagne ensevelit
les rapports avec tant de soin? Croit-on qu'il y
manque des Zamores prêts à massacrer tous les
Guzmans? Qui pourroit les en empêcher? Dans
quelles mains sont les armes? Depuis l'établissement des milices, sous le ministère de Galvez, l'Espagne n'y tient pas vingt bataillons. Qu'est cette poignée d'hommes comparée avec l'étendue et la population de ces climats? L'Amérique possède aujour-
d'hui des fonderies, des chantiers, des arsenaux qui
rivalisent avec ceux de l'Europe.

Les Anglais ne sont pas dans une meilleure position
en Asie. L'armée est composée d'indigènes. Les officiers sont divisés par la distinction d'officiers du roi
et de la compagnie. La population anglaise de l'Inde
n'est rien, elle ne prospère pas sous ce climat. Le
Bengale est une mine et non pas un lieu de demeure
pour un Anglais. Les ressentiments des Bengaliens
sont encore plus légitimes que ceux des Indiens

d'Amérique ; car lord Clive fut encore plus cruel qu'Almagre et Pizarre. Les Marattes sont à leurs portes comme les Américains à celles du Mexique. Ce brillant empire de l'Angleterre au Bengale est donc bien fragile et ne peut manquer d'aboutir au même terme que celui de l'Espagne en Amérique. On peut le regarder d'avance comme atteint si la descente réussit ou si la guerre se prolonge longtemps. Nous en avons déjà dit la raison... La France, de son côté, ne négligera aucun moyen pour faire perdre ce pays à l'Angleterre : elle soulèvera Tippoo-Saïb, elle y fera pénétrer ses émissaires, ses apôtres, ses officiers d'artillerie et de génie. Elle ne verra dans l'Inde qu'une source de richesse à tarir pour sa rivale.

Ainsi raisonne la haine, et malheureusement les Européens n'ont jamais eu d'autre guide dans leurs querelles. Ainsi, sans réfléchir à la métamorphose des peuples des deux Indes, qui ne sont plus au temps de la conquête, sans tenir compte des changements survenus chez eux par la fréquentation avec les Européens et leurs arts, ceux-ci sont allés les appeler dans leurs querelles et leur remettre les armes qu'ils devoient se réserver à eux seuls. Tandis que l'on combattoit en Amérique pour l'arracher à

l'Angleterre, on s'allioit encore avec les Indiens contre
les Anglais ; des généraux, des troupes et des instructeurs français initioient ces peuples dans l'art de
la guerre et dans l'usage d'armes dont ils se serviront
un jour pour chasser les uns et les autres, digne
salaire de l'étourderie d'une pareille politique.

Dans ce moment la France et l'Angleterre se combattent à Saint-Domingue avec les nègres enrégimentés. Eh bien ! elles n'ont fait qu'organiser les moyens
de leur expulsion commune. Ces régiments les chas-
seront un jour et resteront maîtres du champ de
bataille.

Tel est le sort inévitable qui attend prochainement
la vieille Europe, pour avoir joué avec la révolution
française, pour l'avoir prolongée à plaisir, pour ne
savoir pas prendre un parti contre elle. Tandis qu'elle
regarde d'un œil sec les préparatifs d'une expédition
dont le succès la perd sans ressource, en joignant
pour la révolution l'empire de la mer à celui de la
terre, le mal gagne, le gouffre s'agrandit, et l'Europe,
privée de ses colonies, tend visiblement à rester un
tronc défiguré par la perte de ces superbes rameaux.
Révolution et colonies sont deux mots incompatibles.

Le plan que nous proposons offre au moins une

espèce de remède à ces maux ; il enlève les colonies hollandaises à la révolution. Celles-ci, réunies aux colonies anglaises, peuvent former l'équilibre des colonies françaises révolutionnées. Les Antilles seront à moitié sauvées ; les grandes Indes le seront tout à fait... car les Français n'y occupent que des points imperceptibles, tout le reste est entre les mains des Hollandais et des Anglais.

Cette considération est d'une importance majeure. Il en est encore une autre, étrangère à la révolution, qui naît aussi de notre plan.

Dans son ancien état, la Hollande étoit beaucoup trop foible pour la garde intérieure et extérieure de ses colonies ; sa population ne lui permettoit pas d'y entretenir des garnisons en quantité et en qualité convenables. On connoît l'infâme trafic qui les alimentoit. D'un autre côté, la mer étant aujourd'hui aussi habitée que la terre, la France et surtout l'Angleterre ayant pris d'immenses accroissements de commerce et de marine, l'ancienne Hollande ne pouvoit lutter contre aucune d'elles, ni défendre ses colonies, qui étoient toujours prises au dépourvu.

C'est encore pis dans l'état actuel de la Hollande, qui n'est plus qu'un fantôme de puissance.

Ces inconvénients sont corrigés dans ce plan, qui assigne à la Hollande des bases de population, de commerce et de territoire proportionnées à ses besoins en tout genre et aux forces de ses voisins.

CHAPITRE XIII

DU SYSTEME DÉFENSIF DE LA PART DES PUISSANCES, ET DE CELUI DE MODÉRATION DE LA PART DE LA FRANCE.

Dès le commencement de la révolution, les gouvernements se partagèrent sur les moyens de s'en préserver. Deux partis se présentoient :

Le premier, de la combattre dans son berceau et de l'y étouffer en prévenant le développement de ses forces et l'accroissement de ses dangers.

Le second, de l'observer, de s'en éloigner, ou tout au plus de s'en garder par des mesures défensives.

Les deux plans n'ont pas cessé d'agir à la fois, de se croiser dans tout le cours de la révolution, et malheureusement on s'est borné à prendre un peu de chacun, sans en embrasser un exclusivement à l'autre. Ce mélange, qui mettoit tout dans une fausse position, a fini par tout perdre, en donnant les inconvénients des deux systèmes sans les avantages d'aucun, comme il arrive toujours avec les demi-plans et les demi-mesures. Il y a plus : souvent les partisans d'un système ont été choisis pour être les agents de l'autre ; l'homme du parti pacifique étoit chargé de la guerre, et réciproquement pour l'autre système. On a vu comme ils s'en sont acquittés. Dans le fait, qu'attendre d'une besogne faite à contre-cœur ? Il faut cependant avouer que le système défensif l'a toujours emporté de beaucoup sur celui qui dictoit des mesures plus viriles. L'excès de la résolution alloit jusqu'à établir sur les frontières de France un cordon défensif, derrière lequel on observeroit les mouvements de la révolution et on chercheroit à l'influencer.

Louis XVI n'en vouloit pas davantage. L'idée dominante de son temps étoit que la présence d'une armée sur le Rhin suffisoit pour porter les révolutionnaires à introduire dans la constitution des modifications convenables. Il bornoit son ambition à ce moyen, qui l'eût perdu quelques mois plus tôt.

La convention de Pilnitz fut bientôt ramenée à un sens purement défensif, et Léopold, soit par inclination personnelle, soit par condescendance pour Louis XVI, passa tout l'hiver de 1792 à écarter la guerre, qui n'eût jamais été déclarée sans l'agression des jacobins et de leur ministère du 10 mars 1792.

Aussi, délivrés de toute crainte après le 10 août, n'ont-ils pas cessé de s'en vanter, et leurs déclarations ne permettent pas de douter des intentions qui animoient alors les puissances. Ce système étoit tellement ancré dans certains esprits, qu'ils le reproduisoient au sein même de la guerre, et qu'ils vouloient transformer les armées en murailles, destinées seulement à enceindre la France et à attendre, les armes au repos, la fin de ses convulsions et de son agonie.

Les Français ayant, comme on devoit bien s'y attendre, fait changer promptement de face à cette guerre spéculative, les puissances ayant reconnu la foiblesse de ces barricades, la guerre les ayant fatiguées et dégoûtées, *fracti bello fatisque repulsi...* les puissances sont revenues à ce même système défensif, mais sur un autre plan. Ainsi, tandis qu'il s'agissoit, en 1792, de s'unir pour cerner la France et contenir la révolution, il s'agit vraisemblablement en 1798 de s'unir de nouveau, non pas directement contre la France, mais indirectement, non pas pour l'attaquer, mais pour s'en défendre à distance, en

s'éloignant d'elle, en interposant des États intermé-
diaires entre la France et les grandes puissances, et
en lui faisant craindre l'action simultanée d'une grande
réunion de forces, qui, attendant sur leur terrain
qu'on vienne les chercher, s'y défendroient avec tous
les avantages que la France a trouvés sur le sien...
Les traces de ce système se retrouvent partout.

La ligne de démarcation et le prix qu'on semble y
mettre l'indiquent du côté de la Prusse et du Nord.

L'Autriche ne cherche évidemment qu'à s'éloigner
de la France, à se donner de nouvelles frontières
et à se fortifier chez elle.

Si les bruits de coalition entre la Russie et la
Prusse ont quelque fondement, sûrement ce n'est
qu'en ce sens purement défensif; de manière qu'ainsi
qu'autrefois l'Autriche ne travailloit réellement qu'à
modifier la révolution, lorsqu'on la croyoit armée
pour la renverser, de même aujourd'hui elle ne se lie
avec ses voisins, elle ne remue continuellement ses
troupes que pour en imposer à la France et la ramener à des procédés à peu près tolérables.

Dans ce plan, l'Autriche fait le centre de cette
opposition armée, la Prusse et le Nord en font la

droite, Naples la gauche, la Russie la réserve et
l'Empire les avant-postes.

Ce plan explique tout ce qui se passe, et le traité
de Campo-Formio, et le congrès de Rastadt, et la
cession non contestée de Mayence et de la rive
gauche, et la tolérance accordée aux révolutions de la
Suisse et de Rome, et la reprise d'armes qu'ont
occasionnée les nouveaux dangers de Naples. Il est
clair pour qui veut examiner ces faits et les lier
ensemble, que l'on est convenu au moins tacitement
de céder en toute propriété à la révolution une certaine étendue de terrain, à condition qu'elle ne chercheroit ni à en sortir, ni à troubler ses voisins.
C'est un traité de partage entre la nouvelle et l'ancienne Europe.

Dans ce plan, l'Autriche acquiert les Grisons à la
droite du Rhin et cède Constance à la gauche, de
manière que ce fleuve forme, depuis sa source jusqu'à
son embouchure, la limite entre la partie révolutionnée
et la partie non révolutionnée de l'Allemagne.

La Prusse devra vraisemblablement se retirer derrière le Weser, et, par cette retraite parallèle à celle
de l'Autriche, s'éloigner de la France ; combinaison
réputée favorable à la tranquillité des deux empires.

Si tous ces faits ne suffisoient pas, il n'y a, pour s'en convaincre, qu'à examiner la composition et la marche des cabinets.

L'envoi d'un ambassadeur à Paris vient de terminer quelques brouilleries entre la France et la Suède.

Le ministère qui fit la paix de Bâle continue d'administrer la Prusse, et ce pays, en changeant de souverain, n'a pas changé de système.

Le ministre qui a signé le traité de Campo-Formio, les influences qui ont amené tout ce qui s'est passé avant et depuis, ont un ascendant décidé dans le cabinet de Vienne ; il s'est établi des relations intimes entre eux et les agents français à Campo-Formio.

Le ministre napolitain, qui a joué le rôle ostensible à Campo-Formio, dirige les affaires à Naples, d'où le ministre Acton a été écarté par lui comme le baron de Thugut l'a été par le baron de Cobentzel.

L'Espagne même, l'Espagne cherche à se rattacher à ce système sous un nouveau ministère, qu'il ne faut peut-être pas juger sur quelques actes d'une condescendance forcée pour les Français, devenus d'ailleurs d'usage dans presque tous les gouvernements.

Voilà vraisemblablement le fil de la politique actuelle.

Qu'on l'étende à la nouvelle marche du gouvernement français, aux nouvelles dispositions d'ordre et de compatibilité qu'il vient de manifester à ses voisins, à sa douceur envers Naples, à l'appui qu'il prête au roi de Sardaigne contre les insurgés du Piémont, à son silence sur l'affaire de Bernadotte, comparé avec l'éclat qu'il a fait à Rome. Qu'on joigne à ces actes publics les inductions qu'il est naturel de tirer de tout ce que le gouvernement français laisse percer de ses intentions dans ses papiers officiels et dont plusieurs occasions marquantes, telles que les réceptions d'ambassadeurs, toutes signalées par les homélies pacifiques de l'évêque d'Autun, et la correction publique infligée à Poultier pour s'être permis des plaisanteries sur les rois.

Il résulte évidemment de tous ces faits que les puissances et la France sont convenues de se tolérer, et pour y parvenir plus sûrement, de partager l'Europe, dont l'ouest restera à la révolution et l'est aux anciens gouvernements. On appelle cela faire la part du feu ; elle est grande, il faut en convenir.

Du côté des puissances, on a encore calculé l'amortissement des idées révolutionnaires, et le peu d'impression qu'elles ont fait en général sur les peuples et les armées. La première éruption de cette fièvre étoit le moment critique; il s'est écoulé sans réaliser les dangers qu'il avoit fait craindre, il ne menace pas de retour. De plus, les gouvernements, en se resserrant, en s'entourant de surveillance, en écartant les sujets les plus palpables de mécontentement, se flattent de balancer les inconvénients de leur nouvelle position; enfin, avec la paix, ils attendront au loin et avec des forces fraîches les chances que la révolution doit faire naître en France, chances dont ils se regardent comme affranchis en leur qualité de gouvernements réguliers...

Telle est l'origine et la substance du système défensif. Examinons-le avec soin...

1º Ce système n'est autre chose qu'un plan de coalition, mais de coalition inactive. Comme coalition, il renferme déjà tous les vices de ces associations; comme force d'inertie, il renferme encore tous ceux de l'oisiveté, et l'oisiveté est mère de tous les vices, en politique comme dans tous les autres cas.

Si le mouvement et la chaleur de l'action ont tant de peine à soutenir les coalitions actives, comment se soutiendroient-elles dans le repos des esprits et des corps ?

A quels objets s'étend cette coalition défensive ? où commence-t-elle ? où finit-elle ? Par exemple, le congrès de Rastadt installe la France sur toute la rive gauche du Rhin ; il interpose entre elle et les deux grandes puissances d'Allemagne nombre de petits États. Ces derniers font-ils partie de la coalition en tout et pour tout ? Les grandes puissances sont-elles tenues d'intervenir dans tous les différends qu'ils auront inévitablement avec la France ? Les laissera-t-elle ? Dans le premier cas, que devient le système défensif ? Quel profit de substituer à sa place un voisin dont on a la charge et dont la foiblesse invite à l'attaquer ? Qu'a-t-on gagné à se déplacer ? Dans le second, le système défensif est rompu, et l'on se retrouve à côté du voisin que l'on avoit voulu fuir...

Dans cette coalition, les intérêts sont-ils également sentis ? Celui qui est en première ligne voit-il comme celui qui est en seconde, en troisième ? Le foible juge-t-il comme le fort, le riche comme le pauvre, l'État commerçant et navigateur comme celui qui est borné à une puissance purement continentale ? Le

20

courant des affaires personnelles à chaque membre
de l'association ne change-t-il pas sa position relative
à l'association générale ? Par exemple, la Russie,
qui, par sa position, sert de lien commun à l'union
de la Prusse et de l'Autriche, n'a qu'à se brouiller
avec la Turquie, cet incident ne change-t-il pas sa
position respective avec chaque membre de l'union,
qui la considère alors sous des rapports personnels ?
La division de ses forces n'affoiblit-elle pas le nœud
commun ? Les puissances qui forment le fond de
l'association oublieront-elles toujours en sa faveur ce
qu'elles croient leurs intérêts particuliers et même
leurs anciennes querelles ? Résisteront-elles toujours aux
amorces de l'espérance, aux semences de discorde et
de jalousie que la France jettera parmi elles pour
diviser leur faisceau ? Certes, il faut renoncer à toutes
les notions acquises sur le cœur humain et sur la
marche des affaires de ce bas monde, pour adopter
une pareille chimère...

2º Ce plan étant purement défensif, il a par là
même tous les désavantages de cet état qui condamne
à ne faire que parer des coups qu'il est difficile de
prévoir et qu'on s'est interdit de rendre. Dans ce
système, on abandonne toute initiative, comme l'ont

fait les puissances dans tout le cours de la guerre et
de la révolution. Elles se sont toujours subordonnées
aux plans de leur ennemi, sans jamais en former
d'indépendants de ceux de la France, qui forçassent
celle-ci à s'occuper des leurs. C'est encore la même
chose à Rastadt, on n'y discute que les plans de la
France ; l'Empire ne demande, ne propose rien pour
son compte, il est sur la défensive et dans un état
de capitulation...

Or, il en sera de même dans le système que nous examinons ; car un repos absolu, un calme plat, tel que celui
des anciennes paix, étant une chimère avec la mobilité qui
fait l'essence de la révolution, il y aura nécessairement
action et réaction entre elle et les puissances : c'est forcé.
Combien de sujets de querelles n'a-t-il pas existé déjà
entre la France et l'Autriche depuis le traité de Campo-
Formio, malgré la première ferveur qui suit toujours les
réconciliations ? La Prusse et le Nord n'ont-ils pas été sur
le *qui-vive* pendant tout l'hiver par les prétentions de la
France sur le Hanovre et Hambourg ? Qui leur garantit
qu'elles ne revivront pas ? Les puissances se condamnent
donc, par leur système défensif, à tourner autour de
toutes les fantaisies de la France , comme des satellites
autour de leur planète...

3° Ce système est ruineux à la longue et presque aussi cher que l'état de guerre. Cela résulte de la différence entre une paix paisible et une paix armée. Or, il est évident que cette coalition et la paix seront nécessairement armées. La Prusse et l'Autriche ont-elles pu désarmer depuis leur paix! Les circonstances qui les forcent aux dépenses de la guerre, sans guerre, ne se représenteront-elles pas sous mille formes? et la base même du système, qui est l'existence de grandes forces, n'en demande-t-elle pas la dépense habituelle. D'ailleurs cet état imminent de guerre sans guerre n'est-il pas le pire de tous pour les troupes? l'incertitude de leur sort, la fatigue des marches et contre-marches ne sont-elles pas très-propres à les dégoûter, à les indisposer, et se concilient-elles bien avec l'esprit d'un État dont la décision fait le fond?

4° Le système défensif partageant l'Europe en deux zones absolument étrangères l'une à l'autre, les deux partis ne sont-ils pas continuellement en présence, et ce qu'il y a de véritablement hostile dans cette opposition permanente échappera-t-il à la pénétration des yeux révolutionnaires, accoutumés à tout voir, à tout percer? Croit-on leur faire illusion et leur déguiser ce que cet état renferme d'inimitié ou de crainte, de haine ou de dissimulation ? Eh bien ! les Français l'ont déjà dit en mille occasions, et surtout à celle de la liaison de l'Autriche avec Naples , qui , placés aux deux extrémités de l'Italie, semblent s'être rapprochés pour en former l'équilibre. Ils se sont bien promis de le rompre, et les prétextes ne leur manqueront pas.

5° Un système offensif ou défensif de paix ou de guerre n'est pas au pouvoir de l'Europe; elle s'en flatteroit en vain, elle n'est plus maîtresse du choix... Au point où elle a laissé venir les choses, ce n'est plus elle qui décide de sa destinée, c'est le Directoire, en sa qualité de chef de la révolution française, succédant en cela à tous ceux qui l'ont dirigée. « Nous traiterons de vous chez vous et sans vous, » disoit aux Hollandais le cardinal de Polignac à Gertruidenberg. Le Directoire a généralisé l'audace de ce langage, qu'il tient à tout l'univers. Vous aurez, lui dit-il par toute sa conduite, la paix ou la guerre, suivant notre convenance, suivant que les dispositions intérieures de l'État demanderont le calme ou l'agitation, suivant les degrés de l'obéissance de nos troupes et de la sûreté de leur séjour parmi nous, suivant que le vide de notre trésor nous rendra le pillage nécessaire, suivant que nous aurons besoin de distraire un peuple léger et vain et de l'occuper de nos triomphes, dont nous nous

servirons également pour l'asservir et pour vous effrayer.
Voilà, n'en doutons pas, ce que le Directoire répond, au
fond de sa pensée, à ce système défensif dont il connoît
les ressorts tout aussi bien que ceux qui les ont faits.
Rien ne lui échappe, soyons-en sûrs; il doit retentir
longtemps à l'oreille de tout homme sensé ce mot de
Barrère : *Il y a de l'écho en Europe.*

6° Comme le système défensif est basé sur la paix, il
faudroit que cette paix fût également au pouvoir des deux
partis. Or, la possibilité de la paix n'appartient pas au
gouvernement français comme aux gouvernements étrangers. Il y a dans le premier une infusion d'esprit révolutionnaire distinct du gouvernement, qui n'existe pas dans
les autres : c'est l'esprit de secte et de révolution qui,
quoique faisant partie du gouvernement, est quelquefois
en opposition avec lui. Ainsi ce gouvernement, composé
d'anciens coryphées du jacobinisme élevés par la pratique de ces principes, est aujourd'hui en guerre
après avoir été en alliance avec lui au 18 fructidor,
au 13 vendémiaire, en un mot dans toutes les
grandes occasions de la révolution. Voilà ce qu'il faut
bien distinguer. L'esprit révolutionnaire est séparé du
gouvernement, il y participe en quelques points, il lui
est soumis en quelques autres. On peut être en paix avec

le gouvernement, on ne l'est pas avec l'esprit révolutionnaire. Le gouvernement fait sa paix avec l'empereur,
voilà son acte; Bernadotte fait une tentative d'insurrection, voilà l'esprit révolutionnaire : l'empereur étoit en
paix avec l'un et ne l'étoit pas avec l'autre. Si le peuple
de Vienne eût répondu à l'appel révolutionnaire de l'ambassadeur, le gouvernement français auroit-il été le maître
de n'y pas répondre de son côté ? C'est ce qui rend la
position des deux partis inégale. Dans un cas pareil, tout
le système défensif n'est-il pas renversé? et qui répond
qu'un pareil événement ne sera pas répété ailleurs par
quelque ambassadeur qui n'aura pas assez médité le
précepte de l'évêque d'Autun, que *fougue n'est pas force ?*

7° Le système défensif, résultant de l'accord de plusieurs, manque de l'unité qui appartient à son adversaire.
Celui-ci est *seul :* cet avantage est immense. Les alliés,
au contraire, ne sont pas seulement divisés entre eux,
mais ils le sont encore en eux-mêmes : il y a deux
conseils dans chaque cabinet; leur choc allanguit toutes
les décisions et toutes les actions. Il est connu qu'il y
a partout un parti français, comme il est également certain qu'il n'y a au Luxembourg ni parti anglais, ni parti
allemand, ni parti russe.

8° Le système défensif ne garantit pas les gouvernements

des attaques sourdes, des menées secrètes et des conspi-
rations sans cesse renaissantes. Quels principes défensifs
peut-on leur appliquer? De quelle sécurité laissent-elles
jouir? Les rois de Sardaigne et de Naples, le grand-duc
de Toscane, bien en paix avec la France, en ont-ils joui
un instant depuis trois ans? Quel est leur crime? D'être
sur le chemin de la révolution. La Suisse et le pape ont-
ils pu se préserver de cette guerre sourde qui a fini par
les perdre?

N'en sera-t-il pas de même pour les puissances atta-
chées au système défensif, et les princes condamnés à
tout craindre, à punir sans cesse, ne seront-ils pas forcés
de devenir tyrans par système quand ils seront entourés
de factieux par principes?

Le système défensif est donc vicieux dans son essence
et manque de solidité dans ses bases. Voyons s'il est mieux
appuyé sur les accessoires que l'on cherche à y rattacher.
Ils sont de deux espèces absolument différentes : les
premiers sont les chances de l'état révolutionnaire, les
seconds sont l'amortissement de ce même état révolutionnaire et le retour à la modération : de manière que l'on
fait concourir au même but les deux contraires.

Les espérances sur l'instabilité de la révolution et sur
sa fin prochaine, amenée soit par ses excès, soit par toute

autre cause , ont formé et forment encore le fond des
horoscopes que l'on tire sur les destinées de la France.
Une grande partie des illusions sur lesquelles on établis-
soit sa bonne aventure sont déjà évanouies. Ainsi il n'est
plus question de la famine , de l'épuisement intérieur, des
assignats et de mille autres folies semblables ; mais,
comme le caméléon de l'espérance, au lieu de mourir, ne
fait que changer de couleur , on se console de la perte de
ce terrain indéfendable par l'attente du choc des factions ,
de la lassitude de la nation , du déficit de la finance , que
sais-je enfin ? par l'attente du retour d'événements pareils
à ceux qui amenèrent le 18 fructidor , enfin par l'espoir de
ceux que pourroit produire quelque ambition particulière.

Le gouvernement actuel de la France est établi sur la
ruine de ses propres lois constitutives, sur celle des
factions, sur celle de l'esprit public dans le pays qu'il
gouverne.

1° Le gouvernement a déchiré il y a longtemps la constitution au nom de laquelle il règne et à laquelle il adresse
des hommages dérisoires. Au 18 fructidor des royalistes a
succédé celui des jacobins en 1796; la facilité avec
laquelle le gouvernement a chassé et cassé des députés
reconnus par toute la France et par lui-même ; la facilité
encore plus grande avec laquelle il a cassé les nouvelles

élections; ce pouvoir de faire et de défaire les représentants de la nation, de se rendre maître du corps législatif en ouvrant et fermant la porte à des élus de son choix ou hors de son choix; la latitude de pouvoir excentrique à la constitution qu'il exerce sur les tribunaux, sur les corps civils et militaires, cette réunion de pouvoirs usurpés met le Directoire au-dessus de la constitution, comme les concessions du sénat romain mirent successivement les empereurs au-dessus de lui-même et de tout pouvoir connu. A Paris comme à Rome, l'armée conserve au gouvernement les prérogatives que le corps législatif lui défère, et celui-ci règne alternativement sur le sénat par l'armée et sur l'armée par le sénat. Dans le fait, il n'y a plus de constitution en France, il n'y a qu'un gouvernement...

On a pu former quelques espérances sur les élections de cette année, dans un sens précisément contraire à celui des élections de l'année dernière, mais pareil au fond, quant à la probabilité des secousses intérieures.

Mais le Directoire a prévenu le coup : après avoir fait la faute de laisser arriver les royalistes, il n'a pas fait celle de laisser entrer les jacobins; il les a arrêtés sur le seuil de la porte du corps législatif. Toutes les élections suspectées ont été annulées.   .

Les élections étoient à peu près partagées entre les jacobins et les commissaires du Directoire. L'exclusion des
premiers fait du nouveau corps législatif une véritable
assemblée de commissaires du Directoire. Il y aura pro-
bablement un parti d'indépendants formé d'une petite
quantité d'hommes de talent; mais, semblables au parti
de l'opposition d'Angleterre, qui compte aussi des talents
supérieurs, ils emploieront le leur en pure perte contre
une majorité dévouée, et ils n'ont pas, comme en Angleterre, la ressource des manœuvres contre le gouvernement,
qui en France les conduiroient droit à Cayenne. M. Fox
est bien heureux d'habiter l'Angleterre, contre le gouvernement de laquelle il crie tant, car s'il avoit eu affaire
à celui de France, qu'il chérit si tendrement, il y a longtemps qu'il seroit déporté.

Le Directoire sait bien que dans tout gouvernement
représentatif on ne gouverne pas contre la majorité:
toutes ses démarches se rapportent à s'en assurer. Il y a
trop réussi. S'il soigne l'entrée des députés, il soigne
aussi leur sortie; les grâces attendent à la porte ceux qui
l'ont bien servi, et cette distribution lui garantit la docilité
de ceux qui siégent encore.

Le gouvernement anglais ne va pas autrement; mais
aux moyens d'ordre, d'habitude, d'influence ou d'esprit

public qui dans ce pays valent régulièrement la majorité
au ministère, le Directoire préfère les moyens de corruption et de violence. Le résultat est cependant le même.
Comme il n'est pas plus contesté en France qu'en Angleterre le gouvernement français marche et marchera comme
le gouvernement anglais, appuyé sur les mêmes supports...

2° Il n'existe plus en France de partis proprement
dits.

Un parti ne consiste pas seulement en individus d'une
part, ou bien en plans et en projets de l'autre, mais dans
la réunion de tous les deux, comme un édifice ne
consiste pas dans un plan de bâtiment ou dans un rassem-
blement de pierres, mais dans leur ordonnance, dans
leur rapprochement sur un plan régulier. Or, il n'y a rien
de tout cela en France, et ce pays, après avoir été celui
de l'Europe qui a compté le plus de partis, est peut-être
celui qui en renferme le moins. Les Constitutionnels, les
Girondins, les Jacobins, les Montagnards, les Cordeliers,
les Fédéralistes, les Royalistes, les Vendéens, les Chouans,
les Thermidoriens, ont tous également passé. On classe
maintenant tous les mécontents en deux grandes divisions, savoir : les Royalistes et les Jacobins. Les uns ni
les autres ne sont un parti... Le nombre de ceux que l'on

nomme royalistes, regrettant ou désirant un roi, détestant le gouvernement pour l'amour de la royauté ou pour tout autre motif, ce nombre, dis-je, est immense. Mais, à raison même de son immensité, il ne se connoît ni ne s'entend; il manque de chefs, de plan, de centre et de moyens de direction. Il y a plus : dans tous les conflits du gouvernement avec les jacobins, il sert le gouvernement contre eux (1), comme ceux-ci servent aussi le gouvernement contre les royalistes. Les jacobins, connus maintenant sous le nom d'anarchistes, sont peu nombreux, parce qu'ils sont le reste d'un parti dont un grand nombre de membres ont péri sans être remplacés; parti qui d'ailleurs n'a jamais été bien nombreux, même lorsqu'il gouvernoit la France. Mais ce parti, chargé de toute l'horreur due à ses forfaits, n'a pas de soutien dans la généralité du peuple; il est actif, il a des chefs, des plans, mais il manque de bras, de manière que l'on peut dire que les uns sont des partisans sans parti, et les autres un parti sans partisans. Mais, dans cet état, qu'ont les uns et les autres d'inquiétant pour le gouvernement, qui les connoît, qui les surveille, qui les domine l'un par l'autre,

(1) On n'ignore pas de quel langage le comte de Maistre se servait à l'égard des royalistes et des émigrés. Voir les *Considérations sur la France.*

qui les châtie tour à tour, et qui, se croyant assez fort
pour s'en passer, menace de les briser à la fois, comme
on fait toujours des instruments de révolution ?...

3° La dégradation et la nullité du peuple français est le
troisième moyen de la puissance du Directoire. Ce peuple
n'est plus qu'un marchepied pour ses maîtres. Le gouvernement a tenté sur lui la plus vaste épreuve que la
tyrannie se soit jamais permise. Les tyrans et les usurpa-
teurs règnent ordinairement sur le peuple par le peuple
lui-même, en flattant ses goûts. Les empereurs le nourris-
soient et ne cherchoient qu'à l'amuser. Ici c'est tout le
contraire : c'est en torturant tous ses goûts, toutes ses affections, toutes ses habitudes, en poussant les recherches
de la tyrannie jusque dans les détails qu'elle avoit toujours respectés ou ignorés, que le gouvernement régente
la nation française et la soumet à un joug tantôt cruel,
tantôt bizarre, mais toujours également détesté.

Le gouvernement français met plus d'importance au
calendrier républicain qu'à l'existence de Dieu, et à
l'observation de la décade qu'à celle des droits de
l'homme ; il arrache à trente millions d'hommes leur
religion, leurs propriétés, leurs lois, leurs enfants,
jusqu'aux formes d'urbanité de leur ancien langage. Il
les atteint ainsi dans toutes leurs affections, et il

n'éprouve aucune commotion; s'il y a résistance, elle n'est que passive et force d'inertie. Le gouvernement en général est détesté, ses agents sont honnis, ses institutions vilipendées; on rougiroit presque partout de s'avouer l'ami ou le parent d'un des dominateurs. Ô prodige! la soumission et l'obéissance surpassent encore le mépris et la haine. On diroit que les Français sont étrangers à leurs propres souffrances, que ce n'est pas d'eux dont il s'agit dans les actes de leur gouvernement. En un mot, le Directoire a résolu un grand problème, celui de gouverner contre les gouvernés.

On aura la juste mesure de la patience des Français et de leur absence totale de participation aux actes de leur gouvernement, en réfléchissant à la quantité et à la qualité des personnes qui fréquentent les assemblées constitutionnelles et les institutions républicaines, en examinant avec quelle indifférence on a laissé chasser ces députés qui faisoient l'espoir de la France, ainsi qu'annuler leurs décrets qui avoient excité tant d'enthousiasme. Quand on pense que cette violence, aggravée par la banqueroute du 18 fructidor, n'a pas excité un cri ni armé un bras, que la France entière s'est laissé arracher cette religion dont elle avoit embrassé le retour avec transport, certes, il faut renoncer à compter sur un tel peuple, à le ranger au nombre des obstacles ou des incidents possibles. Il est ce qu'on appelle dans les écoles *materia circa quam...* mais il n'est que cela.

Dans le fait, la France paroît contenir deux populations étrangères l'une à l'autre : une de conquérants fiers, actifs, entreprenants ; une de conquis tremblants, inactifs et subjugués. C'est comme en Égypte, où une poignée de mamelucks dispose de tout un peuple, où leur gouvernement est tout et la nation n'est rien ; de manière que lorsque le gouvernement français parle de ses conquêtes, il faut toujours compter que la première est celle de la France même, et que la conservation de celle-là lui garantit toutes les autres.

L'asservissement de la nation est tel qu'il ne laisse pas même l'espoir d'une guerre civile ; les éléments n'en existent plus dans la nation. S'il y en a quelque part, ils ne se retrouvent qu'aux armées ; la nation les regarderoit combattre entre elles comme avec les Autrichiens et les Anglais. A-t-elle pris la moindre part aux mouvements de l'armée de Hoche, aux menaces de celle de Bonaparte ? Il en seroit à Paris comme à Rome ; où les habitants, changeant alternativement de joug, ne se mêloient en rien des querelles d'Othon et de Vitellius, de celui-ci avec Vespasien, et de milliers d'autres compétiteurs à l'empire, nommés par les armées, reçus avec plaisir et chassés avec une indifférence parfaitement égale.

Les causes de cet asservissement conduiroient trop loin; nous en assignerons seulement quelques-unes :

1º Le repos actuel équivaut au mouvement passé; il fut excessif, la lassitude l'a suivi ; elle a rejeté la nation dans l'autre extrême. Le mouvement moral a suivi les lois de la physique, dans laquelle l'angle de réflexion est toujours égal à celui d'incidence.

2º L'impression de la terreur subsiste encore et pèse de tout son poids sur les esprits. On est prêt à tout sacrifier pour l'éviter. C'est le seul sentiment qui se soit manifesté dans la nation, au 13 vendémiaire, au 18 fructidor ; et, sur ce point, Robespierre règne encore au fond du tombeau (1).

3º L'inutilité de plusieurs tentatives, le mauvais succès de guerres cruelles, telles que celles de la Vendée et des chouans, de Toulon et de Lyon, mille insurrections étouffées dans le sang ou perdues par la *malfaçon* des entre-

---

(1) « C'est toujours Robespierre qui gagne des batailles en ce moment; c'est son despotisme de fer qui conduit les Français à la boucherie ou à la victoire. » (*Considérations sur la France*)

On sait que cet ouvrage n'a été écrit qu'en 1796, c'est-à-dire deux ans après la mort de Robespierre.

preneurs, la crainte de se commettre avec un gouvernement inexorable, tout a contribué à refroidir, à allanguir
les Français, à les dégoûter de toute opposition ; tout les
a poussés vers une soumission inévitable ; et comme rien
ne donne plus de force à un gouvernement que la répres-
sion des insurrections, le succès avec lequel le gouvernement les a comprimées toutes, lui a donné une grande
puissance d'opinion dans l'intérieur.

4° L'éclat dont le gouvernement brille au dehors ajoute
aussi beaucoup à sa considération au dedans. A cet égard,
rien ne manque au Directoire ; il a marché de succès en
succès, et la nation le paie en obéissance de la gloire
qu'il a attachée à son nom. C'est là le piége où les usurpa-
teurs prennent toujours les peuples ; ils cherchent à faire
oublier par des exploits le vice de leur intrusion. L'usur-
pateur se cache derrière des trophées, et les peuples
éblouis ne songent guère à contester un pouvoir dont la
source se perd dans des lauriers.

M. Necker a dit avec beaucoup de raison, en parlant de
l'influence des victoires de la France, que le bonnet du
grenadier français avait caché les infamies du bonnet
rouge.

5° Enfin, la cause déterminante de la soumission de la
nation à son propre gouvernement, c'est la soumission

des gouvernements étrangers. Quand les hommes les plus opposés à la révolution ont vu l'éloignement des puissances pour la cause royale en France et sociale dans tout le monde ; quand, au lieu de ces motifs sacrés, ils les ont vues travailler à la destruction de la France, ne tenir aucun compte des dangers de la révolution pour la société en général et pour elles en particulier, traiter continuellement d'État à État avec tous les gouvernements français, depuis Brissot jusqu'au Directoire, que pouvoient-ils, eux particuliers, vouloir contester à ces gouvernements ? Charette mourant déclare n'avoir reçu de l'Angleterre qu'une somme de quinze mille francs ; quinze mille francs, grands dieux ! quel encouragement pour le reste des Français !...

Quoi ! presque tous les gouvernements baissent à la fois pavillon devant les Français ; de grands princes sont leurs alliés, les agents de leurs fantaisies ; des monarques absolus chez eux, à la tête d'armées puissantes, se soumettent comme les autres à leurs exigences, et des particuliers isolés, dépourvus de moyens, ne se soumettroient pas ? Il faut le dire, ce sont les puissances qui ont achevé la conquête de la France pour le compte de son gouvernement, et qui lui ont imposé la nécessité du joug avec l'exemple de le porter.

Rien de tout cela ne fût arrivé dans un autre ordre de choses de la part des puissances, rien de tout cela n'auroit lieu dans notre plan ; mais rien de tout cela n'appartient au système défensif, qui est lui-même un plan de composition et par conséquent de soumission.

Si l'on me demande comment concilier tant de contradictions, tant de grandeur et tant de bassesse, tant de lâcheté et tant de victoires, je répondrai que le Directoire est, en France, ce que les empereurs, les plus vils des mortels, furent à Rome ; que le sénat, tremblant devant Tibère, étoit le corps législatif de France ; que le peuple de la ville de Rome, abîmé de vices et remerciant le ciel de la convalescence de Néron, est le peuple de Paris, vautré dans la corruption et criant d'une bouche affamée : Vive la république ! qu'enfin les armées françaises sont les armées romaines, achevant la conquête du monde à l'époque de la plus grande dissolution de Rome.

C'est que dans les peuples éclairés il y a toujours aussi des hommes éclairés qui savent en tirer parti, et que le fond de la nation restant sain, pendant que la capitale est gangrenée, des bras robustes et bien dirigés suppléent aux vices d'une tête efféminée. En tout État, la corruption ne sort guère des grandes villes ou des grands rassemblements ; elle ne descend pas dans le fond des nations, qui fait les armées. Paris et Pétersbourg sont peuplés de sybarites, et leurs armées sont dirigées par des hommes de génie et composées d'hommes vigoureux.

La finance de la république est encore une des grandes espérances de ses ennemis de toute espèce. ´

Il n'y a plus de finances en France depuis 1789 ; car il n'y a pas de finances dans un pays où la recette n'équivaut pas au cinquième, au sixième de la dépense : ce n'est pas là une finance. Or, tel est l'état de la France depuis le commencement de la révolution. Avec une dépense au-dessus d'un milliard, sa recette ne s'est jamais élevée au-dessus de cent cinquante millions de revenus effectifs ; elle n'en a pas davantage aujourd'hui. Le ministre Ramel et la commission des finances viennent encore de déclarer que la trésorerie ne touche pas quatre millions par décade, ce qui fait cent quarante-quatre millions par an. Cependant la France *a été*, elle *va* encore malgré ce déficit ; c'est du sein de sa pénurie et de ses désordres que sont sortis sa grandeur et l'abaissement de ses voisins. Elle *ira* donc comme elle a déjà *été*, et le passé est le garant de l'avenir. On pourrait finir là l'histoire de la finance de la France et se borner à ce jugement par analogie ; mais comme on insiste beaucoup sur l'épuisement à venir des objets qui composoient les ressources précédentes, il faut en expliquer la nature ,

l'étendue et la durée possible. C'est un des plus singuliers
phénomènes de la révolution.

La France perçoit cent quarante-quatre millions, elle
en dépense près de douze cents ; la dépense étant évaluée
à trois millions par jour ; bornons-la à un milliard pour
éviter tout extrême.

Les cent cinquante millions sont employés en solde et
en objets pressants ; encore cela n'a-t-il lieu que depuis un
an. Jusque-là, l'armée avoit vécu de papier ; une partie de
la solde actuelle est toujours arriérée. En septembre 1797,
sur environ cent millions de solde, il en étoit dû plus de
trente. La garnison de Mantoue et l'armée de Rome se
sont soulevées à défaut de paiement. Le papier de toute
nature, les assignats, les bons des ministres font le
service et comblent le déficit. Les fournisseurs les prennent comme argent, n'importe à quel prix ; le crédit alors
vaut l'argent, et l'État vit de ce crédit. Voilà tout le secret,
en France comme en Angleterre, où le gouvernement et
le peuple s'entendent pour se donner des billets de banque.
Mais comme le crédit du papier de France n'a pas les
mêmes bases que le billet de banque anglais, il faut
expliquer comment il se soutient.

Le crédit du gouvernement français se compose de
deux éléments principaux.

1º D'intérêts correspondants aux siens dans l'intérieur de la France.

2º De la patience du peuple français.

Le gouvernement ayant passé six ans à transvaser les propriétés, une multitude d'intérêts se sont liés à ses opérations. Ce sont autant d'appuis d'une part, qu'il invoque dans tous les dangers, et autant de victimes de l'autre, qu'il pressure dans tous ses besoins.

Les ventes ayant été faites à vil prix, il change les conditions de ses contrats et rançonne à plaisir ses acquéreurs. Après plusieurs extorsions de ce genre, il vient de proposer d'élever d'un *quart* le prix de presque toutes les ventes. Quelle immense ressource! Après celle-là, il passera à d'autres, et ainsi de suite... L'expérience lui ayant appris qu'il n'existoit aucune liaison, aucune prévoyance dans l'intérieur; que chacun ne s'attachoit qu'à la partie de la loi qui le concernoit nominativement, il prend en détail les diverses classes d'acquéreurs et les rançonne chacune à part. Tous ceux qui n'ont pas pris part à ces acquisitions trouvent qu'il y a justice à traiter ainsi des gens au moins peu délicats. Le gouvernement s'alimente de l'insouciance et des haines communes. Cela n'auroit pas lieu, si la France étoit combattue sérieusement; mais avec un système défensif qui, au lieu de lui contester ses acquisitions, ne fait que les lui confirmer, il n'y a pas de raison pour que ces remuements ne durent pas pendant cent ans. Les acquéreurs sont en grand ce qu'étoient les engagistes du domaine.

Mais la richesse véritable du gouvernement français, c'est la patience de la nation française ; voilà la mine inépuisable. Il a beau la tenter, cette patience, il n'a pu la lasser... Cinquante milliards d'assignats, trois milliards de mandats, des milliards de rescriptions, de bons, de paperasses de toute espèce se sont succédé, se sont chassés, sont tombés les uns sur les autres, et le tout en vain. On compte plus de dix grandes banqueroutes publiques depuis six ans ; y a-t-il eu le moindre mouvement ou la moindre secousse? Les rentiers ont fait le désespoir de l'ancien gouvernement, ils font l'inquiétude de tous les autres, et, dans Paris, trois cent mille rentiers meurent de faim depuis six ans, sans demander autre chose à leurs spoliateurs que l'aumône.

Le désordre même s'est organisé au point d'avoir tué l'agiotage en grand, qui est fini depuis un an, de manière qu'il n'y a pas eu, depuis le 18 fructidor, plus de mouvement sur la place de Paris que sur celle de Londres.

La finance française va, à quelques égards, comme celle de l'Angleterre : avec un billet de banque, on a de

l'or et des marchandises ; avec un bon du gouvernement
français, on a un champ, de l'argent au perron du Palais-
Royal et des étoffes chez les marchands.

En Angleterre, le parlement ne refuse aucun impôt au
ministère; le public, après quelques criailleries, accepte
tout de celui-ci. En France, le corps législatif accorde
tout de confiance au Directoire; le public le laisse faire ;
le secret, de part et d'autre, réside dans la patience de
la nation. Elle a, dans les deux pays, rendu vains les
pronostics de Thomas Payne, de MM. d'Ivernois et de
Calonne. Le premier se fondoit sur des calculs d'arithmétique, sur les finances d'une nation qui ne compte plus ;
le second a annoncé depuis trois ans la perte de la
république par la finance, et le troisième la restauration
de la finance française. Ils avoient à la fois tort et raison.
M. d'Ivernois avoit raison d'assigner un terme prochain à
la chute du papier; il avoit tort d'en conclure celle de la
république, car elle n'a pas péri, elle ne devoit pas périr,
attendu qu'elle devoit faire quelque chose de plus fort
que le papier, qui étoit de s'en passer. M. de Calonne
avoit raison de considérer la chute du papier comme
étrangère à l'existence de la république; il avoit tort de
croire à la restauration des finances, dont elle ne s'occupoit pas : car elle a encore plus fait, elle a su s'en passer.

L'erreur des deux auteurs provient d'avoir plus calculé sur une richesse matérielle que sur une faculté morale. Ils ont tous également oublié la patience du peuple. Toute finance a un terme nécessaire, au lieu que la patience d'un grand peuple n'en a pas.

La finance française ne sera donc ni un embarras pour le gouvernement, ni une ressource pour les puissances dans un système défensif; elle deviendroit même un danger pour elles, car la France manquant d'or, mais non pas de fer, tourneroit ce fer contre les puissances pour leur arracher leur or. L'un donneroit l'autre, comme il a donné l'Italie, la Suisse et la Hollande... comme il fait contribuer Hambourg et Bremen. Qu'importe d'ailleurs que la finance et mille autres causes tourmentent la France, si elle a le temps de tout culbuter et détruire? Que font maintenant à l'Italie, à la Hollande, à l'Empire toutes les souffrances et toutes les pertes de la France? Hercule, devoré de mille feux, n'en déchire pas moins, avant d'expirer, les bergers qui s'approchent de lui, et déracine les arbres et les rochers.

On fonde encore de grandes espérances sur les armées. Hélas! elles ne sont célèbres que par leur courage et leur docilité, qui tient du prodige. Premières victimes du despotisme, elles en sont les instruments les plus dociles

et les plus fermes appuis. Elles ont bien dû apprendre
aux gouvernements à ne pas craindre leurs propres
armées, et combien elles sont peu redoutables pour qui
sait bien les manier.

Que n'ont-elles pas fait, ces armées françaises, dans
l'ordre de la soumission et de l'obéissance? Quel souverain oseroit exiger de son armée ce que le Directoire fait
faire aux siennes? On les envoie à la boucherie; on les
promène de contrée en contrée, de Rome à Brest, d'Irlande à Strasbourg, de Strasbourg à Mantoue; on les
laisse manquer de tout. Pendant trois ans la solde fut une
dérision; on ne la paie qu'à moitié dans ce moment; en
un mot, l'état habituel de l'armée française est tel qu'aucun
prince n'oseroit en faire l'état de la sienne pendant quatre
jours, et cependant on est encore à attendre le premier
signe de révolte, le premier refus d'obéissance ou de
service. Le soulèvement de Rome est un mouvement d'indignation contre un individu et contre des voleurs particuliers, et non pas contre les lois de la république.
L'armée de Rome n'en réprima pas moins l'insurrection
du peuple, ne témoigna pas moins de fidélité au Directoire; elle s'est embarquée sans murmures pour une
destination éloignée.

Qu'est devenue cette armée d'Italie sur laquelle on

comptoit tant, et tous ces généraux qui devoient venir tout renverser? Avec quel art on l'a séparée, morcelée, enlacée de cajoleries, et définitivement embarquée pour je ne sais quel monde! De bonne foi, quand on a vu La Fayette et Dumouriez abandonnés par leurs propres soldats, Pichegru arrêté par ceux qu'il façonna à la victoire, et tant d'autres guerriers fameux plongés dans le néant; quand on réfléchit à la rotation continuelle dans les emplois, qui prévient toute résistance de leur part, comment compteroit-on sur les généraux français? Il ne faut calculer que sur leur soumission, qui descend encore plus bas que celle de leurs soldats. Moreau dénonçant Pichegru est plus vil que ne peut l'être le dernier caporal de l'armée.

Il est assez plaisant de voir les étrangers prêter des mouvements d'ambition aux généraux français et croire que le gouvernement ne les surveille pas. Quant aux mécontentements intérieurs et à leur nombre, il faut les distinguer des causes de révolution; ils diffèrent du tout au tout. Il y a partout et en tout temps des mécontentements et peu de révolutions, comme il y a dans tous les corps des principes de maladie distincts des causes de mort.

Le gouvernement français a fait ses preuves sur l'ar-

ticle des mécontentements ; les autres gouvernements de
l'Europe se sont débarrassés des leurs quand ils l'ont
voulu , comme a fait l'Angleterre , la Russie et jusqu'à la
Sardaigne. Pourquoi regarder comme cause de mort pour
le gouvernement français les mêmes mobiles que l'on ne
craint pas pour soi ? Au reste, en cela comme en tout,
des mécontentements qui ne renverseront pas le gouvernement français seront très-nuisibles aux puissances ,
car ils tiennent le gouvernement dans un état d'éréthisme (1) qui double ses forces. Un calme plat leur seroit
favorable ; il faut aux puissances, comme à tous les ennemis de la revolution, ou le repos absolu ou l'abattement
de la révolution ; il n'y a pas de milieu : tout demi-parti
n'est bon qu'à les desservir.

Que des mécontentements opèrent d'ici à cent, à deux
cents ans, à la bonne heure ; mais à qui cela importe-t-il,
et qui peut calculer jusque-là, avec la rapidité des événements actuels?...

La dernière ancre à laquelle on attache le système
défensif est la nouvelle modération adoptée par le gouvernement français , qui permet de compter sur un avenir

(1) Cette expression est propre à J. de Maistre.

plus doux et sur des procédés plus rapprochés des usages généralement reçus parmi les peuples civilisés.

Le premier défaut du plan est son instabilité ; il est celui des hommes et non des choses , des circonstances et non des principes.

Le Directoire et le ministère actuel sont modérés , à la bonne heure.

Le changement d'un de leurs membres peut changer la combinaison. Par exemple, François de Neufchâteau et l'évêque d'Autun sont modérés ; l'un sort du Directoire, l'autre peut sortir du ministère et entrer au corps législatif. Parmi leurs successeurs , l'un est un homme d'une trempe dure et grossière, l'autre peut être du même acabit. Les sentiments et les formes , qui, chez les deux premiers, avoient amené la modération , faisant place à la rudesse des autres , de nouveaux caractères ne produiront-ils pas de nouveaux procédés , et ceux-ci un nouveau système ?

Or, comment oser se fier à un ordre de choses dont la mobilité fait l'essence ? comment oser se reposer sur des hommes ou des circonstances dans une révolution dont le propre est d'imprimer aux hommes et aux choses une mobilité dont on ne les croyoit pas susceptibles ?

Pour éclaircir tout ce qui tient à cette branche du

système défensif, examinons en lui-même ce système de modération, et voyons jusqu'à quel point il peut s'adapter au système défensif...

Si, dès le commencement de la révolution, tous les gouvernements se partagèrent sur les moyens de lui résister, entre la fermeté et la condescendance, la révolution elle-même se partagea sur ceux de les attaquer, entre la modération et la terreur. Chaque parti arbora tour à tour ses drapeaux : la terreur finissoit ce que la modération avoit commencé; elles ne se sont jamais séparées, l'une a toujours achevé l'ouvrage de l'autre. Nous en [sommes encore à ce cercle vicieux : les modérés sont toujours remontés au terrorisme suivant le besoin. Ainsi, le 14 juillet, La Fayette étoit terroriste; il rentra aux jacobins lors du départ du roi pour Varennes.

Brissot, la Gironde et tout ce parti patelin furent terroristes jusqu'au 2 septembre.

Quand ils crurent remarquer que trop de sang effarouchoit le peuple et éloignoit d'eux l'étranger, ils rentrèrent dans les voies de la modération et de la douceur, et ne parlèrent plus que d'humanité. Chaque parti a fait de même. Jacobin pour obtenir le pouvoir, il devint modéré pour le garder, parce qu'il savoit bien qu'on ne gouverne

à la longue que sur un peuple de modérés ; un gouvernement et un peuple jacobins en seroient toujours aux coups
de poignard et n'obtiendroient ou n'accorderoient jamais
d'obéissance. Or, voilà précisément où nous en sommes.

Le parti dominant en France est composé d'anciens
thermidoriens, de membres des comités après Robespierre, qui furent terroristes de son temps, mais qui ne
l'ont été après lui que dans les très-grandes occasions. Ainsi
ils l'étoient à Quiberon, ils le sont encore envers les chefs
des chouans, qu'ils font décimer sous prétexte de la sûreté
personnelle de ces chefs mêmes ; ils l'étoient au 13 vendémiaire, au 18 fructidor ; ils le furent vraisemblablement
envers le jeune Louis XVII, après l'avoir été tant de fois
envers son père ; ils l'ont été contre les gouvernements de
Suisse et Rome ; ils le seroient encore contre tout ce qui
s'opposeroit à leur domination. La machine du terrorisme
est toujours montée, elle est sous leur main ; ils la laissent
reposer par l'inutilité de s'en servir. Ils ne s'en cachent
pas, et leurs écrivains, entre autres Benjamin Constant,
les représentent sans cesse comme tenant le terrorisme en
laisse, prêts à le lancer sur leurs ennemis. Le gouvernement français n'a donc pas une modération inhérente à
des principes de justice ou de morale, mais il a seulement une modération de calcul et d'intérêt personnel. Ce

gouvernement, composé en grande partie de ce parti
politique que Burke a si bien dépeint, a calculé sur
l'esprit général du siècle, et, bien sûr qu'en le flattant
sur les jouissances de la vie on n'auroit rien à lui contester
sur le reste, il a déposé le sceptre de Robespierre pour
jouir plus paisiblement de celui de Louis XVIII. On ne
peut se figurer ce que la révolution a gagné à cette métamorphose : les princes et les peuples n'ont plus rien eu à
disputer à une révolution qui leur laissoit la vie ; les
assassinats ont été convertis en simples expulsions,
comme à Modène et à Rome ; les gouvernements à une ou
à plusieurs têtes, comme Venise et Gênes, ont été réduits
à se démettre. Le résultat est le même, mais le moyen
n'est pas odieux et n'entache pas la révolution. Robespierre eût fait traîner à la barre de la Convention le roi
de Sardaigne, il eût renouvelé sur le doyen des rois de
l'Europe les insultes prodiguées au vieux Priam ; l'indignation, le courage de la peur l'auroient peut-être vengé.
La modération actuelle s'est bornée à dépouiller son fils et
à l'enfermer entre quatre républiques, de manière à ne pas
pouvoir sortir de chez lui sans une carte de sûreté. Le
Pape eût certainement éprouvé un traitement indigne. On
accorde quelques égards à son âge ; la chrétienté se féli-
cite presque sur sa retraite et sa pension ; et les révolu-

tionnaires montent tranquillement au Capitole et continuent sans reproches le cours de leurs destructions.

Voilà tout l'art et le fond de cette modération. Tout ce qui ne se trouve pas sur le chemin de la révolution est épargné ; le lion n'attaque pas celui qui lui cède.

Le gouvernement de France est devenu modéré avec les étrangers lorsque ceux-ci ont cessé de résister, comme il le devient à l'égard des Français à mesure qu'ils sont plus soumis. Leur soumission respective est la mesure commune des ménagements qu'il accorde. Il n'est pas étonnant qu'il soit modéré envers qui ne lui conteste rien ou lui permet d'accomplir ses projets. Il veut bien promettre du répit à la moitié de l'Europe après s'être emparé de l'autre ; il lui accorde un armistice, le printemps, après s'être emparé, pour ses quartiers d'hiver, de Mayence, de Rome et de la Suisse. Si le gouvernement français s'adoucit un peu sur le continent, c'est qu'occupé d'une immense entreprise contre l'Angleterre, il ne veut pas avoir trop d'ennemis à la fois. Que la descente réussisse, et l'on verra ce que couvroit cette modération, et si la mesure de sa volonté n'est pas celle de sa puissance.

Sûrement la France n'est modérée à Rastadt ni pour la forme ni pour le fond ; elle ne l'a été ni en Suisse ni à Rome ; elle ne l'est pas envers l'Amérique, encore moins envers l'Angleterre, avec le commerce de tous les neutres. Cette bigarrure de conduite ne prouve-t-elle pas qu'elle manque de principe général, et qu'une opposition soutenue feroit bientôt tomber le masque de modération, de manière à faire appliquer au Directoire cette citation, qui peut dans tous les cas lui servir de devise :

Et l'univers qu'il trompe est plein de ses intrigues?

FIN DU PLAN D'UN NOUVEL ÉQUILIBRE EN EUROPE.

˙ESSAI

SUR LE

PRINCIPE GÉNÉRATEUR

DES

CONSTITUTIONS POLITIQUES

ET DES AUTRES INSTITUTIONS HUMAINES

PAR LE COMTE J. DE MAISTRE

> Enfants des hommes! jusques a quand
> porterez-vous des cœurs assoupis? quand
> cesserez-vous de courir après le mensonge
> et de vous passionner pour le néant!
>
> Ps. IV, 3.

PRÉFACE

La politique, qui est peut-être la plus épineuse des sciences, à raison de la difficulté toujours renaissante de discerner ce qu'il y a de stable ou de mobile dans ses éléments, présente un phénomène bien étrange et bien propre à faire trembler tout homme sage appelé à l'administration des États : c'est que tout ce que le bon sens aperçoit d'abord dans cette science comme une vérité évidente, se trouve presque toujours, lorsque l'expérience a parlé, non-seulement faux, mais funeste.

A commencer par les bases, si jamais on n'avait ouï parler de gouvernements, et que les hommes fussent appelés à délibérer, par exemple, sur la monarchie héréditaire ou élective, on regarderait

justement comme un insensé celui qui se détermi-
nerait pour la première. Les arguments contre elle
se présentent si naturellement à la raison, qu'il
est inutile de les rappeler.

L'histoire cependant, qui est la politique expérimentale, démontre que la monarchie héréditaire est
le gouvernement le plus stable, le plus heureux,
le plus naturel à l'homme, et la monarchie élective,
au contraire, la pire espèce des gouvernements
connus.

En fait de population, de commerce, de lois
prohibitives, et de mille autres sujets importants,
on trouve presque toujours la théorie la plus plausible contredite et annulée par l'expérience. Citons
quelques exemples.

*Comment faut-il s'y prendre pour rendre un État
puissant?* « Il faut avant tout favoriser la population
« par tous les moyens possibles. » Au contraire,
toute loi tendant directement à favoriser la population, sans égard à d'autres considérations, est
mauvaise. Il faut même tâcher d'établir dans l'État
une certaine force morale qui tende à diminuer le
nombre des mariages, et à les rendre moins hâtifs.

L'avantage des naissances sur les morts établi par les tables, ne prouve ordinairement que le nombre des misérables, etc., etc. Les économistes français avaient ébauché la démonstration de ces vérités, le beau travail de M. *Malthus* est venu l'achever.

Comment faut-il prévenir les disettes et les famines? — « Rien de plus simple. Il faut défendre l'expor- « tation des grains. » — Au contraire, il faut accor- der une prime à ceux qui les exportent. L'exemple et l'autorité de l'Angleterre nous ont forcés d'*en- gloutir* ce paradoxe.

Comment faut-il soutenir le change en faveur d'un pays? — « Il faut sans doute empêcher le numéraire « de sortir, et, par conséquent, veiller par de « fortes lois prohibitives à ce que l'État n'achète « pas plus qu'il ne vend. » Au contraire, jamais on n'a employé ces moyens sans faire baisser le change, ou, ce qui revient au même, sans augmen- ter la dette de la nation; et jamais on ne prendra une route opposée sans le faire hausser, c'est-à- dire, sans prouver aux yeux que la créance de la nation sur ses voisins, s'est accrue, etc., etc.

Mais c'est dans ce que la politique a de plus

substantiel et de plus fondamental, je veux dire dans
la constitution même des empires, que l'observation dont il s'agit revient le plus souvent. J'entends dire que les philosophes allemands ont inventé
le mot *métapolitique* pour être à celui de *politique*
ce que le mot *métaphysique* est à celui de *physique*.
Il semble que cette nouvelle expression est fort bien
inventée pour exprimer la *métaphysique de la politique;* car il y en a une, et cette science mérite
toute l'attention des observateurs.

Un écrivain anonyme, qui s'occupait beaucoup de
ces sortes de spéculations, et qui cherchait à
sonder les fondements cachés de l'édifice social,
se croyait en droit, il y a près de vingt ans,
d'avancer, comme autant d'axiomes incontestables,
les propositions suivantes diamétralement opposées
aux théories du temps.

1° Aucune constitution ne résulte d'une délibération : les droits du peuple ne sont jamais écrits,
ou ils ne le sont que comme de simples déclarations
de droits antérieurs non écrits.

2° L'action humaine est circonscrite dans ces

sortes de cas, au point que les hommes qui agissent ne sont que des circonstances.

3° Les droits des peuples proprement dits, partent presque toujours de la concession des souverains, et alors il peut en conster historiquement : mais les droits du souverain et de l'aristocratie n'ont ni date ni auteurs connus.

4° Ces concessions même ont toujours été précédées par un état de choses qui les a nécessitées et qui ne dépendait pas du souverain.

5° Quoique les lois écrites ne soient jamais que des déclarations de droits antérieurs, il s'en faut de beaucoup cependant que tous ces droits puissent être écrits.

6° Plus on écrit, et plus l'institution est faible.

7° Nulle nation ne peut se donner la liberté, si elle ne l'a pas (1); l'influence humaine ne s'étendant pas au delà du développement des droits existants.

8° Les législateurs proprement dits sont des hommes extraordinaires qui n'appartiennent peut-

(1) Machiavel est appelé ici en témoignage : *Un populo uso a vivere sotto un principe, se per qualche accidente diventa libero, con difficoltà mantiene la libertà.* Disc. sopr. Tit. Liv. I, cap. xvi.

être qu'au monde antique et à la jeunesse des nations.

9° Ces législateurs, même avec leur puissance merveilleuse, n'ont jamais fait que rassembler des éléments préexistants, et toujours ils ont agi au nom de la Divinité.

10° La liberté, dans un sens, est un don des Rois; car presque toutes les nations libres furent constituées par des Rois (1).

11° Jamais il n'exista de nation libre qui n'eût dans sa constitution naturelle des germes de liberté aussi anciens qu'elle; et jamais nation ne tenta efficacement de développer par ses lois fondamentales écrites d'autres droits que ceux qui existaient dans sa constitution naturelle.

12° Une assemblée quelconque d'hommes ne peut

---

(1) Ceci doit être pris en grande considération dans les monarchies modernes. Comme toutes légitimes et saintes franchises de ce genre doivent partir du souverain, tout ce qui lui est arraché par la force est frappé d'anathème. *Écrire une loi*, disait très-bien Démosthène, *ce n'est rien : c'est LE FAIRE VOULOIR qui est tout.* (Olynt. III.) Mais si cela est vrai du souverain à l'égard du peuple, que dirons-nous d'une *nation;* c'est-à-dire, pour employer les termes les plus doux, d'une poignee de théoristes échauffés qui proposeraient une constitution à un souverain légitime, comme on propose une capitulation à un général assiégé ? Tout cela serait indécent, absurde, et surtout nul.

constituer une nation. Une entreprise de ce genre doit même obtenir une place parmi les actes de folie les plus mémorables (1).

Il ne paraît pas que, depuis l'année 1796, date de la première édition du livre que nous citons (2), il se soit passé dans le monde rien qui ait pu amener l'auteur à se repentir de sa théorie. Nous croyons au contraire que, dans ce moment, il peut être utile de la développer pleinement et de la suivre dans toutes ses conséquences, dont l'une des plus importantes, sans doute, est celle qui se trouve énoncée en ces termes au chapitre X du même ouvrage.

L'homme ne peut faire de souverain. Tout au plus, il peut servir d'instrument pour déposséder un souverain et livrer ses états à un autre souverain déjà prince..... « *Du reste, il n'a jamais existé de famille souveraine dont on puisse*

---

(1) Machiavel est encore cité ici : *E necessario che uno sia quello che dia il modo e della cui mente dipenda qualunque simile ordinazione.* Disc. sopr. Tit. Liv., lib. I, cap. IV.

(2) Considérations sur la France, chap. IV.

assigner l'origine plébéienne. Si ce phénomène paraissait, ce serait une époque du monde (1). »

On peut réfléchir sur cette thèse, que la *censure divine* vient d'approuver d'une manière assez solennelle. Mais qui sait si l'ignorante légèreté de notre âge ne dira pas sérieusement : *S'il l'avait voulu, il serait encore à sa place?* comme elle le répète encore après deux siècles : *Si Richard Cromwel avait eu le génie de son père, il aurait fixé le protectorat dans sa famille;* ce qui revient précisément à dire : *Si cette famille n'avait pas cessé de régner, elle régnerait encore.*

Il est écrit : C'EST MOI QUI FAIS LES SOUVERAINS (2). Ceci n'est point une phrase d'église, une métaphore de prédicateur; c'est la vérité littérale, simple et palpable. C'est une loi du monde politique. Dieu *fait* les Rois, au pied de la lettre. Il prépare les races royales; il les mûrit au milieu d'un nuage qui cache leur origine. Elles paraissent ensuite *couronnées de gloire*

(1) Considérations sur la France, chap. x, § III.

(2) *Per me Reges regnant.* Prov. VII. 15.

et d'honneur; elles se placent; et voici le plus grand signe de leur légitimité.

C'est qu'elles s'avancent comme d'elles-mêmes, sans violence d'une part, et sans délibération marquée de l'autre : c'est une espèce de tranquillité magnifique qu'il n'est pas aisé d'exprimer. *Usurpation légitime* me semblerait l'expression propre (si elle n'était point trop hardie) pour caractériser ces sortes d'origines que le temps se hâte de consacrer.

Qu'on ne se laisse donc point éblouir par les plus belles apparences humaines. Qui jamais en rassembla davantage que le personnage extraordinaire dont la chute retentit encore dans toute l'Europe? Vit-on jamais de souveraineté en apparence si affermie, une plus grande réunion de moyens, un homme plus puissant, plus actif, plus redoutable? Longtemps nous le vîmes fouler aux pied vingt nations muettes et glacées d'effroi; et son pouvoir enfin avait jeté certaines racines qui pouvaient *désespérer l'espérance.* — Cependant il est tombé, et si bas, que la pitié qui le contemple, recule, de peur d'en être *touchée.* On

peut, au reste, observer ici en passant que, par
une raison *un peu* différente, il est devenu également difficile de parler de cet homme, et de
l'auguste rival qui en a débarrassé le monde.
L'un échappe à l'insulte, et l'autre à la louange.
— Mais revenons.

Dans un ouvrage connu seulement d'un petit
nombre de personnes à Saint-Pétersbourg, l'auteur
écrivait en l'année 1810 :

« *Lorsque deux partis se heurtent dans une révolution, si l'on voit tomber d'un côté des victimes
précieuses, on peut gager que ce parti finira par
l'emporter, malgré toutes les apparences contraires.* »

C'est encore là une assertion dont la vérité
vient d'être justifiée de la manière la plus éclа-
tante et la moins prévue. L'ordre moral a ses
lois comme le physique, et la recherche de ces
lois est tout à fait digne d'occuper les méditations du véritable philosophe. Après un siècle
entier de futilités criminelles, il est temps de
nous rappeler ce que nous sommes, et de faire
remonter toute science à sa source. C'est ce qui
a déterminé l'auteur de cet opuscule à lui per-

mettre de s'évader du portefeuille timide qui le
retenait depuis cinq ans. On en laisse subsister
la date, et on le donne mot à mot tel qu'il fut
écrit à cette époque. L'amitié a provoqué cette
publication, et c'est peut-être tant pis pour l'auteur; car la bonne dame est, dans certaines
occasions, tout aussi aveugle que son frère. Quoi
qu'il en soit, l'esprit qui a dicté l'ouvrage jouit
d'un privilége connu : il peut sans doute se
tromper quelquefois sur des points indifférents,
il peut exagérer ou parler trop haut; il peut
enfin offenser la langue et le goût, et dans ce
cas, tant mieux pour les malins, *si par hasard
il s'en trouve;* mais toujours il lui restera l'espoir
le mieux fondé de ne choquer personne, puisqu'il
aime tout le monde; et, de plus, la certitude
parfaite d'intéresser une classe d'hommes assez
nombreuse et très-estimable, sans pouvoir jamais
nuire à un seul : cette *foi* est tout à fait tran-
quillisante.

———

ESSAI

SUR

LE PRINCIPE GÉNÉRATEUR

DES CONSTITUTIONS POLITIQUES

ET DES AUTRES INSTITUTIONS HUMAINES

I. UNE des grandes erreurs d'un siècle qui les professa toutes, fut de croire qu'une constitution politique pouvait être écrite et créée *à priori*, tandis que la raison et l'expérience se réunissent pour établir qu'une constitution est une œuvre divine, et que ce qu'il y a précisément de plus fondamental et de plus essentiellement constitutionnel dans les lois d'une nation ne saurait être écrit.

II. On a cru souvent faire une excellente plaisanterie aux Français en leur demandant *dans quel livre était écrite la loi salique?* mais Jérôme Bignon répondait fort à propos, et très-probablement sans savoir à quel point il avait raison, *qu'elle était écrite ÈS cœurs des Français.* En effet, supposons

qu'une loi de cette importance n'existe que parce
qu'elle est écrite, il est certain que l'autorité quelconque qui l'aura écrite, aura le droit de l'effacer ;
la loi n'aura donc pas ce caractère de sainteté et
d'immuabilité qui distingue les lois véritablement
constitutionnelles. L'essence d'une loi fondamentale est
que personne n'ait le droit de l'abolir : or, comment
sera-t-elle au-dessus de *tous*, si *quelqu'un* l'a faite ?
L'accord du peuple est impossible ; et, quand' il en
serait autrement, un accord n'est point une loi, et
n'oblige personne, à moins qu'il n'y ait une autorité supérieure qui le garantisse. *Locke* a cherché le
caractère de la loi dans l'expression des volontés
réunies ; il faut être heureux pour rencontrer ainsi le
caractère qui exclut précisément l'idée de *loi*. En
effet, les volontés réunies forment le *règlement* et
non la *loi*, laquelle suppose nécessairement et manifestement une volonté supérieure qui se fait obéir (1).
« Dans le système de Hobbes » (le même qui a fait

(1) « L'homme dans l'état de nature n'avait que des droits.... En
« entrant dans la société, je renonce à ma volonté particulière pour me
« conformer à la loi, *qui est la volonté générale.* » — *Le Spectateur*
français (t. I, p. 194) s'est justement moqué de cette définition ; mais
il pouvait observer de plus qu'elle appartient au siècle, et surtout à
Locke, qui a ouvert ce siècle d'une manière si funeste.

tant de fortune dans notre siècle sous la plume de
Locke), « la force des lois civiles ne porte que sur
« une convention ; mais s'il n'y a point de loi natu-
« relle qui ordonne d'exécuter les lois qu'on a faites,
« de quoi servent-elles ? Les promesses, les enga-
« gements, les serments ne sont que des paroles : il
« est aussi aisé de rompre ce lien frivole, que de
« le former. Sans le dogme d'un Dieu législateur,
« toute obligation morale est chimérique. Force d'un
« côté, impuissance de l'autre, voilà tout le lien des
« sociétés humaines (1). »

Ce qu'un sage et profond théologien a dit ici de
l'obligation morale, s'applique avec une égale vérité à
l'obligation politique ou civile. La loi n'est proprement
loi, et ne possède une véritable sanction qu'en la
supposant émanée d'une volonté supérieure ; en sorte
que son caractère essentiel est *de n'être pas la
volonté de tous*. Autrement les lois ne seront, comme
on vient de le dire, *que des règlements ;* et, comme
le dit encore l'auteur cité tout à l'heure, « ceux qui
« ont eu la liberté de faire ces conventions, ne se
« sont pas ôté le pouvoir de les révoquer ; et leurs

_____

(1) Bergier, Traité hist. et dogm. de la Relig., in-8°, tom. III, chap. IV,
§ 12, pages 330, 331. (D'après Tertull. *Apol.* 45.)

« descendants, qui n'y ont eu aucune part, sont
« encore moins tenus de les observer (1). » De là
vient que le bon sens primordial, heureusement anté-
rieur aux sophismes, a cherché de tous côtés la
sanction des lois dans une puissance au-dessus de
l'homme, soit en reconnaissant que la souveraineté
vient de Dieu, soit en révérant certaines lois non
écrites, comme venant de lui.

III. Les rédacteurs des lois romaines ont jeté, sans
prétention, dans le premier chapitre de leur collection, un fragment de jurisprudence grecque bien
remarquable. *Parmi les lois qui nous gouvernent,*
dit ce passage, *les unes sont écrites et les autres
ne le sont pas.* Rien de plus simple et rien de plus
profond. Connaît-on quelque loi turque qui permette
expressément au souverain d'envoyer immédiatement
un homme à la mort, sans la décision intermédiaire
d'un tribunal ? Connaît-on quelque loi *écrite*, même
religieuse, qui le défende aux souverains de l'Europe
chrétienne (2) ? Cependant le turc n'est pas plus sur-

---

(1) Bergier, Traité historique et dogmatique de la Religion, in-8°,
tome III, chap. IV, § XII, pages 330, 331. (D'après Tertullien, *Apol.* 45.)

(2) *L'Église défend à ses enfants, encore plus fortement que les
lois civiles, de se faire justice à eux-mêmes ; et c'est par son esprit
que les rois chrétiens ne se la font pas, dans les crimes même de*

pris de voir son maître ordonner immédiatement la
mort d'un homme, que de le voir aller à la mosquée.
Il croit, avec toute l'Asie, et même avec toute l'antiquité, que le droit de mort exercé immédiatement est
un apanage légitime de la souveraineté. Mais nos
princes frémiraient à la seule idée de condamner un
homme à mort ; car, selon notre manière de voir, cette
condamnation serait un meurtre abominable : et cependant je doute qu'il fût possible de le leur défendre
par une loi fondamentale écrite, sans amener des maux
plus grands que ceux qu'on aurait voulu prévenir.

IV. Demandez à l'histoire romaine quel était précisément le pouvoir du sénat ; elle demeurera muette,
du moins quant aux limites précises de ce pouvoir.
On voit bien en général que celui du peuple et celui
du sénat se balançaient mutuellement, et ne cessaient
de se combattre ; on voit bien que le patriotisme ou
la lassitude, la faiblesse ou la violence terminaient
ces luttes dangereuses, mais nous n'en savons pas
davantage (1). En assistant à ces grandes scènes de

lèse-majesté au premier chef, et qu'ils remettent les criminels entre
les mains des juges pour les faire punir selon les lois et dans les
formes de la justice. (Pascal, XIV⁰ Lettre Prov.) Ce passage est très-
important et devrait se trouver ailleurs.

(1) J'ai souvent réfléchi sur ce passage de Cicéron (_De Leg._ II, 6.) :

l'histoire, on se sent quelquefois tenté de croire que les choses seraient allées beaucoup mieux s'il y avait eu des lois précises pour circonscrire les pouvoirs ; mais ce serait une grande erreur : de pareilles lois, toujours compromises par des cas inattendus et des exceptions forcées, n'auraient pas duré six mois, ou elles auraient renversé la république.

V. La constitution anglaise est un exemple plus près de nous, et par conséquent plus frappant. Qu'on l'examine avec attention : on verra *qu'elle ne va qu'en n'allant pas* (si ce jeu de mots est permis). Elle ne se soutient que par les exceptions. L'*habeas corpus*, par exemple, a été si souvent et si long-temps suspendu, qu'on a pu douter si l'exception n'était pas devenue règle. Supposons un instant que les auteurs de ce fameux acte eussent eu la prétention de fixer les cas où il pourrait être suspendu, ils l'auraient anéanti par le fait.

VI. Dans la séance de la chambre des communes

Leges Liviæ præsertim uno versiculo senatûs puncto temporis sublatæ sunt. De quel droit le sénat prenait-il cette liberté ? et comment le peuple le laissait-il faire ? Il n'est sûrement pas aisé de répondre : mais de quoi peut-on s'étonner dans ce genre, puisqu'après tout ce qu'on a écrit sur l'histoire et sur les antiquités romaines, il a fallu de nos jours écrire des dissertations pour savoir comment le sénat se recrutait ?

du 26 juin 1807, un lord cita l'autorité d'un grand homme d'état pour établir *que le Roi n'a pas le droit de dissoudre le parlement pendant la session;* mais cette opinion fut contredite. Où est la loi ? Essayez de la faire, et de fixer exclusivement *par écrit* le cas où le Roi a ce droit ; vous aménerez une révolution. *Le Roi,* dit alors l'un des membres, *a ce droit lorsque l'occasion est importante;* mais qu'est-ce qu'une occasion *importante?* Essayez encore de le décider par écrit.

VII. Mais voici quelque chose de plus singulier. Tout le monde se rappelle la grande question agitée avec tant de chaleur en Angleterre en l'année 1806 : Il s'agissait de savoir *si la cumulation d'un emploi de judicature avec une place de membre du conseil privé s'accordait ou non avec les principes de la constitution anglaise;* dans la séance de cette même chambre des communes du 3 mars, un membre observa *que l'Angleterre est gouvernée par un corps* (le conseil privé) *que la constitution ignore* (1). *Seulement,* ajouta-t-il, *elle le laisse faire* (2).

---

(1) *Thys country is governed by a body not known by Legislature.*

(2) *Connived at.* V. le *London-Chronicle* du 4 mars 1806. Observez que ce mot *Législature,* renfermant les trois pouvoirs, il suit de

Voilà donc chez cette sage et justement fameuse Angleterre un corps qui gouverne et fait tout dans le vrai, mais *que la constitution ne connaît pas.* Delolme a oublié ce trait, que je pourrais appuyer de plusieurs autres.

Après cela, qu'on vienne nous parler de constitutions écrites et de lois constitutionnelles faites *à priori.* On ne conçoit pas comment un homme sensé peut rêver la possibilité d'une pareille chimère. Si l'on s'avisait de faire une loi en Angleterre pour donner une existence constitutionnelle au conseil privé, et pour régler ensuite et circonscrire rigoureusement ses priviléges et ses attributions, avec les précautions nécessaires pour limiter son influence et 'empêcher d'en abuser, on renverserait l'état.

La véritable *constitution anglaise* est cet esprit public, admirable, unique, infaillible, au-dessus de tout éloge, qui mène tout, qui sauve tout. — Ce qui est écrit n'est rien (1).

cette assertion que le Roi même *ignore le conseil privé.* — Je crois cependant qu'il s'en doute.

(1) *Cette constitution turbulente,* dit Hume, *toujours flottante entre la prérogative et le privilége, présente une foule d'autorités pour et contre.* (Hist. d'Angl., Jacques Iᵉʳ, chap. xlvii, ann. 1621.) Hume, en disant ainsi la vérité, ne manque point de respect à son pays; il dit ce qui est et ce qui doit être.

VIII. On jeta les hauts cris, sur la fin du siècle
dernier, contre un ministre qui avait conçu le projet
d'introduire cette même constitution anglaise (ou ce
qu'on appelait de ce nom) dans un royaume en con-
vulsion qui en demandait une quelconque avec une
espèce de fureur. Il eut tort, si l'on veut, autant du
moins qu'on peut avoir tort lorsqu'on est de bonne
foi ; ce qu'il est bien permis de supposer, et ce que
je crois de tout mon cœur. Mais qui donc avait droit
de le condamner ? *Vel duo, vel nemo.* Il ne déclarait pas vouloir rien détruire de son chef, il voulait
seulement, disait-il, substituer une chose qui lui
paraissait raisonnable, à une autre dont on ne voulait
plus, et qui même par le fait n'existait plus. Si l'on
suppose d'ailleurs le principe comme posé (et il l'était
en effet), *que l'homme peut créer une constitution,*
ce ministre (qui était certainement un homme) avait
droit de faire la sienne tout comme un autre, et
plus qu'un autre. Les doctrines sur ce point étaient-
elles douteuses ? Ne croyait-on pas de tout côté qu'une
constitution est un ouvrage d'esprit comme une ode
ou une tragédie ? *Thomas Payne* n'avait-il pas déclaré
avec une profondeur qui ravissait les universités,
qu'une constitution n'existe pas tant qu'on ne peut

la mettre dans sa poche? Le dix-huitième siècle, qui ne s'est douté de rien, n'a douté de rien : c'est la règle ; et je ne crois pas qu'il ait produit un seul jouvenceau de quelque talent qui n'ait fait trois choses au sortir du collége ; une *néopédie*, une constitution et un monde. Si donc un homme, dans la maturité de l'âge et du talent, profondément versé dans les sciences économiques et dans la philosophie du temps, n'avait entrepris que la seconde de ces choses seulement, je l'aurais trouvé déjà excessivement modéré ; mais j'avoue qu'il me paraît un véritable prodige de sagesse et de modestie lorsque je vois, mettant (au moins comme il le croyait) l'expérience à la place des folles théories, demander respectueusement une constitution aux Anglais, au lieu de la faire lui-même. On dira : *Cela même n'était pas possible.* Je le sais, mais il ne le savait pas : et comment l'aurait-il su ? Qu'on me nomme celui qui le lui avait dit.

IX. Plus on examinera le jeu de l'action humaine dans la formation des constitutions politiques, et plus on se convaincra qu'elle n'y entre que d'une manière infiniment subordonnée, ou comme simple instrument ; et je ne crois pas qu'il reste le moindre doute sur l'incontestable vérité des propositions suivantes :

1. Que les racines des constitutions politiques existent avant toute la loi écrite;

2. Qu'une loi constitutionnelle n'est et ne peut être que le développement ou la sanction d'un droit pré-existant et non écrit;

3. Que ce qu'il y a de plus essentiel, de plus intrinsèquement constitutionnel, et de véritablement fondamental, n'est jamais écrit, et même ne saurait l'être, sans exposer l'état;

4. Que la faiblesse et la fragilité d'une constitution sont précisément en raison directe de la multiplicité des articles constitutionnels écrits (1).

X. Nous sommes trompés sur ce point par un sophisme si naturel, qu'il échappe entièrement à notre attention. Parce que l'homme agit, il croit agir seul, et parce qu'il a la conscience de sa liberté, il oublie sa dépendance. Dans l'ordre physique il entend raison; et quoiqu'il puisse, par exemple, planter un gland, l'arroser, etc., cependant il est capable de convenir qu'il ne fait pas des chênes, parce qu'il voit l'arbre croître et se perfectionner sans que le pouvoir humain s'en mêle, et que d'ailleurs il n'a pas

(1) Ce qui peut servir de commentaire au mot célèbre de Tacite : *Pessimæ Reipublicæ plurimæ Leges.*

fait le gland ; mais dans l'ordre social, où il est présent et agent, il se met à croire qu'il est réellement l'auteur direct de tout ce qui se fait par lui : c'est, dans un sens, la truelle qui se croit architecte. L'homme est intelligent, il est libre, il est sublime, sans doute; mais il n'en est pas moins un *outil de Dieu*, suivant l'heureuse expression de Plutarque dans un beau passage qui vient de lui-même se placer ici.

Il ne faut pas s'esmerveiller, dit-il, *si les plus belles et les plus grandes choses du monde se font par la volonté et providence de Dieu, attendu que, en toutes les plus grandes et principales parties du monde, il y a une âme; car l'organe et util de de l'âme, c'est le corps, et l'âme est* L'UTIL DE DIEU. *Et comme le corps a de soy plusieurs mouvements, et que la pluspart, mesmement les plus nobles, il les a de l'ame, aussy l'ame ne faict, ne plus, ne moins, auscunes de ses opérations, estant meuë d'elle-mesme; ès autres, elle se laisse manier, dresser et tourner à Dieu, comme il lui pldist; estant le plus bel organe et le plus adroist util qui sçauroit estre : car ce seroit chose estrange que le vent, les nuées et les pluyes fussent instruments*

de Dieu, avec lesquels il nourrit et entretient plu-
sieurs créatures, et en perd aussy et defaict plu-
sieurs austres, et qu'il ne se servist nullement des
animaux à faire pas une de ses œuvres. Ainsi est
beaucoup plus vray-semblable, attendu qu'ils dépen-
dent totalement de la puissance de Dieu, qu'ils
servent à tous les mouvements et secondent toutes
les volontés de Dieu, plus-tost que les arcs ne
s'accommodent aux Scythes, les lyres aux Grecs ne
les haubois (1).

On ne saurait mieux dire; et je ne crois pas que
ces belles réflexions trouvent nulle part d'application
plus juste que dans la formation des constitutions
politiques, où l'on peut dire, avec une égale vérité,
que l'homme fait tout et ne fait rien.

XI. S'il y a quelque chose de connu, c'est la
comparaison de Cicéron au sujet du système d'Epicure, qui voulait bâtir un monde avec les atomes
tombant au hasard dans le vide. *On me ferait plu-*
tôt croire, disait le grand orateur, *que des lettres*
jetées en l'air pourraient s'arranger, en tombant,
de manière à former un poème. Des milliers de
bouches ont répété et célébré cette pensée; je ne

(1) Plutarque, *Banquet des sept Sages, traduction d'Amyot,*

vois pas cependant que personne ait songé à lui
donner le complément qui lui manque. Supposons
que des caractères d'imprimerie jetés à pleines mains
du haut d'une tour viennent former à terre l'*Athalie*
de Racine, qu'en résultera-t-il? *Qu'une intelligence a
présidé à la chute et à l'arrangement des caracères.*
Le bon sens ne conclura jamais autrement.

XII. Considérons maintenant une constitution politique quelconque, celle de l'Angleterre, par exemple.
Certainement elle n'a pas été faite *à priori.* Jamais
des hommes d'état ne se sont assemblés et n'ont
dit : *Créons trois pouvoirs ; balançons-les de telle
manière,* etc. ; personne n'y a pensé. La constitution
est l'ouvrage des circonstances, et le nombre de ces
circonstances est infini. Les lois romaines, les lois
ecclésiastiques, les lois féodales ; les coutumes saxonnes,
normandes et danoises; les priviléges, les préjugés
et les prétentions de tous les ordres ; les guerres,
les révoltes, les révolutions, la conquête, les croi-
sades ; toutes les vertus, tous les vices, toutes les
connaissances, toutes les erreurs, toutes les passions ;
tous ces éléments, enfin, agissant ensemble, et
formant par leur mélange et leur action réciproque
des combinaisons multipliées par myriades de millions,

ont produit enfin, après plusieurs siècles, l'unité la plus compliquée et le plus bel équilibre de forces politiques qu'on ait jamais vu dans le monde (1).

XIII. Or, puisque ces éléments, ainsi projetés dans l'espace, se sont arrangés en si bel ordre, sans que, parmi cette foule innombrable d'hommes qui ont agi dans ce vaste champ, un seul ait jamais su ce qu'il faisait par rapport au tout, ni prévu ce qui devait arriver, il s'ensuit que ces éléments étaient guidés dans leur chute par une main infaillible, supérieure à l'homme. La plus grande folie, peut-être, du siècle des folies, fut de croire que les lois fondamentales pouvaient être écrites *à priori*; tandis qu'elles sont évidemment l'ouvrage d'une force supérieure à l'homme; et que l'écriture même, très-postérieure, est pour elle le plus grand signe de nullité.

(1) Tacite croyait que cette forme de gouvernement ne serait jamais qu'une théorie idéale ou une expérience passagère. « Le meilleur de tous les gouvernements, » dit-il (d'après Cicéron, comme on sait), « serait celui qui résulterait du mélange des trois pouvoirs balancés « l'un par l'autre; *mais ce gouvernement n'existera jamais; ou, s'il « se montre, il ne durera pas.* » (Annal. iv, 33.) Le bon sens anglais peut cependant le faire durer bien plus longtemps qu'on ne pourrait l'imaginer, en subordonnant sans cesse, mais plus ou moins, la théorie, ou ce qu'on appelle *les principes*, aux leçons de l'expérience et de la modération : ce qui serait impossible, si les *principes* étaient écrits.

XIV. Il est bien remarquable que Dieu, ayant
daigné parler aux hommes, a manifesté lui-même ces
vérités dans les deux révélations que nous tenons de
sa bonté. Un très-habile homme qui a fait, à mon avis,
une sorte d'époque dans notre siècle, à raison du
combat à outrance qu'il nous montre dans ses écrits
entre les préjugés les plus terribles de siècle, de
secte, d'habitudes, etc., et les intentions les plus
pures, les mouvements du cœur le plus droit, les
connaissances les plus précieuses ; cet habile homme,
dis-je, a décidé « *qu'une instruction venant immé-*
diatement de Dieu, ou donnée seulement par ses
ordres, DEVAIT *premièrement certifier aux hommes*
l'existence de cet ÊTRE. » C'est précisément le contraire ; car le premier caractère de cette instruction
est de ne révéler directement ni l'existence de Dieu,
ni ses attributs, mais de supposer le tout antérieurement connu, sans qu'on sache ni pourquoi, ni
comment. Ainsi elle ne dit point : *Il n'y a,* ou *vous*
ne croirez qu'un seul Dieu éternel, tout-puissant, etc.,
elle dit (et c'est son premier mot), sous une
forme purement narrative : *Au commencement Dieu*
créa, etc. ; par où elle suppose que le dogme est
connu avant l'Écriture.

XV. Passons au christianisme, qui est la plus grande
de toutes les institutions imaginables, puisqu'elle est
toute divine, et qu'elle est faite pour tous les hommes
et pour tous les siècles. Nous la trouverons soumise à
la loi générale. Certes, son divin auteur était bien
le maître d'écrire lui-même ou de faire écrire ; cependant il n'a fait ni l'un ni l'autre, du moins en forme
législative. Le Nouveau Testament, postérieur à la mort
du législateur, et même à l'établissement de sa religion, présente une narration, des avertissements, des
préceptes moraux, des exhortations, des ordres, des
menaces, etc., mais nullement un recueil de dogmes
énoncés en forme impérative. Les évangélistes, en
racontant cette dernière *cène* où Dieu nous aima
JUSQU'A LA FIN, avaient là une belle occasion de
commander par écrit à notre croyance ; ils se gardent
cependant de déclarer ni d'ordonner rien. On lit bien
dans leur admirable histoire : *Allez, enseignez;* mais
point du tout : *Enseignez ceci ou cela.* Si le dogme
se présente sous la plume de l'historien sacré, il
l'énonce simplement comme une chose antérieurement
connue (1). Les symboles qui parurent depuis sont

(1) Il est très-remarquable que les évangélistes mêmes ne prirent la
plume que tard, et principalement pour contredire des histoires fausses

des professions de foi pour se reconnaître, ou pour contredire les erreurs du moment. On y lit : *Nous croyons ;* jamais *vous croirez.* Nous les récitons en particulier : nous les chantons dans les temples, *sur la lyre et sur l'orgue* (1), comme de véritables prières, parce qu'ils sont des formules de soumission, de confiance et de foi adressées à Dieu, et non des ordonnances adressées aux hommes. Je voudrais bien voir la *Confession d'Ausbourg* ou les *trente-neuf articles* mis en musique ; cela serait plaisant (2) !

Bien loin que les premiers symboles contiennent l'énoncé de *tous* nos dogmes, les chrétiens d'alors auraient au contraire regardé comme un grand crime

---

publiées de leur temps. Les épîtres canoniques naquiront aussi de causes accidentelles : jamais l'Écriture n'entra dans le plan primitif des fondateurs. *Mill,* quoique protestant, l'a reconnu expressément. (*Pro leg. in Nov. Test. græc. p.* 1, n° 65. Et Hobbes avait déjà fait la même observation en Angleterre (*Hobbes's Tripos in three discourses. Dis. The III,* p 265, in-8°.)

(1) *In chordis et organo.* Ps. CL. 4.

(2) La raison ne peut que *parler,* c'est l'amour qui *chante ;* et voilà pourquoi nous chantons nos symboles ; car la *foi* n'est qu'une *croyance par amour ;* elle ne réside point seulement dans l'entendement : elle pénètre encore et s'enracine dans la volonté. Un théologien philosophe a dit avec beaucoup de vérité et de finesse : « Il y a bien de la diffé- « rence entre croire et juger qu'il faut croire. » *Aliud est credere, aliud judicare esse credendum.* (Leon. Lessii Opuscula. Ludg. 1651, in-fol. pag. 556, col. 2, *De Prædestinatione.*)

de les énoncer *tous*. Il en est de même dés saintes
Écritures : jamais il n'y eut d'idée plus creuse que
celle d'y chercher la totalité des dogmes chrétiens :
il n'y a pas une ligne dans ces écrits qui déclare,
qui laisse seulement apercevoir le projet d'en faire
un code ou une déclaration dogmatique de tous les
articles de foi.

XVI. Il y a plus : si un peuple possède un de ces
codes de croyance , on peut être sûr de trois
choses :

1. Que la religion de ce peuple est fausse ;

2. Qu'il a écrit son code religieux dans un accès
de fièvre ;

3. Qu'on s'en moquera en peu de temps chez cette
nation même, et qu'il ne peut avoir ni force ni
durée. Tels sont, par exemple, ces fameux ARTICLES,
*qu'on signe plus qu'on ne les lit, et qu'on lit plus
qu'on ne les croit* (1). Non-seulement ce catalogue de
dogmes est compté pour rien, ou à peu près, dans
le pays qui l'a vu naître ; mais, de plus, il est évident, même pour l'œil étranger, que les illustres
possesseurs de cette feuille de papier en sont fort

---

(1) *Gibbon*, dans ses Mémoires, tom. I, chap. VI, de la traduction française.

embarrassés. Ils voudraient bien la faire disparaître, parce qu'elle impatiente le bon sens national éclairé par le temps, et parce qu'elle leur rappelle une origine malheureuse ; mais la *constitution est écrite*.

XVII. Jamais, sans doute, ces mêmes Anglais n'auraient demandé la grande charte, si les priviléges de la nation n'avaient pas été violés ; mais jamais aussi ils ne l'auraient demandée, si les priviléges n'avaient pas existé avant la charte. Il en est de l'Église comme de l'État : si jamais le christianisme n'avait été attaqué, jamais il n'aurait écrit pour fixer le dogme ; mais jamais aussi le dogme n'a été fixé par écrit, que parce qu'il existait antérieurement dans son état naturel, qui est celui de *parole*.

Les véritables auteurs du concile de Trente furent les deux grands novateurs du xvie siècle (1). Leurs disciples, devenus plus calmes, nous ont proposé depuis d'effacer cette loi fondamentale, parce qu'elle contient quelques mots difficiles pour eux ; et ils ont essayé de nous tenter, en nous montrant comme possible à ce prix une réunion qui nous rendrait com-

(1) On peut faire la même observation en remontant jusqu'à Arius : jamais l'Église n'a cherché à écrire ses dogmes ; toujours on l'y a forcée

plices au lieu de nous rendre amis ; mais cette
demande n'est ni théologique ni philosophique. Eux-
mêmes amenèrent jadis dans la langue religieuse ces
mots qui les fatiguent, désirons qu'ils apprennent
aujourd'hui à les prononcer. La foi, si la sophistique
opposition ne l'avait jamais forcée d'écrire, serait
mille fois plus angélique : elle pleure sur ces décisions que la révolte lui arracha et qui furent toujours
des malheurs, puisqu'elles supposent toutes le doute
ou l'attaque, et qu'elles ne purent naître qu'au milieu
des commotions les plus dangereuses. L'état de guerre
éleva ces remparts vénérables autour de la vérité : ils
la défendent sans doute, mais ils la cachent ; ils la
rendent inattaquable, mais par là même moins acces-
sible. Ah! ce n'est pas ce qu'elle demande, elle qui
voudrait serrer le genre humain dans ses bras.

XVIII. J'ai parlé du christianisme comme système
de croyance ; je vais maintenant l'envisager comme
souveraineté, dans son association la plus nombreuse.
Là, elle est monarchique, comme tout le monde le
sait, et cela devait être, puisque la monarchie devient,
par la nature même des choses, plus nécessaire à
mesure que l'association devient plus nombreuse. On
n'a point oublié qu'une bouche impure se fit cependant

approuver de nos jours, lorsqu'elle dit *que la France était géométriquement monarchique*. Il serait difficile, en effet, d'exprimer plus heureusement une vérité plus incontestable. Mais si l'étendue de la France repousse seule l'idée de toute autre espèce de gouvernement, à plus forte raison cette souveraineté qui, par l'essence même de sa constitution, aura toujours des sujets sur tous les points du globe, ne pouvait être que monarchique; et l'expérience sur ce point se trouve d'accord avec la théorie. Cela posé, qui ne croirait qu'une telle monarchie se trouve plus rigoureusement déterminée et circonscrite que toutes les autres, dans la prérogative de son chef? C'est cependant le contraire qui a eu lieu. Lisez les innombrables volumes enfantés par la guerre étrangère, et même par une espèce de guerre civile qui a ses avantages et ses inconvénients, vous verrez que de tous côtés on ne cite que des faits; et c'est une chose surtout bien remarquable que le tribunal suprême ait constamment laissé disputer sur la question qui se présente à tous les esprits comme la plus fondamentale de la constitution, sans avoir voulu jamais la décider par une loi formelle; ce qui devait être ainsi, si je ne me trompe infiniment, à raison précisément de l'importance fondamentale de la ques-

tion (1). Quelques hommes sans mission, et téméraires
par faiblesse, tentèrent de la décider en 1682, en
dépit d'un grand homme ; et ce fut une des plus
solennelles imprudences qui aient jamais été commises
dans le monde. Le monument qui nous en est resté
est condamnable sans doute sous tous les rapports ;
mais il l'est surtout par un côté qui n'a pas été
remarqué, quoiqu'il prête le flanc plus que tout autre
à une critique éclairée. La fameuse déclaration osa
décider par écrit et sans nécessité, même apparente
(ce qui porte la faute à l'excès), une question qui
devait être constamment abandonnée à une certaine
sagesse pratique, éclairée par la conscience UNIVER-
SELLE.

Ce point de vue est le seul qui se rapporte au
dessein de cet ouvrage ; mais il est bien digne des
méditations de tout esprit juste et de tout cœur
droit.

XIX. Ces idées ne sont point étrangères (prises dans
leur généralité) aux philosophes de l'antiquité : ils ont

(1) Je ne sais si les Anglais ont remarqué que le plus docte et le plus
fervent défenseur de la souveraineté dont il s'agit ici, intitule ainsi un
de ses chapitres : *Que la monarchie mixte tempérée d'aristocratie et
de démocratie, vaut mieux que la monarchie pure.* (Bellarminus, de
summo Pontif., cap. III.) Pas mal pour un fanatique !

bien senti la faiblesse, j'ai presque dit le néant de
l'écriture dans les grandes institutions ; mais personne
n'a mieux vu, ni mieux exprimé cette vérité que
Platon, qu'on trouve toujours le premier sur la route
de toutes les grandes vérités. Suivant lui, d'abord,
« l'homme qui doit toute son instruction à l'écriture,
« *n'aura jamais que l'apparence de la sagesse* (1). La
« parole, ajoute-t-il, est à l'écriture ce qu'un homme
« est à son portrait. Les productions de l'écriture se
« présentent à nos yeux comme vivantes ; mais *si on*
« *les interroge, elles gardent le silence avec dignité* (2).
« Il en est de même de l'écriture, *qui ne sait ce*
« *qu'il faut dire à un homme, ni ce qu'il faut cacher*
« *à un autre.* Si l'on vient à l'attaquer ou à l'insulter
« sans raison, elle ne peut se défendre ; *car son père*
« *n'est jamais là pour la soutenir* (3). De manière
« que celui qui s'imagine pouvoir établir par l'écri-
« ture seule une doctrine claire et durable, EST UN

----

(1) Δοξόσοφοι γεγονότες ἄντὶ σοφῶν. (Plat. in Phæd. Opp. tom., édit.
Bipont., p. 381.)

(2) Σεμνῶς πάνυ σιγᾶ. (Ibid. p. 382.)

(3) Του πατρὸς δεῖται βοηθου. (Ibid. p. 382.)

« GRAND SOT (1). S'il possédait réellement les véri-
« tables germes de la vérité, il se garderait bien de
« croire qu'*avec un peu de liqueur noire et une
« plume* (2) il pourra les faire germer dans l'univers,
« les défendre contre l'inclémence des saisons et leur
« communiquer l'efficacité nécessaire. Quant à celui
« qui entreprend d'écrire *des lois ou des constitutions*
« *civiles* (3), et qui se figure que parce qu'ils les a
« écrites il a pu leur donner l'évidence et la stabilité
« convenables, quel que puisse être cet homme, par-
« ticulier ou législateur (4), et soit qu'on le dise ou
« qu'on ne le dise pas (5), il s'est déshonoré; car il a
« prouvé par là qu'il ignore également ce que c'est
« que l'inspiration et le délire, le juste et l'injuste,
« le bien et le mal : or, cette ignorance est une igno-

(1) Πολλῆς ἄν εὐηθείας γέμει. (Ibid. p. 382.) Mot à mot : *Il regorge
de bêtise.*

Prenons garde, chacun dans notre pays, que cette espèce de *pléthore*
ne devienne endémique.

(2) 'Εν ὕδατι μέλανι διὰ καλάμου. (Ibid. p. 384.)

(3) Νόμους τιθείς, σύγγραμμα πολιτικὸν γραφων. (Plat. in Phæd°. Opp.
Tom. X, etc., Bipont. p. 386, 126.)

(4) Ἰδίᾳ ἤ δημοσίᾳ. Ibid.)

(5) Εἴτέ τις φησὶν, εἴτε μὴ. (Ibid.)

« minie, quand même la masse entière du vulgaire
« applaudirait (1). »

XX. Après avoir entendu *la sagesse des nations*, il
ne sera pas inutile, je pense, d'entendre encore la
philosophie chrétienne.

« Il eût été sans doute bien à désirer, » dit le
plus éloquent des Pères grecs, « que nous n'eussions
« jamais eu besoin de l'écriture, et que les préceptes
« divins ne fussent écrits que dans nos cœurs, par la
« grâce, comme ils le sont par l'encre, dans nos
« livres : mais, puisque nous avons perdu cette grâce
« par notre faute, saisissons donc, puisqu'il le
« faut, *une planche au lieu du vaisseau*, et
« sans oublier cependant la supériorité du premier
« état. Dieu ne révéla jamais rien aux élus de l'Ancien
« Testament; toujours il leur parla directement, parce
« qu'il voyait la pureté de leurs cœurs; mais le
« peuple hébreu s'étant précipité dans l'abîme des vices,
« il fallut des livres et des lois. La même marche
« s'est renouvelée sous l'empire de la nouvelle révé-
« lation ; car le Christ n'a pas laissé un seul écrit à
« ses Apôtres. Au lieu de livre , il leur promit le

(1 Οὐκ ἐκφεύγει τῇ ἀληθείᾳ μὴ οὐκ ἐπονείδιστον εἶναι, οὐδὲ ἂν ὁ πᾶς
αλος αὐτὸν ἐπαινέσῃ. (Ibid. pages 386, 387).

« Saint-Esprit. *C'est lui*, leur dit-il, *qui vous inspirera*
« *ce que vous aurez à dire* (1). Mais parce que dans la
« suite des temps, des hommes coupables se révoltèrent
« contre les dogmes et contre la morale, il fallut en
« venir aux livres. »

XXI. Toute la vérité se trouve réunie dans ces deux
autorités. Elles montrent la profonde imbécillité (il est
bien permis de parler comme Platon, qui ne se fâche
jamais), la profonde imbécilité, dis-je, de ces pauvres
gens qui s'imaginent que les législateurs sont des
hommes (2), que les lois sont du papier, et qu'on peut
constituer les nations *avec de l'encre*. Elles montrent
au contraire que l'écriture est constamment un signe
de faiblesse, d'ignorance ou de danger ; qu'à mesure
qu'une institution est parfaite, elle écrit moins ; de
manière que celle qui est certainement divine, n'a rien
écrit du tout en s'établissant, pour nous faire sentir
que toute loi écrite n'est qu'un mal nécessaire, produit
par l'infirmité ou par la malice humaine ; et qu'elle

(1) *Chrysot. Hom. in Matth.* I I.
(2) Parmi une foule de traits admirables dont les psaumes de David
étincellent, je distingue le suivant : *Constitue, Domine, legislatorem
super eos, ut sciant quoniam homines sunt;* c'est-à-dire : « Place,
« Seigneur, un législateur sur leurs têtes, afin qu'ils sachent qu'ils sont
» des hommes. » — C'est un beau mot! .

n'est rien du tout, si elle n'a reçu une sanction antérieure et non écrite.

XXII. C'est ici qu'il faut gémir sur le paralogisme
fondamental d'un système qui a si malheureusement
divisé l'Europe. Les partisans de ce système ont dit:
Nous ne croyons qu'à la parole de Dieu...... Quel
abus des mots! quelle étrange et funeste ignorance
des choses divines! Nous seuls croyons *à la parole*,
tandis que nos *chers ennemis* s'obstinent à ne croire
qu'*à l'écriture :* comme si Dieu avait pu ou voulu
changer la nature des choses dont il est l'auteur, et
communiquer à l'écriture la vie et l'efficacité qu'elle n'a
pas! L'Écriture sainte n'est-elle donc pas *une écriture?*
n'a-t-elle pas été tracée *avec une plume et un peu de
liqueur noire? Sait-elle ce qu'il faut dire à un
homme et ce qu'il fàut cacher à un autre* (1)?
Leibnitz et sa servante n'y lisaient-ils pas les mêmes
mots? Peut-elle être, cette écriture, autre chose que
le *portrait du Verbe?* Et, qouique infiniment res-
pectable sous ce rapport, si l'on vient à l'interroger,
ne faut-il pas qu'*elle garde un silence divin* (2)? Si
on l'attaque enfin, ou si on l'insulte, *peut-elle se*

(1) Revoyez la page 26 et suiv.
(2) Σεμνῶς πανυ σιγᾶ. Plat. (Ibid.)

défendre en l'absence de son père? Gloire à la vérité !
Si *la parole* éternellement vivante ne vivifie l'écriture,
jamais celle-ci ne deviendra *parole*, c'est-à-dire *vie*.
Que d'autres invoquent donc tant qu'il vous plaira LA
PAROLE MUETTE, nous rirons en paix de ce *faux-dieu;*
attendant toujours avec une tendre impatience le moment où ses partisans détrompés se jetteront dans nos
bras, ouverts bientôt depuis trois siècles.

XXIII. Tout bon esprit achèvera de se convaincre
sur ce point, pour peu qu'il veuille réfléchir sur un
axiome également frappant par son importance et par son
universalité, c'est que RIEN DE GRAND N'A DE GRANDS COM-
MENCEMENTS. On ne trouvera pas dans l'histoire de tous
les siècles une seule exception à cette loi. *Crescit
occulto velut arbor œvo;* c'est la devise éternelle
de toute grande institution ; et de là vient que toute
institution fausse écrit beaucoup, parce qu'elle sent
sa faiblesse, et qu'elle cherche à s'appuyer. De la
vérité que je viens d'énoncer résulte l'inébranlable conséquence, que nulle institution grande et réelle ne
saurait être fondée sur une loi écrite, puisque les hommes
mêmes, instruments successifs de l'établissement,
ignorent ce qu'il doit devenir, et que l'accroissement
insensible est le véritable signe de la durée, dans tous

les ordres possibles de choses. Un exemple remarquable
de ce genre se trouve dans la puissance des souverains
pontifes, que je n'entends point envisager ici d'une
manière dogmatique. Une foule de savants écrivains ont
fait, depuis le xvie siècle, une prodigieuse dépense
d'érudition pour établir, en remontant jusqu'au berceau
du christianisme, que les évêques de Rome n'étaient
point, dans les premiers siècles, ce qu'ils furent
depuis; supposant ainsi, comme un point accordé, que
tout ce qu'on ne trouve pas dans les temps primitifs,
est abus. Or, je le dis sans le moindre esprit de con-
tention, et sans prétendre choquer personne, ils montrent
en cela autant de philosophie et de véritable savoir
que s'ils cherchaient dans un enfant au maillot les
véritables dimensions de l'homme fait. La souveraineté
dont je parle dans ce moment est née comme les
autres, s'est accrue comme les autres. C'est une pitié
de voir d'excellents esprits se tuer à vouloir prouver
par l'enfance que la virilité est un abus, tandis qu'une
institution quelconque, adulte en naissant, est une
absurdité au premier chef, une véritable contradiction
logique. Si les ennemis éclairés et généreux de cette
puissance (et certes, elle en a beaucoup de ce genre),
examinent la question sous ce point de vue, comme je

les en prie avec amour, je ne doute pas que toutes ces
objections tirées de l'antiquité ne disparaissent à leurs
yeux comme un léger brouillard.

Quant aux abus, je ne dois point m'en occuper
ici. Je dirai seulement, puisque ce sujet se rencontre
sous ma plume, qu'il y a bien à rabattre des déclamations que le dernier siècle nous a fait lire sur ce
grand sujet. Un temps viendra où les papes, contre
lesquels on s'est le plus récrié, tels que Grégoire VII,
par exemple, seront regardés, dans tous les pays,
comme les amis, les tuteurs, les sauveurs du genre
humain, comme les véritables génies constituants
de l'Europe.

Personne n'en doutera dès que les savants français
seront chrétiens, et dès que les savants anglais seront
catholiques, ce qui doit bien cependant arriver une
fois.

XXIV. Mais par quelle parole pénétrante pourrions-
nous, dans ce moment, nous faire entendre d'un siècle
infatué de l'écriture et brouillé avec la parole, au
point de croire que les hommes peuvent créer des
constitutions, des langues et même des souverainetés;
d'un siècle pour qui toutes les réalités sont des mensonges, et tous les mensonges des réalités; qui ne

25

voit pas même ce qui se passe sous ses yeux: qui
se repaît de livres, et va demander d'équivoques leçons
à Thucydide ou à Tite-Live, tout en fermant les yeux
à la vérité qui rayonne dans les gazettes du temps.

Si les vœux d'un simple mortel étaient dignes d'obtenir de la Providence un de ces décrets mémorables
qui forment les grandes époques de l'histoire, je lui
demanderais d'inspirer à quelque nation puissante qui
l'aurait grièvement offensé, l'orgueilleuse pensée de se
constituer elle-même politiquement, en commençant
par les bases. Que si, malgré mon indignité, l'antique familiarité d'un patriarche m'était permise, je
dirais : « Accorde-lui tout! Donne-lui l'esprit, le savoir,
« la richesse, la valeur, surtout une confiance déme-
« surée en elle-même, et ce génie à la fois souple
« et entreprenant, que rien n'embarrasse et que rien
« n'intimide. Eteins son gouvernement antique; ôte-
« lui la mémoire; tue ses affections; répands de plus
« la terreur autour d'elle; aveugle ou glace ses enne-
« mis; ordonne à la victoire de veiller à la fois sur
« toutes ses frontières, en sorte que nul de ses voi-
« sins ne puisse se mêler de ses affaires, ni la trou-
« bler dans ses opérations. Que cette nation soit
« illustre dans les sciences, riche en philosophie, ivre

« de pouvoir humain, libre de tout préjugé, de tout
« lien, de toute influence supérieure : donne-lui tout
« ce qu'elle désirera, de peur qu'elle ne puisse dire
« un jour : *Ceci m'a manqué ou cela m'a gêné;*
« qu'elle agisse enfin librement avec cette immensité
« de moyens, afin qu'elle devienne, sous ton inexo-
« rable protection; une leçon éternelle pour le genre
« humain. »

XXV. On ne peut, sans doute, attendre une réunion
de circonstances qui serait un miracle au pied de la
lettre; mais des événements du même ordre, quoique
moins remarquables, se montrent ça et là dans l'histoire de nos jours; et bien qu'ils n'aient point, pour
l'exemple, cette force idéale que je désirais tout-à-
l'heure, ils ne renferment pas moins de grandes
instructions.

Nous avons été témoins, il y a moins de vingt-
cinq ans, d'un effort solennel fait pour régénérer une
grande nation mortellement malade. C'était le premier
essai du grand œuvre, et la *préface,* s'il est permis
de s'exprimer ainsi, de l'épouvantable livre qu'on
nous a fait lire depuis. Toutes les précautions furent
prises. Les sages du pays crurent même devoir consulter la divinité moderne dans son sanctuaire étran-

ger. On écrivit à *Delphes,* et deux pontifes fameux
répondirent solennellement (1). Les oracles qu'ils pro-
noncèrent dans cette occasion ne furent point, comme
autrefois des feuilles légères, jouets des vents ; ils
sont reliés :

> ,... *Quidque hœc Sapientia possit,*
> *Tunc patuit.......*

C'est une justice, au reste, de l'avouer : dans ce
que la nation ne devait qu'à son propre bon sens, il
y avait des choses qu'on peut encore admirer aujour-
d'hui. Toutes les convenances se réunissaient, sans
doute, sur la tête sage et auguste appelée à saisir
les rênes du gouvernement ; les principaux intéressés
dans le maintien des anciennes lois, faisaient volontairement un superbe sacrifice au public ; et, pour
fortifier l'autorité suprême, ils se prêtaient à changer
une épithète de la souveraineté. — Hélas ! toute la
sagesse humaine fut en défaut, et tout finit par la
mort.

XXVI. On dira : *Mais nous connaissons les causes
qui firent manquer l'entreprise.* Comment donc? veut-
on que Dieu envoie des anges sous formes humaines,

(1) Rousseau et Mably.

chargés de déchirer une constitution? Il faudra bien
toujours que les choses secondes soient employées :
celle-ci ou celle-là, qu'importe? Tous les instruments
sont bons dans les mains du grand ouvrier; mais tel
est l'aveuglement des hommes, que, si demain quelques entrepreneurs de constitutions viennent encore
organiser un peuple, et le constituer *avec un peu de
liqueur noire,* la foule se hâtera encore de croire
au miracle annoncé. On dira de nouveau : *Rien n'y
manque; tout est prévu, tout est écrit;* tandis que,
précisément parce que tout serait prévu, discuté et
écrit, il serait démontré que la constitution est nulle,
et ne présente à l'œil qu'une apparence éphémère.

XXVII. Je crois avoir lu quelque part *qu'il y a
bien peu de souverainetés en état de justifier la
légitimité de leur origine.* Admettons la justesse de
l'assertion, il n'en résultera pas la moindre tache sur
les successeurs d'un chef dont les actes pourraient
souffrir quelques objections : le nuage qui envelope-
rait plus ou moins l'origine de son autorité ne serait
qu'un inconvénient, suite nécessaire d'une loi du
monde moral. S'il en était autrement, il s'ensuivrait
que le souverain ne pourrait régner légitimement qu'en
vertu d'une délibération de tout le peuple, c'est-à-dire

par la grâce du peuple, ce qui n'arrivera jamais, car il n'y a rien de si vrai que ce qui a été dit par l'auteur des *Considérations sur la France* (1) : *Que le peuple acceptera toujours ses maîtres et ne les choisira jamais.* Il faut toujours que l'origine de la souveraineté se montre hors de la sphère du pouvoir humain, de manière que les hommes mêmes qui paraissent s'en mêler directement ne soient néanmoins que des circonstances. Quant à la légitimité, si dans son principe elle a pu sembler ambiguë, Dieu s'explique par son premier ministre au département de ce monde, *le temps.* Il est bien vrai néanmoins que certains présages contemporains trompent peu lorsqu'on est à même de les observer ; mais les détails, sur ce point, appartiendraient à un autre ouvrage.

XXVIII. Tout nous ramène donc à la règle générale : *L'homme ne peut faire une constitution, et nulle constitution légitime ne saurait être écrite.* Jamais on n'a écrit, jamais on n'écrira *à priori* le recueil des lois fondamentales qui doivent constituer une société civile ou religieuse. Seulement, lorsque la société se trouve déjà constituée, sans qu'on puisse

(1) Chap. ix, p. 136.

dire comment, il est possible de faire déclarer ou
expliquer par écrit certains articles particuliers ;
mais presque toujours ces déclarations sont l'effet ou
la cause de très-grands maux, et toujours elles
coûtent aux peuples plus qu'elles ne valent.

XXIX. A cette règle générale *que nulle constitution ne peut être écrite, ni faite* à priori, on ne
connaît qu'une seule exception ; c'est la législation
de Moïse. Elle seule fut, pour ainsi dire *jetée*
comme une statue, et écrite jusque dans les moindres détails par un homme prodigieux qui dit FIAT !
sans que jamais son œuvre ait eu besoin depuis
d'être, ni par lui ni par d'autres, corrigée, suppléée
ou modifiée. Elle seule a pu braver le temps, parce
qu'elle ne lui devait rien et n'en attendait rien ; elle
seule a vécu quinze cents ans ; et même après que
dix-huit siècles nouveaux ont passé sur elle, depuis
le grand anathème qui la frappa au jour marqué,
nous la voyons, vivante, pour ainsi dire, d'une
seconde vie, resserrer encore, par je ne sais quel
lien mystérieux qui n'a point de nom humain, les
différentes familles d'un peuple qui demeure dispersé
sans être désuni : de manière que, semblable à
l'attraction et par le même pouvoir, elle agit à

distance, et fait un tout d'une foule de parties qui ne se touchent point. Aussi cette législation sort évidemment, pour toute conscience intelligente, du cercle tracé autour du pouvoir humain ; et cette magnifique exception à une loi générale qui n'a cédé qu'une fois et n'a cédé qu'à son auteur, démontre seule la mission divine du grand législateur des Hébreux, bien mieux que le livre entier de ce prélat anglais qui, avec la plus forte tête et une érudition immense, a néanmoins eu le malheur d'appuyer une grande vérité sur le plus triste paralogisme.

XXX. Mais puisque toute constitution est divine dans son principe, il s'ensuit que l'homme ne peut rien dans ce genre à moins qu'il ne s'appuie sur Dieu, dont il devient alors l'instrument (1). Or, c'est une vérité à laquelle le genre humain en corps n'a cessé de rendre le plus éclatant témoignage. Ouvrons l'histoire, qui est la politique expérimentale, nous y verrons constamment le berceau des nations environné de prêtres, et la Divinité toujours appelée au secours de

(1) On peut même généraliser l'assertion et prononcer sans exception. *Que nulle institution quelconque ne peut durer, si elle n'est fondée sur la religion.*

la faiblesse humaine (1). La fable, bien plus vraie
que l'histoire ancienne, pour des yeux préparés, vient
encore renfoncer la démonstration. C'est toujours un
oracle qui fonde les cités ; c'est toujours un oracle
qui annonce la protection divine et les succès du
héros fondateur. Les Rois surtout, chefs des empires
naissants, sont constamment désignés et presque *marqués*
par le ciel de quelque manière extraordinaire (2). Combien
d'hommes légers ont ri de la *sainte ampoule*, sans

(1) Platon, dans un morceau admirable et tout à fait mosaïque, parle
d'un temps primitif *où Dieu avait confié l'établissement et le régime
des empires, non à des hommes, mais à des génies;* puis il ajoute,
en parlant de la difficulté de créer des constitutions durables : *C'est la
vérité même que si Dieu n'a pas présidé à l'établissement d'une cité,
et qu'elle n'ait eu qu'un commencement humain, elle ne peut échapper
aux plus grands maux. Il faut donc tâcher, par tous les moyens
imaginables, d'imiter le régime primitif; et nous confiant en ce qu'il
y a d'immortel dans l'homme, nous devons fonder les maisons,
ainsi que les états, en consacrant comme les lois les volontés de l'intelligence* (suprème). *Que si un état* (quelle que soit sa forme) *est fondé
sur le vice, et gouverné par des gens qui foulent aux pieds la justice,
il ne lui reste aucun moyen de salut.* (Plat. de Leg., t. VIII, Édit.
Bipont, pag. 180, 181.)

(2) On a fait grand usage dans la controverse de la fameuse règle de
Richard de Saint-Victor : *Quod semper, quod ubique, quod omnibus.*
Mais cette règle est générale et peut, je crois, être exprimée ainsi :
*Toute croyance constamment universelle est vraie : et toutes les fois
qu'en séparant d'une croyance quelconque certains articles particuliers aux différentes nations, il reste quelque chose de commun à
toutes, ce reste est une vérité.*

songer que la sainte ampoule est un hiéroglyphe, et
qu'il ne s'agit que de savoir lire (1)!

XXXI. Le sacre des Rois tient à la même racine.
Jamais il n'y eut de cérémonie, ou, pour mieux dire
de profession de foi plus significative et plus respec-
table. Toujours le doigt du pontife a touché le front
de la souveraineté naissante. . Les nombreux écrivains
qui n'ont vu dans ces rites augustes que des vues
ambitieuses, et même l'accord exprès de la supers-
tition et de la tyrannie, ont parlé contre la vérité,
presque tous même contre leur conscience. Ce sujet
mériterait d'être examiné. Quelquefois les souverains
ont cherché le sacre, et quelquefois le sacre a
cherché les souverains. On en a vu d'autres rejeter
le sacre comme un signe de dépendance. Nous connaissons assez de faits pour être en état de juger
assez sainement; mais il faudrait distinguer soigneusement les hommes, les temps, les nations et les
cultes. Ici, c'est assez d'insister sur l'opinion géné-

---

(1) Toute religion, par la nature même des choses, *pousse* une mythologie qui lui ressemble. Celle de la religion chrétienne est, par cette
raison, toujours chaste, toujours utile, et souvent sublime, sans que
(par un privilége particulier) il soit jamais possible de la confondre
avec la religion même. De manière que nul *mythe* chrétien ne peut
nuire, et que souvent il mérite toute l'attention de l'observateur.

rale et éternelle qui appelle la puissance divine à l'établissement des empires.

XXXII. Les nations les plus fameuses de l'antiquité, les plus graves surtout et les plus sages, telles que les Égyptiens, les Étrusques, les Lacédémoniens et les Romains, avaient précisément les constitutions les plus religieuses ; et la durée des empires a toujours été proportionnée au degré d'influence que le principe religieux avait acquis dans la constitution politique : *Les villes et les nations les plus adonnées au culte divin ont toujours été les plus durables et les plus sages, comme les siècles les plus religieux ont toujours été les plus distingués par le génie (1).*

XXXIII Jamais les nations n'ont été civilisées que par la religion. Aucun autre instrument connu n'a de prise sur l'homme sauvage. Sans recourir à l'antiquité, qui est très-décisive sur ce point, nous en voyons une preuve sensible en Amérique. Depuis trois siècles nous sommes là avec nos lois, nos arts, nos sciences, notre civilisation, notre commerce et notre luxe : qu'avons-nous gagné sur l'état sauvage ? Rien. Nous détruisons ces malheureux avec le fer et l'eau-de-

(1) Xénophon, Memor. Socr. I. 4, 16.

vie ; nous les repoussons insensiblement dans l'intérieur des déserts, jusqu'à ce · qu'enfin ils disparaissent entièrement, victimes de nos vices autant que de notre cruelle supériorité.

XXXIV. Quelque philosophe a-t-il jamais imaginé de quitter sa patrie et ses plaisirs pour s'en aller dans les forêts de l'Amérique à la chasse des Sauvages, les dégoûter de tous les vices de la barbarie et leur donner une morale (1) ? Ils ont bien fait mieux : ils ont composé de beaux livres pour prouver que le Sauvage était l'homme *naturel,* et que nous ne pouvions souhaiter rien de plus heureux que de lui ressembler. Condorcet a dit *que les missionnaires n'ont porté en Asie et en Amérique que de honteuses superstitions (2).* Rousseau a dit, avec un redoublement de folie véritablement inconcevable, *que les missionnaires ne lui paraissaient guère plus sages que les conquérants* (3). Enfin, leur coryphée a eu le front (mais qu'avait-il à perdre ?) de jeter le ridi-

(1) Condorcet nous a promis, à la vérité, que les philosophes se chargeraient incessamment de la civilisation et du bonheur des nations barbares. (*Esquisse d'un Tableau historique des progrès de l'esprit humain;* in-8°, pag. 335.) Nous attendrons qu'ils veuillent bien commencer.

(2) Esquisse, etc. (Ibid. pag. 335.)

(3) Lettre à l'archevêque de Paris.

cule le plus grossier sur ces pacifiques conquérants
que l'antiquité aurait divinisés (1).

XXXV. Ce sont eux cependant, ce sont les missionnaires qui ont opéré cette merveille si fort au-
dessus des forces et même de la volonté humaine.
Eux seuls ont parcouru d'une extrémité à l'autre le
vaste continent de l'Amérique pour y créer des hommes.
Eux seuls ont fait ce que la politique n'avait pas
seulement osé imaginer. Mais rien dans ce genre
n'égale les missions de Paraguay : c'est là où l'on a
vu d'une manière plus marqué l'autorité et la puissance exclusive de la religion pour la civilisation des
hommes. On a vanté ce prodige, mais pas assez ;
l'esprit du XVIII siècle et un autre esprit, son com-
plice, ont eu la force d'étouffer, en partie, la voix
de la justice et même celle de l'admiration. Un jour

(1) *Eh! mes amis, que ne restiez-vous dans votre patrie? Vous
n'y auriez pas trouvé plus de diables, mais vous y auriez trouvé
tout autant de sottises.* Voltaire. Essai sur les mœurs et l'esprit, etc.
Introd. *De la Magie.*)

Cherchez ailleurs plus de déraison, plus d'indécence, plus de mauvais goût même, vous n'y réussirez pas. C'est cependant ce livre, dont
bien peu de chapitres sont exempts de traits semblables; c'est ce *coli-
fichet fastueux,* que de modernes enthousiastes n'ont pas craint
d'appeler *un monument de l'esprit humain,* sans doute, comme la
chapelle de Versailles et les tableaux de Boucher.

peut-être (car on peut espérer que ces grands et
nobles travaux seront repris), au sein d'une ville
opulente assise sur une antique *savane*, le père de
ces missionnaires aura une statue. On pourra lire
sur le piédestal :

A L'OSIRIS CHRÉTIEN

dont les envoyés ont parcouru la terre
pour arracher les hommes à la misère,
à l'abrutissement et à la férocité,
en leur enseignant l'agriculture,
en leur donnant des lois,
en leur apprenant à connaître et à servir Dieu,

NON PAR LA FORCE DES ARMES,

dont ils n'eurent jamais besoin,
mais par la douce persuasion, les chants moraux,

ET LA PUISSANCE DES HYMNES,

en sorte qu'on les crut des Anges (1).

---

(1) *Osiris régnant en Égypte, retira incontinent les Égyptiens*
de la vie indigente, souffreteuse et sauvage, en leur enseignant à
semer et à planter; en leur establissant des loix, en leur monstrant
à honorer et à révérer les Dieux : et depuis, allant par tout le
monde, il l'apprivoisa aussi sans y employer aucunement la force
des armes, mais attirant et gagnant la plus part des peuples par
douce persuasion et remontrances couchées en chanson et en toute
sorte de musique (παθοι καὶ λογῳ μευʹ ὠδῆς πασης καὶ μουσικῆς)

XXXVI. Or, quand on songe que cet ordre législateur, qui régnait au Paraguay par l'ascendant unique
des vertus et des talents, sans jamais s'écarter de
la plus humble soumission envers l'autorité légitime
même la plus égarée ; que cet ordre, dis-je, venait
en même temps affronter dans nos prisons, dans nos

dont les Grecs eurent opinion que c'était le même que Bacchus.
Plutarque, *d'Isis et d'Osiris,* trad. d'Amyot, édit. de Vascosan, tom. III,
pag. 987, in-8°. Edit. Henr. Steph. tom. I, pag 634, in-8°.

On a trouvé naguère dans une île du fleuve Penobscot, *une peu-*
plade sauvage qui chantait encore un grand nombre de cantiques
pieux et instructifs en indien sur la musique de l'Église, avec une
précision qu'on trouverait à peine dans les chœurs les mieux com-
posés; l'un des plus beaux airs de l'église de Boston vient de ces
Indiens (qui l'avaient appris de leurs maîtres il y a plus de quarante
ans), *sans que dès-lors ces malheureux Indiens aient joui d'aucune*
espèce d'instruction. (Merc. de France, 5 juillet 1806, n° 259. p. 29 et
suiv.)

Le père *Salvaterra* (beau nom de missionnaire!) justement nommé
l'*Apôtre de la Californie,* abordait les Sauvages les plus intraitables
dont jamais on ait eu connaissance, sans autre arme qu'un luth dont
il jouait supérieurement. Il se mettait à chanter : *In voi credo, o Dio*
mio! etc. Hommes et femmes l'entouraient et l'écoutaient en silence.
Muratori dit, en parlant de cet homme admirable : *Pare favola quella*
d'Orfeo; ma chi sà che non sia succeduto in simil caso? Les missionnaires seuls ont compris et démontré *la vérité de cette fable.* On
voit même qu'ils avaient découvert l'espèce de musique digne de s'associer à ces grandes créations. « Envoyez-nous, écrivaient-ils à leurs
« amis d'Europe, envoyez-nous les airs des grands maîtres d'Italie,
« *per essere armoniosissimi, senza tanti imbrogli di violini obligati,*
« etc. » (Muratori, *Christianesime felice,* etc. Venesia, 1752, in-8°,
chap. xII, p. 284.)

hôpitaux, dans nos lazarets, tout ce que la misère,
la maladie et le désespoir ont de plus hideux et de
plus repoussant ; que ces mêmes hommes qui cou-
raient, au premier appel, se coucher sur la paille à
côté de l'indigence, n'avaient pas l'air étranger dans
les cercles les plus polis ; qu'ils allaient sur les écha-
fauds *dire les dernières paroles* aux victimes de la
justice humaine, et que de ces théâtres d'horreur
ils s'élançaient dans les chaires pour y tonner devant
les rois (1) ; qu'ils tenaient le *pinceau* à la Chine, le
télescope dans nos observatoires, la lyre d'Orphée au
milieu des sauvages, et qu'ils avaient élevé tout le
siècle de Louis XIV ; lorsqu'on songe enfin qu'une
détestable coalition de ministres pervers, de magistrats en délire et d'ignobles sectaires, a pu, de nos
jours, détruire cette merveilleuse institution et s'en
applaudir, on croit voir ce fou qui mettait glorieu-
sement le pied sur une montre, en lui disant : *Je
t'empêcherai bien de faire du bruit.* — Mais, qu'est-
ce donc que je dis ? un fou n'est pas coupable.

XXXVII. J'ai dû insister principalement sur la for-

---

(1) *Loquebar de testimoniis tuis in conspectu regum : et non con-
fundebar.* Ps. cxviii, 46. C'est l'inscription mise sous le portrait de
Bourdaloue, et que plusieurs de ses collègues ont méritée.

mation des empires comme sur l'objet le plus important; mais toutes les institutions humaines sont soumises à la même règle, et toutes sont nulles ou dangereuses si elles ne reposent pas sur la base de toute existence. Ce principe étant incontestable, que , penser d'une génération qui a tout mis en l'air, et jusqu'aux bases mêmes de l'édifice social, en rendant l'éducation purement scientifique? Il était impossible de se tromper d'une manière plus terrible; car tout système d'éducation qui ne repose pas sur la religion, tombera en un clin d'œil, ou ne versera que des poisons dans l'État, *la religion étant,* comme l'a dit excellemment Bacon, *l'aromate qui empêche la science de se corrompre.*

XXXVIII. Souvent on a demandé : *Pourquoi une école de théologie dans toutes les universités?* La réponse est aisée : *C'est afin que les universités subsistent, et que l'enseignement ne se corrompe pas.* Primitivement elles ne furent que des écoles théologiques où les autres *facultés* vinrent se réunir comme des sujettes autour d'une reine. L'édifice de l'instruction publique, posé sur cette base, avait duré jusqu'à nos jours. Ceux qui l'ont renversé chez eux s'en repentiront longtemps inutilement. Pour brûler

26

une ville, il ne faut qu'un enfant ou un insensé;
pour la rebâtir, il faut des architectes, des matériaux,
des ouvriers, des millions, et surtout du temps.

XXXIX. Ceux qui se sont contentés de corrompre
les institutions antiques, en conservant les formes
extérieures, ont peut-être fait autant de mal au
genre humain. Déjà l'influence des universités modernes
sur les mœurs et l'esprit national dans une partie
considérable du continent de l'Europe, est parfaitement connue (1). Les universités d'Angleterre ont conservé, sous ce rapport, plus de réputation que les autres;
peut-être parce que les Anglais savent mieux se taire ou se

(1) Je ne me permettrai point de publier des notions qui me sont
particulières, quelque précieuses qu'elles puissent être d'ailleurs; mais
je crois qu'il est loisible à chacun de réimprimer ce qui est imprimé;
et de faire parler un Allemand sur l'Allemagne. Ainsi s'exprime, sur
les universités de son pays, un homme que personne n'accusera d'être
infatué d'idées antiques.

« Toutes nos universités d'Allemagne, même les meilleures, ont
« besoin de grandes réformes sur le chapitre des mœurs. ... Les
« meilleures même sont un gouffre où se perdent sans ressource l'in-
« nocence, la santé et le bonheur futur d'une foule de jeunes gens, et
« d'où sortent des êtres ruinés de corps et d'âme, plus à charge qu'u-
« tiles à la société, etc..... Puissent ces pages être un préservatif pour
« les jeunes gens! Puissent-ils lire sur la porte de nos universités
« l'inscription suivante : *Jeune homme, c'est ici que beaucoup de*
« *tes pareils perdirent le bonheur avec l'innocence!* »

(M. Campe, Recueil des voyages pour l'instruction de la jeunesse,
in-12, tom. II, pag 129.)

louer à propos ; peut-être aussi que l'esprit public, qui a une force extraordinaire dans ce pays, a su y défendre mieux qu'ailleurs ces vénérables écoles de l'anathème général. Cependant il faut qu'elles succombent, et déjà le mauvais cœur de Gibbon nous a valu d'étranges confidences sur ce point (1). Enfin, pour ne pas sortir des généralités, si l'on n'en vient pas aux anciennes maximes, si l'éducation n'est pas rendue aux prêtres, et si la science n'est pas mise partout à la seconde place, les maux qui nous attendent sont incalculables : nous serons abrutis par la science, et c'est le dernier degré de l'abrutissement.

XL. Non-seulement la création n'appartient point à l'homme, mais il ne paraît pas que notre puissance, *non assistée*, s'étende jusqu'à changer en mieux les institutions établies. S'il y a quelque chose d'évident pour l'homme, c'est l'existence de deux forces opposées qui se combattent sans relâche dans l'univers. Il n'y

(1) Voyez ses Mémoires, où, après nous avoir fait de fort belles révélations sur les universités de son pays, il nous dit en particulier de celle d'Oxford : *Elle peut bien me renoncer pour fils d'aussi bon cœur que je la renonce pour mère.* Je ne doute pas que cette tendre mère, sensible, comme elle le devait, à une telle déclaration, ne lui ait décerné une épitaphe magnifique : LUBENS MERITO.

Le chevalier William Jones, dans sa lettre à M. Anquetil, donne dans un excès contraire; mais cet excès lui fait honneur.

a rien de bon que le mal ne souille et n'altère; il n'y a rien de mal que le bien ne comprime et n'attaque, en poussant sans cesse tout ce qui existe vers un état plus parfait (1). Ces deux forces sont présentes partout. On les voit également dans la végétation des plantes, dans la génération des animaux, dans la formation des langues, dans celle des empires (deux choses inséparables), etc. Le pouvoir humain ne s'étend peut-être qu'à ôter ou à combattre le mal pour en dégager le bien et lui rendre le pouvoir de germer suivant sa nature. Le célèbre Zanotti a dit : *Il est difficile de changer les choses en mieux* (2). Cette pensée cache un très-grand sens sous l'appa-

(1) Un Grec aurait dit : Πρὸς ἐπανόρθωσιν. On pourrait dire, vers la *restitution en entier* : expression que la philosophie peut fort bien emprunter à la jurisprudence, et qui jouira, sous cette nouvelle acception, d'une merveilleuse justesse. Quant à l'opposition et au balancement des deux forces, il suffit d'ouvrir les yeux. *Le bien est contraire au mal, et la vie à la mort.... Considérez toutes les œuvres du Très-Haut, vous les trouverez ainsi deux à deux et opposées l'une à l'autre.* Eccles. XXXIII, 15.

Pour le dire en passant : c'est de là que naît la règle du *beau idéal.* Rien dans la nature n'étant ce qu'il doit être, le véritable artiste, celui qui peut dire : EST DEUS IN NOBIS, a le pouvoir mystérieux de discerner les moins altérés, et de les assembler pour en former des tout qui n'existent que dans son entendement.

(2) *Difficile est mutare in melius.* Zannotti cité dans le *Transunto della R. Accademia di Torino.* 1788-89. In-8°, p. 6.

rence d'une extrême simplicité. Elle s'accorde parfaitement avec une autre pensée d'*Origène*, qui vaut.
seule un beau livre. *Rien*, dit-il, *ne peut changer
en mieux parmi les hommes,* INDIVINEMENT (1).
Tous les hommes ont le sentiment de cette vérité,
mais sans être en état de s'en rendre compte. De là
cette aversion machinale de tous les bons esprits pour
les innovations. Le mot de *réforme*, en lui-même et
avant tout examen, sera toujours suspect à la sagesse,
et l'expérience de tous les siècles justifie cette sorte
d'instinct. On sait trop quel a été le fruit des plus
belles spéculations dans ce genre (2).

XLI. Pour appliquer ces maximes générales à un cas
particulier, c'est par la seule considération de l'extrême
danger des innovations fondées sur de simples théories
humaines, que, sans me croire en état d'avoir un
avis décidé par voie de raisonnement, sur la grande
question de la réforme parlementaire qui agite si fort
les esprits en Angleterre, et depuis si longtemps, je
me sens néanmoins entraîné à croire que cette idée est

(1) Ἀθεει : ou, si l'on veut exprimer cette pensée d'une manière plus
laconique. et dégagée de toute licence grammaticale, sans DIEU, RIEN DE
MIEUX. Orig. adv. Cels. I. 26 ed. Ruæi. Paris, 1733. In-fol., tom. I,
p. 345.

(2) *Nihil motum ex antiquo probabile est.* Tit. Liv. xxxiv, 53.

funeste, et que si les Anglais s'y livrent trop vivement, ils auront à s'en repentir. *Mais*, disent les partisans de la réforme (car c'est le grand argument), *les abus sont frappants, incontestables : or, un abus formel, un vice peut-il être constitutionnel ?* — Oui, sans doute, il peut l'être ; car toute constitution politique a des défauts essentiels qui tiennent à sa nature et qu'il est impossible d'en séparer ; et ce qui doit faire trembler tous les réformateurs ; c'est que ces défauts peuvent changer avec les circonstances, de manière qu'en montrant qu'ils sont nouveaux, on n'a point encore montré qu'ils ne sont pas nécessaires (1). Quel homme sensé ne frémira donc pas en mettant la main à l'œuvre ? L'harmonie sociale est sujette à la loi du *tempérament*, comme

---

(1) *Il faut*, dit-on, *recourir aux lois fondamentales et primitives de l'état qu'une coutume injuste a abolies ;* et c'est un jeu pour tout perdre. *Rien ne sera juste à cette balance : cependant le peuple prête aisément l'oreille à ces discours.* (Pascal, **Pensées**, Iʳᵉ partie, art. 6. Paris, Renouard, 1803, p. 121, 122)

On ne saurait mieux dire ; mais voyez ce que c'est que l'homme ! l'auteur de cette observation et sa hideuse secte n'ont cessé de jouer *ce jeu infaillible pour tout perdre ;* et en effet le jeu a parfaitement réussi. Voltaire au reste, a parlé sur ce point comme Pascal : « *C'est* « *une idée bien vaine,* dit-il, *un travail bien ingrat, de vouloir* « *tout rappeler aux usages antiques,* etc. » (Essai sur les Mœurs et l'Esprit, etc., chap. 85.) Entendez-le ensuite parler des papes, vous verrez comme il se rappelle sa maxime.

l'harmonie proprement dite, *dans le clavier général.*
Accordez rigoureusement les *quintes*, les *octaves* jure-
ront, et réciproquement. La dissonance étant donc
inévitable, au lieu de la chasser, ce qui est impossible,
il faut la *tempérer*, en la distribuant. Ainsi, de part et
d'autre, *le défaut est un élément de la perfection possible.* Dans cette proposition, il n'y a que la forme de
paradoxale. *Mais*, dira-t-on peut-être encore, *où est la
règle pour discerner le défaut accidentel, de celui
qui tient à la nature des choses et qu'il est impossible d'éliminer?* — Les hommes à qui la nature n'a
donné que des oreilles, font de ces sortes de questions,
et ceux qui ont de l'oreille haussent les épaules.

XLII. Il faut encore bien prendre garde, lorsqu'il est
question d'abus, de ne juger les institutions politiques
que par leurs effets constants, et jamais par leurs causes
quelconques qui ne signifient rien (1), moins encore
par certains inconvénients collatéraux (s'il est permis de
s'exprimer ainsi) qui s'emparent aisément des vues
faibles et les empêchent de voir l'ensemble. En effet, la
cause, suivant l'hypothèse qui paraît prouvée, ne
devant avoir aucun rapport logique avec l'effet, et les

(1) Du moins, par rapport au mérite de l'institution car, sous d'autres
points de vue, il peut être très-important de s'en occuper.

inconvénients d'une institution bonne en soi, n'étant,
comme je le disais tout à l'heure, qu'*une dissonance
inévitable dans le clavier général*, comment les institutions pourraient-elles être jugées sur les causes et sur
les inconvénients ? Voltaire, qui parla de tout pendant
un siècle sans avoir jamais percé une surface (1), a
fait un plaisant raisonnement sur la vente des offices
de magistrature qui avait lieu en France ; et nul
exemple, peut-être, ne serait plus propre à faire sentir
la vérité de la théorie que j'expose. *La preuve*, dit-il,
*que cette vente est un abus, c'est qu'elle ne fut produite
que par un autre abus* (2). Voltaire ne se trompe point
ici comme tout homme est sujet à se tromper. Il se
trompe honteusement. C'est une éclipse centrale du
sens commun. *Tout ce qui naît d'un abus est un abus !*
Au contraire, c'est une des lois les plus générales
et les plus évidentes de cette force à la fois cachée
et frappante qui opère et se fait sentir de tous côtés,
que le remède de l'abus naît de l'abus, et que le mal,

(1) Dante disait à Virgile, en lui faisant, il faut l'avouer, un peu
trop d'honneur : *Maestro di color che sanno*. — Parini, quoiqu'il eût
la tête absolument gâtée, a cependant eu le courage de dire à Voltaire,
en parodiant Dante : *Sci Maestro.... di coloro che credon di sapere*.
(II. Mattino). Le mot est juste.

(2) Précis du siècle de Louis XV, chap. 42.

arrivé à un certain point, s'égorge lui-même, et cela doit être ; car le mal, qui n'est qu'une négation, a pour mesures de dimensions et de durée celle de l'être auquel il s'est attaché et qu'il dévore. Il existe comme le chancre qui ne peut achever qu'en s'achevant. Mais alors une nouvelle réalité se précipite nécessairement à la place de celle qui vient de disparaître ; *car la nature a horreur du vide*, et le bien.... Mais je m'éloigne trop de Voltaire.

XLIII. L'erreur de cet homme venait de ce que ce grand écrivain, *partagé entre vingt sciences*, comme il l'a dit lui-même quelque part, et constamment occupé d'ailleurs à instruire l'univers, n'avait que bien rarement le temps de penser. « Une cour voluptueuse et dissipa-« trice, réduite aux abois par ses dilapidations, imagine « de vendre les offices de magistrature, et crée ainsi » (ce qu'elle n'aurait jamais fait librement et avec connaissance de cause), « elle crée, dis-je, une magistrature « riche, inamovible et indépendante; de manière que « la puissance infinie *qui se joue dans l'univers* (1) se « sert de la corruption pour créer des tribunaux incor-« ruptibles » (autant que le permet la faiblesse humaine). Il n'y a rien, en vérité, de si plausible pour l'œil

(1) *Ludens in orbe terrarum.* Prov. VIII, 3.

du véritable philosophe ; rien de plus conforme aux
grandes analogies et à cette loi incontestable qui veut
que les institutions les plus importantes ne soient jamais
le résultat d'une délibération, mais celui des circonstances. Voici le problème presque résolu quand il
est posé, comme il arrive à tous les problèmes : *Un pays
tel que la France pouvait-il être jugé mieux que
par des magistrats héréditaires?* Si l'on se décide
pour l'affirmative, ce que je suppose, il faudra tout de
suite proposer un second problème que voici: *La
magistrature devant être héréditaire, y a-t-il pour
la constituer d'abord, et ensuite pour la recruter,
un mode plus avantageux que celui qui jette des millions au plus bas prix dans les coffres du souverain,
et qui certifie en même temps la richesse, l'indépendance et même la noblesse* (quelconque) *des juges
supérieurs ?* Si l'on ne considère la vénalité que comme
moyen d'hérédité, tout esprit juste est frappé de ce
point de vue, qui est le vrai. Ce n'est point ici le
lieu d'approfondir la question ; mais c'en est assez
pour prouver que Voltaire ne l'a pas seulement
aperçue.

XLIV. Supposons maintenant à la tête des affaires un
homme tel que lui, réunissant par un heureux accord

la légèreté, l'incapacité et la témérité : il ne manquera pas d'agir suivant ses folles théories de lois et d'abus. Il empruntera au denier quinze pour rembourser des titulaires, créanciers au denier cinquante ; il préparera les esprits par une foule d'écrits payés, qui insulteront la magistrature et lui ôteront la confiance publique. Bientôt la protection, mille fois plus sotte que le hasard, ouvrira la liste éternelle de ses bévues : l'homme distingué, ne voyant plus dans l'hérédité un contre-poids à d'accablants travaux, s'écartera sans retour ; et les grands tribunaux seront livrés à des aventuriers sans nom, sans fortune et sans considération ; au lieu de cette magistrature vénérable, en qui la vertu et la science étaient devenues héréditaires comme ses dignités, véritable sacerdoce que les nations étrangères ont pu envier à la France jusqu'au moment, où le philosophisme, ayant exclu la sagesse de tous les lieux qu'elle hantait, termina de si beaux exploits par la chasser de chez elle.

XLV. Telle est l'image naturelle de la plupart des réformes ; car non-seulement la création n'appartient point à l'homme, mais la réformation même ne lui appartient que d'une manière secondaire et avec une foule de restrictions terribles. En partant de ces principes incon-

testables, chaque homme peut juger les institutions de
son pays avec une certitude parfaite ; il peut surtout
apprécier tous ces *créateurs*, ces *législateurs*, ces *restau-
rateurs* des nations, si chers au dix-huitième siècle, et
que la postérité regardera avec pitié, peut-être même
avec horreur. On a bâti des châteaux de cartes en Europe
et hors de l'Europe. Les détails seraient odieux ;
mais certainement on ne manque de respect à personne en priant simplement les hommes de regarder
et de juger au moins par l'événement, s'ils s'obstinent à refuser tout autre genre d'instruction. L'homme
en rapport avec son Créateur est sublime, et son
action est créatrice : au contraire, dès qu'il se sépare
de Dieu et qu'il agit seul, il ne cesse pas d'être
puissant, car c'est un privilége de sa nature ; mais
son action est négative et n'aboutit qu'à détruire.

XLVI. Il n'y a pas dans l'histoire de tous les siècles
un seul fait qui contredise ces maximes. Aucune
institution humaine ne peut durer si elle n'est supportée
par la main, qui supporte tout ; c'est-à-dire si elle ne lui
est spécialement consacrée dans son origine. Plus elle
sera pénétrée par le principe divin, et plus elle sera
durable. Étrange aveuglement des hommes de notre
siècle ! ils se vantent de leurs lumières, et ils ignorent

tout, puisqu'ils s'ignorent eux-mêmes. Ils ne savent
ni ce qu'ils sont ni ce qu'ils peuvent. Un orgueil
indomptable les porte sans cesse à renverser tout
ce qu'ils n'ont pas fait; et pour opérer de nouvelles
créations, ils se séparent du principe de toute existence. Jean-Jacques Rousseau, lui-même, a cependant
fort bien dit : *Homme petit et vain, montre-moi ta
puissance, je te montrerai ta faiblesse.* On pourrait
dire encore avec autant de vérité et plus de profit ;
*Homme petit et vain, confesse-moi ta faiblesse, je te
montrerai ta puissance.* En effet, dès que l'homme a
reconnu sa nullité, il a fait un grand pas; car il est
bien près de chercher un appui avec lequel il peut
tout. C'est précisément le contraire de ce qu'a fait
le siècle qui vient de finir. (Hélas! il n'a fini que
dans nos almanachs.) Examinez toutes ses entreprises, toutes ses institutions quelconques, vous le
verrez constamment occupé à les séparer de la
Divinité. L'homme s'est cru un être indépendant, et
il a professé un véritable athéisme pratique, plus
dangereux, peut-être, et plus coupable que celui de
théorie.

XLVII. Distrait par ses vaines sciences de la seule
science qui l'intéresse réellement, il a cru qu'il avait

le pouvoir de *créer*, tandis qu'il n'a pas seulement celui de *nommer*. Il a cru, lui qui n'a pas seulement le pouvoir de produire un insecte ou un brin de mousse, qu'il était l'auteur immédiat de la souveraineté; la chose la plus importante, la plus sacrée, la plus fondamentale du monde moral et politique (1); et qu'une telle famille, par exemple, règne parce qu'un tel peuple l'a voulu : tandis qu'il est environné de preuves incontestables que toute famille souveraine règne parce qu'elle est choisie par un pouvoir supérieur. S'il ne voit pas ces preuves, c'est qu'il ferme les yeux ou qu'il regarde de trop près. Il a cru que c'est lui qui avait inventé les langues, tandis qu'il ne tient encore qu'à lui de voir que toute langue humaine est *apprise* et jamais *inventée*, et que nulle hypothèse imaginable dans le cercle de la puissance humaine ne peut expliquer avec la moindre apparence de probabilité, ni la formation, ni la diversité des langues. Il a cru qu'il pouvait constituer les nations, c'est-à-dire, en d'autres termes, *qu'il pouvait créer cette unité nationale en vertu de laquelle une nation n'est pas une autre.* Enfin,

(1) *Le principe que tout pouvoir légitime part du peuple est noble et spécieux en lui-même, cependant il est démenti par tout le poids de l'histoire et de l'expérience.* Hume, Hist. d'Angl., Charles Ier, chap. LIX, ann. 1442. Édit. angl. de Bâle, 1789, in-8°, p. 120.

il a cru que, puisqu'il avait le pouvoir de créer des institutions, il avait à plus forte raison celui de les emprunter aux nations, et de les transporter chez lui toutes faites, avec le nom qu'elles portaient chez ces peuples, pour en jouir comme eux avec les mêmes avantages. Les papiers français me fournissent sur ce point un exemple singulier.

XLVIII. Il y a quelques années que les Français s'avisèrent d'établir à Paris certaines courses qu'on appela sérieusement dans quelques écrits du jour, *jeux olympiques.* Le raisonnement de ceux qui inventèrent ou renouvelèrent ce beau nom, n'était pas compliqué. *On courait,* se dirent-ils, *à pied et à cheval, sur les bords de l'*Alphée; *on court à pied et à cheval sur les bords de la* Seine : *donc c'est la même chose.* Rien de plus *simple* : mais, sans leur demander pourquoi ils n'avaient pas imaginé d'appeler ces jeux *parisiens,* au lieu de les appeler *olympiques,* il y aurait bien d'autres observations à faire. Pour instituer les jeux *olympiques*, on consulta les oracles : les dieux et les héros s'en mêlèrent; on ne les commençait jamais sans avoir fait des sacrifices et d'autres cérémonies religieuses; on les regardait comme les grands comices de la Grèce, et rien n'était plus

auguste. Mais les Parisiens, avant d'établir leurs
courses *renouvelées des Grecs*, allèrent-ils à Rome
ad limina Apostolorum, pour consulter le pape?
Avant de lancer leurs casse-cou, pour amuser des
boutiquiers, faisaient-ils chanter la grand'messe? A
quelle grande vue politique avaient-ils su associer ces
courses? Comment s'appelaient les instituteurs? —
Mais c'en est trop : le bon sens le plus ordinaire
sent d'abord le néant et même le ridicule de cette
imitation.

XLIX. Cependant, dans un journal écrit par des
hommes d'esprit qui n'avaient d'autre tort ou d'autre
malheur que celui de professer les doctrines modernes,
on écrivait, il y a quelques années, au sujet de ces
courses, le passage suivant, dicté par l'enthousiasme
le plus divertissant :

Je le prédis : les jeux olympiques *des Français*
attireront un jour l'Europe au Champ-de-Mars. Qu'ils
ont l'âme froide et peu susceptible d'émotion ceux
qui ne voient ici que des courses! Moi, j'y vois un
spectacle tel que jamais l'univers n'en a offert de
pareil, depuis ceux de l'Elide, où la Grèce était en
spectacle à la Grèce. Non, les cirques des Romains,

les tournois de notre ancienne chevalerie, n'en
approchaient pas (1).

Et moi, je *crois,* et même je *sais* que nulle institution humaine n'est durable si elle n'a une base religieuse ; *et, de plus* (je prie qu'on fasse bien attention
à ceci), *si elle ne porte un nom pris dans une*
langue nationale, et né de lui-même, sans aucune
délibération antérieure et connue.

L. La théorie des noms est encore un objet de
grande importance. Les noms ne sont nullement arbi-
traires, comme l'ont affirmé tant d'hommes *qui avaient*
perdu leurs noms. Dieu s'appelle : *Je suis ;* et toute
créature s'appelle : *Je suis cela.* Le nom d'un être
spirituel étant nécessairement relatif à son action, qui
est sa qualité distinctive ; de là vient que, parmi les
anciens, le plus grand honneur pour une divinité
était la *polyonymie,* c'est-à-dire la *pluralité des noms,*
qui annonçait celle des fonctions ou l'étendue de la

(1) Decade philosophique (octobre 1797, n° 1, pag. 31, 1809). Ce
passage, rapproché de sa date, a le double mérite d'être éminemment
plaisant et de faire penser. On y voit de quelles idées se berçaient alors
ces enfants, et ce qu'ils savaient sur ce que l'homme doit savoir avant
tout. Dès lors un nouvel ordre de choses a suffisamment réfuté ces
belles imaginations; *et si toute l'Europe est aujourd'hui attirée à*
Paris, ce n'est pas certainement pour y voir *les jeux olympiques*
(1814).

27

puissance. L'antique mythologie nous montre Diane,
encore enfant, demandant cet honneur à Jupiter; et,
dans les vers attribués à Orphée, elle est complimen-
tée sous le nom de *démon polyonyme* (génie à plusieurs noms) (1). Ce qui veut dire, au fond, que Dieu
seul a droit de donner un *nom*. En effet, il a tout
nommé, puisqu'il a tout créé. Il a donné des noms
aux étoiles (2), il en a donné aux esprits, et de ces
derniers noms, l'Écriture n'en prononce que trois,
mais tous les trois relatifs à la destination de ces
ministres. Il en est de même des hommes que Dieu
a voulu nommer lui-même, et que l'écriture nous a
fait connaître en assez grand nombre : toujours les
noms sont relatifs aux fonctions (3). N'a-t-il pas dit
que dans son royaume à venir il donnerait aux vainqueurs UN NOM NOUVEAU (4), proportionné à leurs *exploits?*

(1) Voyez la note sur le septième vers de l'hymne à Diane de Calli-
maque (édition de Spanheim) ; et Lanzi, *Saggio di letteratura etrusca*,
etc., in-8°, tom. II, page 241 note. Les hymnes d'Homère ne sont au
fond que des collections d'épithètes; ce qui tient au même principe de
la *polyonymie.*

(2) Isaïe. XL. 26.

(3) Qu'on se rappelle le plus grand nom donné divinement et directement à un homme. La raison du nom fut donnée dans ce cas avec le
nom, et le nom exprime précisément la destination, ou, ce qui revient
au même, le pouvoir.

(4) Apoc. III 12.

Et les hommes, *faits à l'image de Dieu*, ont-ils trouvé une manière plus solennelle de récompenser les vainqueurs que celle de leur donner un *nouveau nom*, le plus honorable de tous, au jugement des hommes, celui des nations vaincues (1)? Toutes les fois que l'homme est censé changer de vie et recevoir un nouveau caractère, assez communément il reçoit un *nouveau nom*. Cela se voit dans le baptême, dans la confirmation, dans l'enrôlement des soldats, dans l'entrée en religion, dans l'affranchissement des esclaves, etc., en un mot, le nom de tout être exprime ce qu'il est, et dans ce genre il n'y a rien d'arbitraire. L'expression vulgaire, *il a un nom, il n'a point de nom*, est très-juste et très-expressive; aucun homme ne pouvant être rangé parmi ceux qu'*on appelle aux assemblées et qui ont un nom* (2), si sa famille n'est marquée du signe qui la distingue des autres.

LI. Il en est des nations comme des individus; il y en a *qui n'ont point de nom*. Hérodote observe

---

(1) Cette observation a été faite par l'auteur anonyme, mais très-connu, du livre allemand intitulé. *Die Siegsgeshichte der christlichen Religion, in einer gemeinnutzigen Erklarung der Offenbarung* Johannis, in-8° Nuremberg, 1799, pag. 89. Il n'y a rien à dire contre cette page.

(2) Num. XVI. 2.

que les Thraces seraient le peuple le plus puissant
de l'univers s'ils étaient unis : *mais, ajoute-t-il, cette
union est impossible, car ils ont tous un nom différent* (1). C'est une très-bonne observation. Il y a
aussi des peuples modernes *qui n'ont point de nom,*
et il y en a d'autres qui en ont plusieurs ; mais la
polyonymie est aussi malheureuse pour les nations
qu'on a pu la croire honorable pour les *génies.*

LII. Les noms n'ayant donc rien d'arbitraire, et
leur origine tenant, comme toutes les choses, plus
ou moins immédiatement à Dieu, il ne faut pas croire
que l'homme ait droit de nommer, sans restriction,
même celles dont il a quelque droit de se regarder
comme l'auteur, et de leur imposer des noms suivant
l'idée qu'il s'en forme. Dieu s'est réservé à cet égard
une espèce de juridiction immédiate qu'il est impossible de méconnaître (2). *O mon cher Hermogène !
c'est une grande chose que l'imposition des noms,
et qui ne peut appartenir ni à l'homme mauvais ni
à l'homme vulgaire...... Ce droit n'appartient qu'à
un créateur de noms* (onomaturge), *c'est-à-dire, à*

(1) Hérod. Therpsyc. V. 3.
(2) *Orig, adv. Cels* I. 18, 24., p. 341, *et in Exhort, ad martyr.,*
n. 46 *et in not.* Édit. Ruœi, in-fol., t. I, pages 305, 341.

ce qui semble, au seul législateur; mais de tous les créateurs humains le plus rare, c'est un législateur (1).

LIII. Cependant l'homme n'aime rien tant que de nommer. C'est ce qu'il fait, par exemple, lorsqu'il applique aux choses des épithètes significatives ; talent qui distingue le grand écrivain et surtout le grand poète. L'heureuse imposition d'une épithète illustre un substantif, qui devient célèbre sous ce nouveau signe (2). Les exemples se trouvent dans toutes les langues ; mais, pour nous en tenir à celle de ce peuple qui a lui-même un si grand nom, puisqu'il l'a donné à la *franchise,* ou que la *franchise* l'a reçu de lui, quel homme lettré ignore *l'avare Achéron, les coursiers attentifs, le lit effronté, les timides supplications, le frémissement argenté, le destructeur rapide, les pâles adulateurs,* etc. (3) ? Jamais l'homme n'oubliera ses droits primitifs : on peut dire même, dans un

(1) *Plato, in Crat. Opp.* tom III, p. 244.

(2) « *De manière,* » comme l'a observé Denys d'Halycarnasse, « que « si l'épithète est *distinctive* et *naturelle,* (οἰκεία καὶ προσφνής), elle « pèse dans le discours autant qu'un nom. » (*De la poésie d'Homère,* ch. 6.) On peut même dire, dans un certain sens, qu'elle vaut mieux, puisqu'elle a le mérite de la création, sans avoir le tort du néologisme.

(3) Je ne me rappelle aucune épithète illustre de Voltaire; c'est peut-être de ma part pur défaut de mémoire.

certain sens, qu'il les exercera toujours, mais combien sa dégradation les a restreints ! Voici une loi vraie comme Dieu qui l'a faite :

Il est défendu à l'homme de donner de grands noms aux choses dont il est l'auteur et qu'il croit grandes ; mais s'il a opéré légitimement, le nom vulgaire de la chose sera ennobli par elle et deviendra grand.

LIV. Qu'il s'agisse de créations matérielles ou politiques, la règle est la même. Il n'y a rien, par exemple, de plus connu dans l'histoire grecque que le mot de *céramique :* Athènes n'en connut pas de plus auguste. Longtemps après qu'elle eut perdu ses grands hommes et son existence politique, Atticus, étant à Athènes, écrivait avec prétention à son illustre ami : *Me trouvant l'autre jour dans le Céramique,* etc., et Cicéron l'en badinait dans sa réponse (1). Que signifie cependant en lui-même ce mot si célèbre, *Tuileries* (2) ? Il n'y a rien de plus vulgaire : mais la cendre des héros mêlée à cette terre l'avait consacrée, et la terre avait consacré le nom. Il est assez singulier qu'à une si grande dis-

---

(1) Voilà pour répondre à votre phrase : *Me trouvant l'autre jour dans le Céramique,* etc. Cic. ad Att. 1. 10.

(2) Avec une certaine latitude qui renferme encore l'idée de *poterie.*

tance de temps et de lieux, ce même mot de
Tuileries, fameux jadis comme nom d'un lieu de
sépulture, ait été de nouveau illustré sous celui d'un
palais. La puissance qui venait habiter les *Tuileries*,
ne s'avisa pas de leur donner quelque nom imposant
qui eût une certaine proportion avec elle. Si elle eût
commis cette faute, il n'y avait pas de raison pour
que, le lendemain, ce lieu ne fût habité par des
filous et par des filles.

LV. Une autre raison, qui a son prix, quoiqu'elle
soit tirée de moins haut, doit nous engager encore à
nous défier de tout nom pompeux imposé *à priori*.
C'est que la conscience de l'homme l'avertissant
presque toujours du vice de l'ouvrage qu'il vient de
produire, l'orgueil révolté, qui ne peut se tromper
lui-même, cherche au moins à tromper les autres, en
inventant un nom honorable qui suppose précisément
le mérite contraire ; de manière que ce nom, au
lieu de témoigner réellement l'excellence de l'ouvrage,
est une véritable confession du vice qui le distingue.
Le XVIIIe siècle, si riche en tout ce qu'on peut imaginer de faux et de ridicule, a fourni sur ce point
une foule d'exemples curieux dans les titres des
livres, des épigraphes, les inscriptions et autres

choses de ce genre. Ainsi, par exemple, si vous lisez à la tête de l'un des principaux ouvrages. de ce siècle :

> *Tantum series juncturaque pollet,*
> *Tantum de medio sumptis accedit honoris.*

Effacez la présomptueuse épigraphe, et substituez hardiment, avant même d'avoir ouvert le livre, et sans la moindre crainte d'être injuste :

> *Rudis indigestaque moles,*
> *Non bene junctarum discordia semina rerum.*

En effet, le chaos est l'image de ce livre, et l'épigraphe exprime éminemment ce qui manque éminemment à l'ouvrage. Si vous lisez à la tête d'un autre livre : *Histoire philosophique et politique,* vous savez, avant d'avoir lu l'histoire annoncée sous ce titre, qu'elle n'est ni *philosophique* ni *politique;* et vous saurez de plus, après l'avoir lue, que c'est l'œuvre d'un frénétique. Un homme ose-t-il écrire au-dessous de son propre portrait : *Vitam impendere vero ?* gagez, sans information, que c'est le portrait d'un menteur; et lui-même vous l'avouera, un jour qu'il lui prendra fantaisie de dire la vérité. Peut-on lire sous un autre portrait : *Post genitis hic carus erit, nunc carus amicis,* sans se rappeler sur-le-champ ce vers si heureusement emprunté à l'original même pour le peindre d'une manière un peu différente : *J'eus des adorateurs et n'eus pas un ami ?* Et en effet, jamais peut-être il n'exista d'homme, dans la classe des gens de lettres, moins fait pour sentir l'amitié, et moins digne de l'inspirer, etc., etc. Des ouvrages et des entreprises d'un autre genre prêtent à la même observation. Ainsi, par exemple, si la musique, chez une nation célèbre, devient tout à coup une affaire d'État; si l'esprit du siècle, aveugle sur tous les points, accorde à cet art une fausse importance et une fausse protection, bien différente de celle dont il aurait besoin; si l'on élève enfin un temple à la musique, sous le nom sonore et antique d'ODÉON, c'est une preuve infaillible que l'art est en décadence, et personne ne doit être surpris d'entendre dans ce pays un critique célèbre avouer bientôt après, en style assez vigoureux, que rien n'empêche d'écrire dans le fronton du temple : CHAMBRE A LOUER (1).

---

(1) « Il s'en faut bien que les mêmes morceaux exécutés à l'*Odéon* « produisent en moi la même sensation que j'éprouvais à l'ancien « *Théâtre de musique,* où je les entendais avec ravissement. Nos « artistes ont perdu la tradition de ce chef-d'œuvre (le *Stabat* de Per- « golèse); il est écrit pour eux en langue étrangère; ils en disent les

LVI. Mais, comme je l'ai dit, tout ceci n'est qu'une observation du second ordre ; revenons au principe général : *Que l'homme n'a pas, ou n'a plus le droit de nommer les choses* (du moins dans le sens que j'ai expliqué). Que l'on y fasse bien attention, les noms les plus respectables ont, dans toutes les langues, une origine vulgaire. Jamais le nom n'est proportionné à la chose ; toujours la chose illustre le nom. Il faut que le nom *germe,* pour ainsi dire, sans quoi il est faux. Que signifie le mot *trône,* dans l'origine? *siége,* ou même *escabelle.* Que signifie *sceptre?* un bâton pour s'appuyer (1). Mais le *bâton* des Rois fut bientôt distingué de tous les autres, et ce nom, sous sa *nou-*

« notes sans en connaître l'esprit; leur exécution est à la glace, dénuée
« d'âme, de sentiment et d'expression. L'orchestre lui-même joue ma-
« chinalement et avec une faiblesse qui tue l'effet. L'ancienne musique
« *(laquelle?)* est la rivale de la plus haute poésie ; la nôtre n'est que
« la rivale du ramage des oiseaux. Que nos virtuoses modernes cessent
« donc...... de déshonorer des compositions sublimes..... qu'ils ne se
« jouent plus (surtout) à Pergolèse; il est trop fort pour eux. » (*Journal de l'Empire,* 28 mars 1812.)

(1) Au second livre de l'Iliade, Ulysse veut empêcher les Grecs de renoncer lâchement à leur entreprise. S'il rencontre, au milieu du tumulte excité par les mécontents, un roi ou un noble, il lui adresse de douces paroles pour le persuader; mais s'il trouve sous sa main un *homme du peuple* (δήμου ἄνδρα) (gallicisme remarquable), il le rosse *à grands coups de sceptre.* Iliad., II, 198, 199.)

On fit jadis un crime à Socrate de s'être emparé des vers qu'Ulysse prononce dans cette occasion, et de les avoir cités pour prouver au

velle signification, subsiste depuis trois mille ans. Qu'y
a-t-il de plus noble dans la littérature et de plus
humble dans son origine que le mot *tragédie?* Et le
nom presque fétide de *drapeau*, soulevé et ennobli
par la lance des guerriers, quelle fortune n'a-t-il pas
faite dans notre langue? Une foule d'autres noms
viennent plus ou moins à l'appui du même principe,
tels que ceux-ci, par exemple : *sénat, dictateur, consul,
empereur, église, cardinal, maréchal,* etc. Terminons
par ceux de *connétable* et de *chancelier,* donnés à
deux éminentes dignités des temps modernes : le premier ne signifie dans l'origine que le chef *de l'écurie* (1),
et le second, *l'homme qui se tient derrière une
grille* (pour n'être pas accablé par la foule des sup-
pliants).

LVII. Il y a donc deux règles infaillibles pour juger
toutes les créations humaines, de quelque genre qu'elles

peuple qu'il ne sait rien et qu'il n'est rien. (*Xenoph. Memor. Socr.*
I, II, 20.)

   Pindare peut encore être cité pour l'histoire du sceptre, à l'endroit
où il nous raconte l'anecdote de cet ancien roi de Rhodes qui assomma
son beau-frère sur la place, en le frappant, dans un instant de vivacité
et sans mauvaise intention, *avec un sceptre qui se trouva malheureusement fait d'un bois trop dur.* (Olymp. VII. v. 49-55.) Belle leçon
pour alléger les sceptres !

   (1) *Connétable* n'est qu'une contraction gauloise de Comes stabuli,
le compagnon ou le ministre du prince au département des écuries.

soient, la *base* et le *nom;* et ces deux règles, bien
entendues, dispensent de toute application odieuse. Si
la base est purement humaine, l'édifice ne peut tenir;
et plus il y aura d'hommes qui s'en seront mêlés:
plus ils y auront mis de délibération, de sciences
et d'*écriture surtout*, enfin, de moyens humains de tous
les genres, et plus l'institution sera fragile. C'est
principalement par cette règle qu'il faut juger tout ce
qui a été entrepris par des souverains ou par des
assemblées d'hommes, pour la civilisation, l'institution
ou la régénération des peuples.

LVIII. Par la raison contraire, plus l'institution est
divine dans ses bases, et plus elle est durable. Il
est bon même d'observer, pour plus de clarté, que
le principe religieux est, par essence, créateur et
conservateur, de deux manières. En premier lieu,
comme il agit plus fortement que tout autre sur l'esprit
humain, il en obtient des efforts prodigieux. Ainsi,
par exemple, l'homme persuadé par ses dogmes religieux que c'est un grand avantage pour lui, qu'après
sa mort son corps soit conservé dans toute l'intégrité
possible, sans qu'aucune main indiscrète ou profana-
trice puisse en approcher; cet homme, dis-je, après
avoir épuisé l'art des embaumements, finira par con-

struire les. pyramides d'Égypte. En second lieu, le principe religieux déjà si fort par ce qu'il opère, l'est encore infiniment parce qu'il empêche, à raison du respect dont il entoure tout ce qu'il prend sous sa protection. Si un simple caillou est consacré, il y a tout de suite une raison pour qu'il échappe aux mains qui pourraient l'égarer ou le dénaturer. La terre est couverte des preuves de cette vérité. *Les vases étrusques, par exemple, conservés par la religion des tombeaux, sont parvenus jusqu'à nous, malgré leur fragilité, en plus grand nombre que les monuments de marbre et de bronze des mêmes époques* (1). Voulez-vous donc *conserver* tout, *dédiez* tout.

LIX. La seconde règle, qui est celle des noms, n'est, je crois, ni moins claire ni moins décisive que la précédente. Si le nom est imposé par une assemblée; s'il est établi par une délibération antécédente, en sorte qu'il précède la chose ; si le nom est pompeux (2), s'il a une proportion grammaticale avec l'objet qu'il

(1) Mercure de France, 17 juin 1809. n° 413, pag. 679.

(2) Ainsi, par exemple, si un homme autre qu'un souverain se nomme lui-même *législateur*, c'est une preuve certaine qu'il ne l'est pas ; et si une assemblée ose se nommer *législatrice*, non-seulement c'est une preuve qu'elle ne l'est pas, mais c'est une preuve qu'elle a perdu l'esprit, et que dans peu elle sera livrée aux risées de l'univers.

doit représenter ; enfin, s'il est tiré d'une langue étrangère , et surtout d'une langue antique , tous les
caractères de nullité se trouvent réunis, et l'on peut
être sûr que le nom et la chose disparaîtront
en très-peu de temps. Les suppositions contraires
annoncent la légitimité, et par conséquent la durée
de l'institution. Il faut bien se garder de passer
légèrement sur cet objet. Jamais un véritable philosophe ne doit perdre de vue la langue, véritable
baromètre dont les variations annoncent infailliblement
le bon et le mauvais temps. Pour m'en tenir au
sujet que je traite dans ce moment, il est certain
que l'introduction démesurée des mots étrangers,
appliqués surtout aux institutions nationales de tout
genre, est un des signes les plus infaillibles de la
dégradation d'un peuple.

LX. Si la formation de tous les empires, les progrès
de la civilisation et le concert unanimes de toutes
les histoires et de toutes les traditions ne suffisaient
point encore pour nous convaincre, la mort des empires
achèverait la démonstration commencée par leur naissance. Comme c'est le principe religieux qui a tout
créé, c'est l'absence de ce même principe qui a tout
détruit. La secte d'Epicure, qu'on pourrait appeler

l'*incrédulité antique*, dégrada d'abord, et détruisit bientôt tous les gouvernements qui eurent le malheur de lui donner entrée. Partout *Lucrèce* annonça *César*.

Mais toutes les expériences passées disparaissent devant l'exemple épouvantable donné par le dernier siècle. Encore enivrés de ses vapeurs, il s'en faut de beaucoup que les hommes, du moins en général, soient assez de sang-froid pour contempler cet exemple dans son vrai jour, et surtout pour en tirer les conséquences nécessaires; il est donc bien essentiel de diriger tous les regards sur cette scène terrible.

LXI. Toujours il y a eu des religions sur la terre, et toujours il y a eu des impies qui les ont combattues : toujours aussi l'impiété fut un crime; car comme il ne peut y avoir de religion fausse sans aucun mélange de vrai, il ne peut y avoir d'impiété qui ne combatte quelque vérité divine plus ou moins défigurée ; *mais il ne peut y avoir de véritable impiété qu'au sein de la véritable religion;* et, par une conséquence nécessaire, jamais l'impiété n'a pu produire dans les temps passés les maux qu'elle a produits de nos jours ; car elle est toujours coupable en raison des lumières qui l'environnent. C'est sur cette règle qu'il faut juger le xviiⁱᵉ siècle ; car c'est sous ce point de vue qu'il ne ressemble à aucun autre. On entend dire assez communément *que tous les siècles se ressemblent, et que tous les hommes ont toujours été les mêmes ;* mais il faut bien se garder de croire à ces maximes générales que la paresse ou la légèreté inventent pour se dispenser de réfléchir. Tous les siècles, au contraire, et toutes les nations, manifestent un caractère particulier et distinctif qu'il faut considérer soigneusement. Sans doute il y a toujours eu des vices dans le monde, mais ces vices peuvent différer en quantité, en nature, en qualité dominante et en intensité (1). Or, quoiqu'il y ait toujours eu des impies, jamais il n'y avait eu, avant le xviiⁱᵉ siècle et au sein du christianisme, *une insurrection contre Dieu ;* jamais surtout on n'avait vu une conjuration sacrilége de tous les talents contre leur auteur ; or, c'est ce que nous avons vu de nos jours. Le vaudeville a blasphémé comme la tragédie ; et le roman, comme l'histoire et la physique.

(1) Il faut encore avoir égard au mélange des vertus dont la proportion varie infiniment. Lorsqu'on a montré les mêmes genres d'excès en temps et lieux différents, on se croit en droit de conclure magistralement *que les hommes ont toujours été les mêmes.* Il n'y a pas de sophisme plus grossier ni plus commun.

Les hommes de ce siècle ont prostitué le génie à
l'irréligion, et, suivant l'expression admirable de
saint Louis mourant, ILS ONT GUERROYÉ DIEU ET SES
DONS (1). L'impiété antique ne se fâche jamais ; quelquefois elle raisonne ; ordinairement elle plaisante,
mais toujours sans aigreur. Lucrèce même ne va
guère jusqu'à l'insulte ; et quoique son tempérament
sombre et mélancolique le portât à voir les choses
en noir, et même lorsqu'il accuse la religion d'avoir
produit de grands maux, il est de sang-froid. Les
religions antiques ne valaient pas la peine que l'incrédulité contemporaine se fâchât contre elles.

LXII. Lorsque la *bonne nouvelle* fut publiée dans
l'univers, l'attaque devint plus violente : cependant
ses ennemis gardèrent toujours une certaine mesure.
Ils ne se montrent dans l'histoire que de loin en
loin et constamment isolés. Jamais on ne voit de
réunion ou ligue formelle : jamais ils ne se livrent
à la fureur dont nous avons été les témoins. Bayle
même, le père de l'incrédulité moderne, ne ressemble
point à ses successeurs. Dans ses écarts les plus
condamnables, on ne lui trouve point une grande

(1) Joinville, dans la collection des Mémoires relatifs à l'histoire de
France. In-8°, tom II. p. 160.

envie de persuader, encore moins le ton d'irritation ou de l'esprit de parti : il nie moins qu'il ne doute ; il dit le pour et le contre : souvent même il est plus disert pour la bonne cause que pour la mauvaise (1).

LXIII. Ce ne fut donc que dans la première moitié du xviiie siècle que l'impiété devint réellement une puissance. On la voit d'abord s'étendre de toutes parts avec une activité inconcevable. Du palais à la cabane, elle se glisse partout, elle infeste tout ; elle a des chemins invisibles, une action cachée, mais infaillible, telle que l'observateur le plus attentif, témoin de l'effet, ne sait pas toujours découvrir les moyens. Par un prestige inconcevable, elle se fait aimer de ceux mêmes dont elle est la plus mortelle ennemie ; et l'autorité qu'elle est sur le point d'immoler, l'embrasse stupidement avant de recevoir le coup. Bientôt un simple système devient une association formelle qui, par une gradation rapide, se change en complot, et enfin en une grande conjuration qui couvre l'Europe.

LXIV. Alors se montre pour la première fois ce

(1) Voyez, par exemple, avec quelle puissance de logique il a combattu le matérialisme dans l'article Leucippe de son dictionnaire.

caractère de l'impiété qui n'appartient qu'au xviii^e
siècle. Ce n'est plus le ton froid de l'indifférence, ou
tout au plus l'ironie maligne du scepticisme, c'est
une haine mortelle ; c'est le ton de la colère et
souvent de la rage. Les écrivains de cette époque,
du moins les plus marquants, ne traitent plus le
christianisme comme une erreur humaine sans conséquence, ils le poursuivent comme un ennemi capital,
ils le combattent à outrance ; c'est une guerre à mort :
et ce qui paraîtrait incroyable, si nous n'en avions pas les
tristes preuves sous les yeux, c'est que plusieurs de ces
hommes qui s'appelaient *philosophes*, s'élevèrent de
la haine du christianisme jusqu'à la haine personnelle contre son divin Auteur. Ils le haïrent réellement
comme on peut haïr un ennemi vivant. Deux hommes
surtout qui seront à jamais couverts des anathèmes
de la postérité, se sont distingués par ce genre de
scélératesse qui paraissait bien au-dessus des forces
de la nature humaine la plus dépravée.

LXV. Cependant l'Europe entière ayant été civilisée
par le christianisme, et les ministres de cette religion
ayant obtenu dans tous les pays une grande existence politique, les institutions civiles et religieuses
s'étaient mêlées et comme amalgamées d'une manière

surprenante : en sorte qu'on pouvait dire de tous les
états de l'Europe, avec plus ou moins de vérité, ce
que *Gibbon* a dit de la France, *que ce royaume
avait été fait par des évêques.* Il était donc inévitable
que la philosophie du siècle ne tardât pas de haïr
les institutions sociales dont il ne lui était pas
possible de séparer le principe religieux. C'est ce qui
arriva : tous les' gouvernements, tous les établissements de l'Europe lui déplurent, *parce* qu'*ils* étaient
chrétiens ; et *à mesure* qu'ils étaient chrétiens, un
malaise d'opinion, un mécontentement universel s'empara
de toutes les têtes. En France surtout, la rage philosophique ne connut plus de bornes ; et bientôt une
seule voix formidable se formant de tant de voix
réunies, on l'entendit crier au milieu de la coupable
Europe :

LXVI. « Laisse-nous (1) ! Faudra-t-il donc éternel-
« lement trembler devant des prêtres, et recevoir
« d'eux l'instruction qu'il leur plaira de nous donner ?
« La vérité, dans toute l'Europe, est cachée par les
« fumées de l'encensoir ; il est temps qu'elle sorte
« de ce nuage fatal. Nous ne parlerons plus de toi

(1) *Dixerunt Deo :* Recede a nobis! *Scientiam viarum tuarum
nolumus.* Joh, XXI, 14.

« à nos enfants ; c'est à eux, lorsqu'ils seront hommes
« à savoir si tu es, et ce que tu es, et ce que tu
« demandes d'eux. Tout ce qui existe nous déplaît,
« parce que ton nom est écrit sur tout ce qui existe.
« Nous voulons tout détruire et tout refaire sans
« toi. Sors de nos conseils ; sors de nos académies ;
« sors de nos maisons ; nous saurons bien agir seuls,
« la raison nous suffit. Laisse-nous. »

Comment Dieu a t-il puni cet exécrable délire ? Il
l'a puni comme il créa la lumière, par une seule
parole. Il a dit : FAITES ! — Et le monde politique a
croulé.

Voilà donc comment les deux genres de démons-
trations se réunissent pour frapper les yeux les moins
clairvoyants. D'un côté, le principe religieux préside
à toutes les créations politiques ; et, de l'autre, tout
disparaît dès qu'il se retire.

LXVII. C'est pour avoir fermé les yeux à ces
grandes vérités que l'Europe est coupable, et c'est
parce qu'elle est coupable qu'elle souffre. Cependant elle
repousse encore la lumière, et méconnaît le bras qui
la frappe. Bien peu d'hommes, parmi cette génération matérielle, sont en état de connaître la *date*, la
nature et l'*énormité* de certains crimes commis par

les individus, par les nations et par les souverainetés ; moins encore de comprendre le genre d'expiation que ces crimes nécessitent, et le prodige adorable qui force le mal à nettoyer de ses propres mains la place que l'éternel architecte a déjà mesurée de l'œil pour ses merveilleuses constructions. Les hommes de ce siècle ont pris leur parti. *Ils se sont juré à eux-mêmes de regarder toujours à terre* (1). Mais il serait inutile, peut-être même dangereux, d'entrer dans de plus grands détails : il nous est enjoint *de professer la vérité avec amour* (2). Il faut de plus, en certaines occasions, ne la professer qu'avec respect ; et, malgré toutes les précautions imaginables, le pas serait glissant pour l'écrivain même le plus calme et le mieux intentionné. Le monde, d'ailleurs, renferme toujours une foule innombrable d'hommes si pervers, si profondément corrompus, que, s'ils pouvaient se douter de certaines choses, ils pourraient aussi redoubler de méchanceté, et se rendre, pour ainsi dire, coupables comme des anges rebelles : Ah !

---

(1) *Oculos suos statuerunt declinare in terram.* Ps. XVI. 2.

(2) Ἀληθεύοντες ἐν ἀγάπη. Ephes IV. 15. Expression intraduisible... La Vulgate aimant mieux, avec raison, parler juste que parler latin, a dit : *Facientes veritatem in charitate.*

(1) *Mai 1809.*

plutôt, que leur abrutissement se renforce encore, s'il est possible, afin qu'ils ne puissent pas même devenir coupables autant que des hommes peuvent l'être. L'aveuglement est sans doute un châtiment terrible ; quelquefois cependant il laisse encore apercevoir l'amour : c'est tout ce qu'il peut être utile de dire dans ce moment.

Mai, 1809.

FIN DE L'ESSAI SUR LE PRINCIPE GÉNÉRATEUR.

TABLE DES CHAPITRES

DU PLAN D'UN NOUVEL ÉQUILIBRE EN EUROPE

68. — Tours, Imp. Rouillé-Ladevèze, rue Chande, 6.

BIBLIOTHÈQUE-UNIVERSELLE DES FAMILLES

Beaux volumes in-8° cavalier, d'environ 500 pages chacun, choisis parmi les meilleurs ouvrages anciens et modernes, sur papier vélin glacé.

Prix : 4 fr.

Bossuet. — Discours sur l'Histoire universelle ; Vie de l'auteur et son éloge, par M. Saint-Marc Girardin . . . 1 vol.

Id.   — Sermons . . . . 3 vol.

Id.   — Oraisons funèbres . . . . 1 vol.

Id.   — Panégyriques. . . . . 1 vol.

Bourdaloue. — Avent, précédé d'une étude sur l'auteur. . . . . 1 vol.

Fénelon. — Traité de l'Existence de Dieu et Lettres sur la religion . . . . 1 vol.

Fléchier. — Oraisons funèbres, Choix des principaux Sermons . . . . 1 vol.

Montesquieu. — Grandeur et décadence des Romains, avec des notes philosophiques et littéraires. 1 vol.

Lamennais. — Imitation de Jésus-Christ . . . . . 1 vol.

Racine (J). — Œuvres complètes, Mémoires sur la vie et les ouvrages de l'auteur. . . . . 4 vol.

Pascal. — Pensées . . . . 1 vol.

Boileau. — Œuvres complètes. . . . . 2 vol.

De Maistre (XAVIER). — Œuvres . . . . 1 vol.

La Rochefoucauld. — Maximes, Mémoires et Lettres. 1 vol.

La Bruyère. — Caractères. . . . . 1 vol.

Malherbe. — Poésies et Correspondance . . . . . 1 vol.

St-Cyprien. — Histoire et Œuvres complètes, Traduction française par M. l'abbé Thibaut, professeur à la Faculté de théologie de Bordeaux . . . . . 2 vol.

Frayssinous. — Défense du Christianisme. . . . 2 vol.

Follioley. — Histoire de la Littérature française au XVIIᵉ siècle . . . . 3 vol.

De Maistre (JOSEPH). — Plan d'un nouvel équilibre en Europe. — Essai sur le principe générateur des constitutions politiques. . . . . 1 vol.

De Maistre (JOSEPH). — Considérations sur la France, ouvrage suivi d'Appendices importants . . . . . 1 vol.

Tours. — Imp. Rouillé-Ladevèze.

www.ingramcontent.com/pod-product-compliance
Lightning Source LLC
Chambersburg PA
CBHW071954270326
41928CB00009B/1434